Radosne
wychodzenie
z długów

Simone Milasas

Radosne **wychodzenie z długów**

Wydane przez:
Access Consciousness Publishing, LLC
www.accessconsciousnesspublishing.com
Wydrukowane w Stanach Zjednoczonych Ameryki
Drugie wydanie
Pierwsze wydanie, copyright © 2012 by Simone A. Milasas,
wydane przez Big Country Publishing, LLC

Ostrzeżenie
Ta książka może zmienić całą Twoją rzeczywistość finansową.

Ta książka została napisana w Queen's English.
(w końcu jestem Australijką!)

Wdzięczność

Dziękuję wszystkim ludziom na tej planecie, których spotkałam oraz tym, których jeszcze spotkam.

Gary'emu i Dainowi – za wspaniałe, zmieniające życie narzędzia Access Consciousness, za Waszą przyjaźń i pokazanie mi, że wszystko jest możliwe.

Justine, mojej agentce PR – za ciągłe powtarzanie swojej sentencji wtedy, kiedy coś nie wychodzi wspaniale: „Nie martw się, to po prostu interesujący materiał!"

Moirze – za zmianę moich paradygmatów, kiedy zapytałaś mnie: „Dlaczego nie możesz mieć domu w Brisbane i na Słonecznym Wybrzeżu?"

Brendonowi – za radosne partnerstwo, codzienną inspirację, nieustające dostrzeganie mnie i funkcję dyrektora finansowego wszystkich projektów, które razem kreujemy.

Rebecce, Amandzie i Marnie – ta książka nie powstałaby bez Waszego wsparcia. Dziękuję WAM.

Radości Biznesu i Access Consciousness – dziękuję za wspieranie mnie, bycie tak niewiarygodnie kreatywnymi i za tak wiele zabawy przy naszej współpracy!

Stevenowi i Chutisie – dziękuję za cały wspólny czas kreacji projektu Financial 101!

Chrisowi, Chutisie, Stevenowi, Brendonowi, Gary'emu i Dainowi – dziękuję za Wasze historie zmian, które pokazują ludziom, że zawsze jest inna możliwość.

Nie poddawaj się. Nie rezygnuj. Nieustannie kreuj i WIEDZ, że wszystko jest możliwe.

www.gettingoutofdebtjoyfully.com

Przedmowa

Zanim stałam się gotowa by zmienić swoją rzeczywistość finansową, zdołałam pogrążyć się w długu na 187 000 dolarów. To mnóstwo pieniędzy, a ja nie mam pojęcia, gdzie one się podziały! Podejmowałam się wielu różnych zajęć i podróżowałam po całym świecie. Tworzyłam biznesy i bardzo dobrze się tym bawiłam. Ciągle zarabiałam pieniądze, ale nie miałam ani domu, ani inwestycji, ani świadomości tego, w jak dużym długu tak naprawdę byłam. Unikałam przyglądania się temu, a z tyłu głowy kołatała się myśl, że może ten dług sam się sobą zajmie!

W lipcu 2002 roku poznałam Gary'ego Douglasa, założyciela Access Consciousness® (firmy, której jestem obecnie Koordynatorem na Świat) na festiwalu Mind, Body and Spirit, gdzie prowadziłam stoisko mojego ówczesnego biznesu o nazwie „Good Vibes For You". Wspólny znajomy podszedł do mnie z Garym, aby się przywitać. Gary mnie uściskał, a ja natychmiast odchyliłam się do tyłu. Wtedy Gary powiedział do mnie: „Wiesz, miałabyś się znacznie lepiej, gdybyś była otwarta na otrzymywanie. Byłabyś szczęśliwsza i zarabiałabyś również więcej pieniędzy." Pomyślałam sobie, że jest szalony. Co on miał na myśli z tym otrzymywaniem? To nie miało sensu. Myślałam, że muszę dawać i dawać i to sprawi, że moje życie będzie lepsze. Nikt nigdy nie mówił mi o otrzymywaniu! Myślałam, że jestem tu na tej planecie po to, by *dawać*.

Poszłam na jedno z wystąpień Gary'ego na tym festiwalu. Mówił o związkach. Był prawdziwy, przeklinał, był prześmiewczy, zabawny i nie mówił ludziom, co powinni, a czego nie powinni robić. Był pierwszą osobą, która powiedziała, że możesz wybrać to, co dla ciebie pracuje i nie musisz być ani robić niczego, co ktoś inny uważa, że powinieneś. Powiedział, że ty jesteś jedyną osobą, która zna twoją prawdę; nikt inny jej nie zna. To był całkowicie inny i dodający skrzydeł punkt widzenia. Byłam zaintrygowana.

Zaczęłam używać wielu narzędzi Access Consciousness i zauważyłam, że moje życie zaczęło się w cudowny sposób zmieniać. Stałam się szczęśliwsza, a wszystkie sprawy w moim życiu stały się dużo łatwiejsze i radośniejsze.

Kilka razy wysłuchałam, jak Gary i jego partner biznesowy dr Dain Heer, mówią o narzędziach Access Consciousness dotyczących pracy z pieniędzmi, ale – szczerze – nie poświęciłam temu, co mówili zbyt wiele uwagi. Dopiero na trzeciej klasie Access wreszcie usłyszałam, co mówili o pieniądzach i narzędziach, których możesz używać do zmiany swojej sytuacji finansowej. Zadałam sobie pytanie: „Co by się stało, gdybym tak naprawdę zaczęła używać tych narzędzi?" Wszystkie inne obszary mojego życia zmieniały się, kiedy zastosowałam narzędzia Access, więc może moja sytuacja finansowa również mogłaby się zmienić?

Nie powiedziałam nikomu, że zamierzam używać tych narzędzi, ponieważ przyszło mi do głowy, że będzie to wyglądało tak samo jak wtedy, kiedy rzuciłam palenie. Nikt tak naprawdę mnie nie wspierał. I prawdę powiedziawszy... ile osób rzeczywiście cię wspiera, żebyś zarobił wielkie pieniądze? Tak więc, zaczęłam używać niektórych narzędzi tylko dla siebie, a moja sytuacja finansowa zaczęła się zmieniać dosyć szybko. Pieniądze zaczęły się pokazywać z wydawałoby się przypadkowych miejsc, a moja gotowość na *otrzymywanie* pieniędzy zwiększyła się dynamicznie do punktu, w którym mogłam w końcu *mieć* pieniądze, które przychodziły, zamiast ciągle szukać sposobów ich wydania lub płacenia nimi natychmiast po tym, gdy tylko się pojawiały. Hmmm — znowu to słowo, „otrzymywanie" ... Może Gary był na dobrym tropie, gdy zasugerował mi, abym w końcu otworzyła się na otrzymywanie?

W ciągu 2 lat wyszłam z długów.

Pewnie oczekujesz, że powiem ci, iż poczułam się cudownie, kiedy stałam się wolna od długów, ale nie tak to dla mnie wyglądało. Czułam się dziwnie nie posiadając długu. Miałam o wiele większy komfort będąc w długach niż po wyjściu z nich. Po pierwsze, było to dla mnie bardziej znajome. Pasowało również do energii większości moich przyjaciół. I zdecydowanie pasowało do energii tej rzeczywistości, w której każdy „wie", że powinieneś walczyć o pieniądze i z pieniędzmi. Powszechnie panujące przekonanie zakłada, że trzeba ciężko pracować na swoje pieniądze. Pieniądze nie powinny pojawiać się z łatwością, radością i glorią. W świetle tego zatem nie zadziwia fakt, że w bardzo krótkim czasie (około 2 tygodnie) znowu byłam w długach. Na szczęście byłam już gotowa, żeby rozpoznać to, co robię. Wybrałam bycie świadomą tego, co kreuję i używając narzędzi, których nauczyłam się w Access byłam w końcu w stanie rzeczywiście odwrócić swoją sytuację finansową.

W tej książce podzielę się z wami procesami i narzędziami, jakich używałam, aby przejść od wybierania długu do działania z przestrzeni bycia gotową na posiadanie pieniędzy i używanie ich do radosnej ekspansji mojego życia i istnienia. *Tak naprawdę ta książka mówi o kreowaniu rzeczywistości finansowej, która daje radość i pracuje dla ciebie.* Jeśli myślisz, że mogłoby ci się to spodobać, musisz być gotów na brutalną szczerość ze sobą i dokonywanie innych wyborów. Musisz mieć zasadniczą jasność i klarowność odnośnie tego, co tak naprawdę chciałbyś wybrać, ponieważ prawda jest taka, że to ty kreujesz wszystko to, co ukazuje się w twoim życiu.

Można by pomyśleć, że wygłaszam puste frazesy – „Możesz zmienić wszystko." — można też czuć pokusę, żeby to pominąć, zamknąć oczy i odwrócić głowę w drugą stronę. Sugeruję jednak, aby jeszcze raz na to spojrzeć: jeśli naprawdę pragniesz kreować rzeczywistość finansową, którą kochasz i która naprawdę dla ciebie pracuje, musisz uznać, że to ty jesteś jedyną osobą, która może zmienić bieg rzeczy w twoim życiu, nikt inny. To nie oznacza, że jesteś sam na tym świecie i nikt ani nic nie może ci pomóc, bądź też, być dla ciebie wkładem. To jedynie oznacza, że musisz być gotów uznać, że wszystko, co się do tej pory ukazało w twoim życiu – znajduje się w nim, bo to *ty wykreowałeś pojawienie się tego.* Większość ludzi nie chce tego usłyszeć, ponieważ myślą, że to oznacza, iż muszą jeszcze bardziej osądzać się za to, czego aktualnie nie lubią w swoim życiu. Proszę, nie rób tego! Proszę, nie osądzaj się! Nic nie jest z tobą nie tak. Tak naprawdę jesteś wspaniałym, fenomenalnym kreatorem. Rozpoznanie tego, że to ty jesteś kreatorem całej swojej rzeczywistości, dodaje mocy – ponieważ skoro ty wykreowałeś to wszystko, to możesz również to wszystko zmienić. I to wcale nie musi być tak trudne, czy wręcz niemożliwe, jak ci się wydaje. Nie mniej jednak, musisz uzyskać większą klarowność tego, co chciałbyś kreować jako swój finansowy świat – a potem użyć narzędzi, które będą pomagały ci to wykreować. I właśnie dlatego napisałam tę książkę – aby dać ci te narzędzia, te pytania i zaprosić cię do kreowania tego wszystkiego, co pragniesz mieć.

Gdybyś mógł cokolwiek zmienić, gdybyś mógł wykreować wszystko w swoim świecie finansowym, to co byś wybrał?

Uwaga specjalna: Wszystkie narzędzia w tej książce pochodzą z Access Consciousness; historie są moje. Wielkie dzięki dla Gary'ego Douglasa i dr Daina Heera za bycie nieustającym wkładem i niekończącym się źródłem zmiany.

Spis treści

część Pierwsza

Nowa Rzeczywistość Finansowa 101

Simone Milasas

Rozdział pierwszy

Skąd biorą się pieniądze?

Jeśli szukasz szybkiego sposobu na naprawę swojej sytuacji finansowej, to ta książka nim nie jest.

Jeśli szukasz czegoś, co da ci perspektywy i narzędzia do zmiany całego twojego stylu życia, twojej rzeczywistości i przyszłości z pieniędzmi i jesteś gotów dać sobie przynajmniej 12 miesięcy by zobaczyć, co może w tym czasie zostać wykreowane, ta książka będzie dla ciebie wielkim wkładem.

Co tak naprawdę chciałabym abyś zrozumiał to to, że to ty jesteś źródłem kreacji pieniędzy w swoim życiu. Kiedy jesteś gotów być wszystkim, czym jesteś, stajesz się nieskończenie kreatywnym źródłem wszystkiego w swoim życiu – łącznie z pieniędzmi. Masz nieograniczoną (i najczęściej nie uzyskałeś jeszcze do niej dostępu) umiejętność kreowania rzeczywistości finansowej, która dawałaby ci to, czego pragniesz. Problem polega na tym, że większość z nas nauczono wielu rzeczy o pieniądzach, które po prostu nie są prawdziwe. Kiedy zaczynamy rozpakowywać te mity oraz mylne wyobrażenia, perspektywa zaczyna zmieniać się jak w kalejdoskopie, a kiedy połączymy ją z prostymi i pragmatycznymi narzędziami, dynamiczna zmiana w świecie twoich pieniędzy staje się o wiele łatwiejsza, a jej kreowanie daje ci coraz więcej radości.

Co jeśli pieniądze nie są tym, co na ich temat kupiłeś, co ci o nich powiedziano, sprzedano lub czego cię nauczono? Co jeśli twoja gotowość bycia zaciekawionym, do pytania, kwestionowania, do bawienia się i otrzymywania tego, co nieoczekiwane i nieprzewidywalne mogłaby ci przynieść znacznie więcej pieniędzy niż kiedykolwiek to sobie wyobrażałeś?

Czy jesteś gotów na przygodę kreowania życia, w którym jest dużo pieniędzy? Prawda? Czy odpowiadasz „tak"? Tak więc, zaczynajmy!

TO NIGDY NIE POJAWIA SIĘ W SPOSÓB, W JAKI MYŚLISZ, ŻE SIĘ POJAWI (CZYLI MIT PRZYCZYNY I SKUTKU)

Większość ludzi wierzy, że finanse i pieniądze mają charakter liniowy. Ciągle nam się mówi: „Aby zarabiać pieniądze, musisz robić i być A, potem B, a potem C". I to jest sposób myślenia, zgodnie z którym zaczynamy żyć, spędzając czas nieustannie poszukując idealnego przepisu na robienie wielkich pieniędzy. Patrzymy na pieniądze jak na coś, co pojawia się tylko w wyniku robienia określonych rzeczy (takich jak: ciężka praca, praca przez wiele godzin, odziedziczenie spadku lub wygrana na loterii). A gdyby kreowanie pieniędzy nie musiało wynikać z paradygmatu przyczyny i skutku? A jeśli pieniądze mogłyby ukazywać się w różny sposób, z przeróżnych miejsc?

Kiedy zmieniłam swoją rzeczywistość finansową, pieniądze pojawiały się w najdziwniejszych miejscach. Ofiarowywano mi pieniądze i dostawałam naprawdę osobliwe i lukratywne propozycje pracy. Było mi również znacznie łatwiej rozpoznać i *otrzymać* te różne, ukazujące się rzeczy, ponieważ w tamtym momencie pytałam: „Jakie są nieograniczone możliwości, aby pieniądze mogły pojawić się teraz w moim życiu na wiele różnych sposobów?" i byłam gotowa zrobić wszystko i przyjąć każdą pracę, która byłaby wkładem do mojego życia i poszerzała moją rzeczywistość finansową. Nie odmawiałam pieniędzy ani możliwości; raczej się na nie otwierałam, bez punktu widzenia na temat tego, jak wyglądają. To pozwoliło rzeczom się pojawiać i być wkładem do mojego życia w sposób, jakiego nie byłabym nawet w stanie rozpoznać, gdybym postanowiła, że pieniądze muszą przyjść do mnie w sposób liniowy „A, B, C".

A gdybyś mógł stać się taką dziwną osobą, która na zawsze zmienia swoją sytuację wokół pieniędzy i finansów, pozwalając odejść liniowym punktom widzenia, które masz wokół pieniędzy? A gdybyś mógł mieć nieograniczone źródła przychodów? A co jeśli możesz kreować pieniądze w sposób, w jaki nikt inny tego nie potrafi? Czy jesteś gotów porzucić konieczność wyliczania, definiowania czy kalkulowania tego *jak* pieniądze się pojawią i pozwolić im przyjść do twojego życia w niezdefiniowane, magiczne i cudowne sposoby? Bez względu na to, jak to ma wyglądać? Nawet jeśli będzie to *zupełnie* inne od wszystkiego, co kiedykolwiek brałeś pod uwagę?

> *„Odpuść sobie proszenie o pojawianie się rzeczy, to robota Wszechświata."*

Dawno temu byłam kimś w rodzaju hipiski. Uwielbiałam zajmować się duchowością. Denerwowałam się, kiedy zapomniałam oczyścić swoje kryształy podczas pełni księżyca. Moi przyjaciele i ja rozmawialiśmy o tym, co chcielibyśmy, aby „zamanifestowało się" w naszym życiu. Wyobraź sobie moje zaskoczenie, kiedy spotkałam Gary'ego Douglasa, a on wyjaśnił mi, że „Manifestowanie jest tym 'jak' rzeczy się pojawiają – a to właśnie jest robotą wszechświata. Twoim zadaniem jest to urzeczywistnić: poprosić o to i być gotowym to otrzymać, *jakkolwiek* się to pojawi."

Zdezorientowany? Okej, przyjrzyjmy się temu trochę bliżej. *Manifestacja w rzeczywistości oznacza „jak to się pojawia". Kiedy zwracasz się do wszechświata: „Chciałbym zamanifestować to" – mówisz: „Chciałbym, żeby jak pojawiło się to", co nie ma najmniejszego sensu. To jest mylące i niejasne dla wszechświata, więc on nie może ci tego dostarczyć.*

Wszechświat pragnie być dla ciebie wkładem, możesz prosić o cokolwiek! Ale kiedy to robisz bądź klarowny i proś o coś, co ma pojawić się w twoim życiu, a nie – jak ma się pojawić. Zapytaj: „Co jest wymagane, aby to się pojawiło? Co jest wymagane, żeby to się urzeczywistniło w moim życiu natychmiast?" Jeśli pragniesz, aby wszechświat cię wspierał, proś o to, CO chcesz, żeby się pojawiło, a nie JAK chcesz, żeby to się pojawiło, i to właśnie oznacza odpuszczenie proszenia o „manifestowanie" się rzeczy. Kreuj więcej klarowności pomiędzy tobą a wszechświatem – zacznij prosić, żeby rzeczy urzeczywistniały się i ukazywały w twoim życiu, a „jak" pozostaw już wszechświatowi.

Jak wiele czasu spędzasz próbując ogarnąć to, „jak" rzeczy mają pojawić się w twoim życiu?

Jak wiele czasu, energii i wysiłku marnujesz próbując uszeregować rzeczy i „wykontrolować" określone efekty aż do ich ukazania się? Ile czasu spędzasz desperacko próbując wykombinować *jak* i *kiedy* to wszystko ma zaistnieć, zamiast poprosić o to i być gotowym to rozpoznać i otrzymać, kiedy to zaistnieje? Wszechświat ma nieskończenie wiele sposobów na zamanifestowanie się rzeczy i zazwyczaj wybiera znacznie większy i bardziej magiczny sposób niż ty możesz sobie wyobrazić. Czy jesteś gotów odpuścić wszystkie swoje rozważania na temat tego, jak coś ma się ukazać i nie zakłócać wszechświatowi jego pracy? Wszystko, co musisz zrobić, to pozwolić sobie na otrzymywanie – i przestać siebie osądzać.

Musisz być gotów przestać próbować kontrolować, przewidywać czy kombinować jak (i kiedy) pieniądze się pokażą i być gotowym je urzeczywistniać. Aby urzeczywistniać z większą lekkością, musisz zdjąć sobie klapki z oczu i otworzyć się na niezliczone ilości sposobów, w jakie wszechświat pragnie cię obdarować, tak żebyś nie przegapił, kiedy to zrobi.

Czasami wszechświat musi przearanżować pewne rzeczy, żeby wykreować to, czego pragniesz. To może nie zdarzyć się od razu, ale to nie oznacza, że nic się nie dzieje! Nie osądzaj, że coś nie może się pojawić lub że w ogóle się nie pojawi, nie osądzaj siebie, że robisz coś nie tak – bo zatrzymasz to, co uruchomiłeś swoją prośbą o to, czego pragniesz. Bądź cierpliwy i nie ograniczaj przyszłych możliwości.

Pamiętaj: "Żądaj od siebie, a proś wszechświat."

„Pieniądze to nie tylko gotówka."

Gary często opowiada historię o kobiecie, która przyszła na jeden z jego warsztatów o pieniądzach. Kilka tygodni później zadzwonił do niej, aby dowiedzieć się, co u niej słychać i ona powiedziała „Nic się nie zmieniło, to na mnie nie zadziałało!" Gary zapytał, dlaczego tak myśli, a ona odpowiedziała: „Bo saldo mojego rachunku bankowego jest takie samo jak wcześniej." Gary zapytał ją, co jeszcze się u niej wydarzyło w ostatnim czasie. Powiedziała mu: „Och, moja przyjaciółka kupiła sobie nowy samochód i oddała mi swój stary za darmo. Inna przyjaciółka oddała mi całą swoją garderobę od projektanta, której nigdy nie nosiła, bo już jej nie chce, a ja mieszkam teraz na plaży na naprawdę fajnym osiedlu, podczas gdy ta sama przyjaciółka wyjechała za granicę na 6 miesięcy." Gary powiedział do tej kobiety: „Masz nowy samochód, nową garderobę i wspaniałe miejsce do życia – i myślisz, że nic się nie zmieniło! W ciągu kilku ostatnich tygodni otrzymałaś rzeczy warte tysiące dolarów! W jaki sposób to *nie* oznacza więcej pieniędzy w twoim życiu?" Ta kobieta była otwarta na zobaczenie pieniędzy w swoim życiu tylko w postaci gotówki w banku. Ale ile kosztowałoby ją kupno samochodu, garderoby od projektanta czy zapłacenie czynszu w miejscu, gdzie mieszkała?

Jest tyle sposobów, w jaki pieniądze i przepływy finansowe mogą przyjść do twojego życia, jednak jeśli nie jesteś gotów ich uznać; jeśli myślisz, że to musi wyglądać tylko w w określony sposób to będziesz uważać, że niczego nie zmieniasz, podczas gdy w rzeczywistości właśnie to robisz. A gdybyś tak był gotów dostrzegać te wszystkie sposoby, w jakie pieniądze mogą pojawiać się w twoim życiu – i jeszcze więcej?

Czy jesteś gotów odpuścić sobie przepowiadanie, kontrolowanie, wypracowywanie i wyruszyć w podróż proszenia o to, czego prawdziwie pragniesz jako swoją rzeczywistość finansową i otrzymać przygodę ukazywania się tego w sposób, jakiego nie jesteś sobie teraz w stanie wyobrazić?

Jeśli tak, nadszedł czas by spojrzeć na kolejne istotne narzędzie do kreowania pieniędzy: proszenie i otrzymywanie.

POPROŚ, A OTRZYMASZ

Ludzie ciągle wydają osądy i oświadczenia na temat pieniędzy, ale bardzo niewielu z nich zadaje na ten temat pytania.

Jeśli jesteś taki, jak większość ludzi na tej planecie, masz tendencję do osądzania siebie w kwestii ilości pieniędzy, które masz i których nie masz. Zabawne jest w tym to, że to nie ma znaczenia, czy masz dużo pieniędzy, czy mało – większość ludzi ma tony, całe tony osądów wokół pieniędzy. Bez względu na stan ich konta bankowego, bardzo niewielu ludzi ma poczucie lekkości, spokoju i obfitości z pieniędzmi.

Może słyszałeś powiedzenie: „Poproś, a otrzymasz". Czy kiedykolwiek prawdziwie prosiłeś o pieniądze? Czy kiedykolwiek byłeś prawdziwie gotów je otrzymać? Otrzymywanie jest po prostu gotowością na posiadanie nieograniczonych możliwości tego, by coś przychodziło do twojego życia, bez punktu widzenia co, gdzie, kiedy, jak i dlaczego się pojawia. Twoja umiejętność otrzymywania pieniędzy otwiera się w momencie, kiedy tracisz swój osąd na temat pieniędzy i siebie w relacji do pieniędzy.

Jeśli naprawdę pragniesz zmienić swoją rzeczywistość finansową, odpuszczenie osądu będzie jednym z podstawowych kroków w tym procesie. W przeciwieństwie do tego, co mówi ci świat – osądy nie kreują więcej w twoim życiu. Utrzymują cię w pułapce, w spolaryzowanym świecie dobrego i złego, prawidłowego i nieprawidłowego, przystawania i zgadzania się lub opierania się i reagowania. Osąd nie daje ci żadnej wolności, wyboru ani możliwości czegokolwiek innego ponad jedną lub drugą stroną monety. Osąd powstrzymuje twoje prośby i powstrzymuje cię przed otrzymywaniem. Jakie jest antidotum? WYBÓR. Musisz wybrać, aby się zatrzymać w momencie osądu i zażądać od siebie, aby przestać osądzać – albo wrócisz do tych ograniczających myśli lub konkluzji. A potem, zadaj pytanie.

Wróćmy na chwilę do tej koncepcji linearnego bycia z pieniędzmi. Kiedy wierzysz, na podstawie wielu myśli, uczuć, osądów i konkluzji, że pieniądze mogą się pokazywać tylko w określony sposób, wówczas pieniądze nie mogą pokazać się w żaden inny sposób niż ten, który, jak zdecydowałeś, jest możliwy lub prawdopodobny. Wraz z każdym osądem tego, co uznałeś za niemożliwe, zaślepiasz się na wszystko, co mogłoby się pokazać ponad twoim ograniczonym punktem widzenia. Tak jak ta kobieta, z którą rozmawiał Gary, która wykreowała przypływ tych wszystkich rzeczy, wartych mnóstwo pieniędzy, ale zdecydowała, że nic się nie zmieniło, ponieważ jej saldo bankowe pozostało takie samo. Jeśli jesteś gotów pozwolić odejść wszystkim swoim osądom wokół pieniędzy, możesz zacząć widzieć możliwości, które wcześniej uznawałeś w swoim życiu za niemożliwe i zapraszać do siebie coraz więcej i więcej.

A jednym z najprostszych sposobów zapraszania pieniędzy do swojego życia jest proszenie!

Zauważyłam, że ludzie w ogóle nie są zbyt dobrzy w proszeniu o rzeczy. Jeśli spojrzysz na małe dziecko, ono naturalnie jest bardzo ciekawe; dzieci chcą wiedzieć o różnych rzeczach i mają tendencję do zadawania wielu pytań. I bardzo często są do tego zniechęcane.

Kiedy byłam dzieckiem, zniechęcano mnie do rozmawiania o biznesie czy pieniądzach przy stole, ponieważ moją matkę wychowano w przekonaniu, że to nie wypada. Ja zawsze byłam ciekawa biznesu i pieniędzy, a mój ojciec i brat, obaj byli księgowymi i obaj kochali biznes. Ja chciałam zadawać pytania przez cały czas, zwłaszcza przy obiedzie, kiedy wszyscy byliśmy razem, ale nie było mi wolno, ponieważ uznawano to za niestosowne.

Czy uczono cię, że to niewłaściwe albo świadczące o złym wychowaniu, aby rozmawiać o pieniądzach? Czy uczono cię, że to niewłaściwe, żeby prosić o pieniądze? Czy zniechęcano cię w ogóle do zadawania pytań?

Znam wiele osób, które od młodego wieku były krytykowane za swoją ciekawość. Mam przyjaciela, którego matka zakleiła mu usta taśmą, aby przestał mówić, ponieważ zadawał zbyt wiele pytań. Inny przyjaciel, zawsze, kiedy jako dziecko zadawał pytania, słyszał od swojej rodziny: „Ciekawość – pierwszy stopień do piekła".

Prawda jest taka, że większość ludzi na tej planecie nauczono, że proszenie o pieniądze lub o cokolwiek innego jest czymś, czego nie powinno się robić, chyba że ma się naprawdę dobry powód lub uzasadnienie, jak na przykład, że pracowało się wystarczająco ciężko lub można udowodnić, że się na to zasługuje.

Lata temu, moim rewelacyjnym powodem posiadania pieniędzy było: „Powinnam mieć mnóstwo pieniędzy, ponieważ zrobię z nimi dobre rzeczy. Będę ich używać, żeby pomagać ludziom." Nie ma w sumie nic złego w tym pomyśle, ale zakładał on, że z żadnymi pieniędzmi, które przychodzą do mojego życia nie mogę pozwolić sobie zrobić nic, co będzie wkładem dla mojego własnego życia. Nie byłam w gronie tych ludzi, którym miałam nimi pomóc. To oznaczało, że zawsze, kiedy otrzymywałam jakieś pieniądze, musiałam się ich pozbyć. Nie mogłam mieć ich w życiu ani pozwolić sobie na to, by były dla mnie wkładem, ponieważ cały czas musiałam pomagać innym ludziom. Zabawne jest w tym to, że kiedy pozwoliłam sobie mieć pieniądze, naprawdę mieć je w życiu, pozwolić im być dla mnie wkładem, cieszyć się nimi i cieszyć się byciem sobą, zwiększyła się moja umiejętność bycia wkładem dla innych – i ona ciągle rośnie – dynamicznie.

Chodzi tu o to: pieniądze nie mają punktu widzenia, nie mają moralnego kompasu, który mówi: „Byłeś dobry, więc możesz mieć więcej pieniędzy" albo „Byłeś zły, więc nie ma dla ciebie pieniędzy!" Pieniądze nie osądzają. Pieniądze przychodzą do ludzi, którzy o nie proszą i są gotowi je otrzymać.

Spójrz na świat – zauważyłeś, że istnieją życzliwi i nieżyczliwi ludzie, którzy mają pieniądze, oraz życzliwi i nieżyczliwi ludzie, którzy ich nie mają?

Nie musisz udowadniać, że jesteś dobry czy zły, albo że zasługujesz na pieniądze. Musisz być gotów przestać osądzać, czy zasługujesz na pieniądze i prosić o nie, tylko dlatego, że możesz. Tylko dlatego, że to zabawa – mieć pieniądze!

A gdybyś mógł prosić o pieniądze, tylko dlatego, że wiesz, że życie mogłoby być większą frajdą z nimi niż bez nich? A co jeśli celem życia jest dobrze się bawić? Dobrze się bawisz?

PIENIĄDZE PODĄŻAJĄ ZA RADOŚCIĄ, A NIE ODWROTNIE

Wiele osób pyta mnie o to, w jaki sposób mogą kreować więcej pieniędzy w swoim życiu. Rozmawiam z ludźmi, którzy co miesiąc lub co tydzień zarabiają stałą pensję oraz z takimi, którzy kreują pieniądze na inne sposoby, gdzie kwota ta zmienia się z tygodnia na tydzień lub z miesiąca na miesiąc. Bez względu na ich sytuację mówię im, że w przyciąganiu pieniędzy chodzi o tę *generatywną* energię, którą kreują.

Można to ująć prościej, tak jak elegancko zrobił to dr Dain Heer, mówiąc: *„Pieniądze podążają za radością, radość nie podąża za pieniędzmi."*

Czasami słyszę, jak ludzie mówią: „Kiedy będę miał określoną kwotę pieniędzy, wreszcie będę bardziej szczęśliwy lub spokojny lub będę miał więcej lekkości w życiu." A gdybyś tak po prostu budził się szczęśliwy? A gdybyś tak po prostu miał spokój? A gdybyś tak po prostu miał z tym lekkość? A gdybyś tak zaczął po prostu być inną energią z pieniędzmi, od razu? Taką energią, która zaprasza pieniądze do twojego życia?

„Gdyby twoje życie było przyjęciem, czy pieniądze chciałyby na nie przyjść?"

Gdybyś spojrzał na swoje obecne życie jak na przyjęcie, jakim zaproszeniem byłoby ono dla pieniędzy?

„Cóż... Wydaję to przyjęcie, ale zupełnie się na nim nie bawimy. Nie mamy ani dobrego jedzenia ani drinków, nie zamierzamy ładnie się ubrać, a kiedy wy przybędziecie to prawdopodobnie poskarżę się, że nie ma was dla mnie wystarczająco dużo, że nigdy nie zostajecie dość długo i że denerwuję się za każdym razem, kiedy o was myślę. A kiedy już sobie pójdziecie, również będę was za to osądzać, zamiast być wdzięcznym, że w końcu przyszłyście. Aha, i będę was jeszcze ciągle obgadywać za waszymi plecami."

Gdybyś dostał zaproszenie na takie przyjęcie, czy chciałbyś na nie pójść?

Gdybyś był zaproszony na przyjęcie, na którym gospodarz mówi: „Och, jestem taki wdzięczny, że tu jesteś, dziękuję za przybycie!" Gdyby było wspaniałe jedzenie, dobry szampan, muzyka, ludzie, którzy świetnie się bawią i cieszą się *twoją* obecnością, którzy nie osądzają cię za wyjście z przyjęcia, ale zapraszają ponownie, w każdej chwili, z jak największą ilością przyjaciół – czy to nie byłoby przyjęcie, na które poszedłbyś z entuzjazmem? Czy to nie byłoby przyjęcie, na myśl o którym, pieniądze byłyby pełne entuzjazmu?

A gdybyś zaczął żyć tak, jakby życie było taką celebracją, jaką może być już dzisiaj? A gdybyś tak nie czekał, aż pojawią się pieniądze? A gdybyś tak zaczął robić to i być tym, co przynosi ci radość – od razu?

„CO PRZYNOSI CI RADOŚĆ?"

Energia, którą kreujesz, kiedy dobrze się bawisz, kiedy jesteś całkowicie, szczęśliwie zaangażowany w coś, co kochasz – jest generatywna. Nie ma znaczenia jak kreujesz tę energię. Nie musi być bezpośrednio związana z tym, w jaki sposób obecnie zarabiasz pieniądze (pamiętaj, odpuszczamy podejście linearne oraz prawo przyczyny i skutku). Generatywna energia (energia radości) jest wkładem do twojego życia i twojego biznesu, bez względu na to czym, kiedy, jak, gdzie i dlaczego ją kreujesz.

Zazwyczaj nie jesteśmy pytani o to czy wiemy, co przynosi nam radość, a następnie zachęcani do szukania tych niezliczonych sposobów, w jakie możemy zarabiać pieniądze z poziomu radości robienia tego – więc niektórym może zająć trochę czasu zanim uzyskają klarowność co do tego, co przynosi im radość. Czy jesteś gotów zacząć pytać o to siebie i wybierać to, czymkolwiek to jest?

Mój partner, Brendon, zaczął pracować w bardzo młodym wieku. Był glazurnikiem. Przez długi czas wierzył, że układanie płytek jest jedyną rzeczą, którą może robić w życiu, nawet jeśli w rzeczywistości miał znacznie większe umiejętności. Na początku, kiedy zaczęliśmy się spotykać, nie czerpał wielkiej radości z tego zajęcia, więc dałam mu przestrzeń, aby zadał sobie pytanie, co tak naprawdę przynosi mu radość i by wybrał coś innego. Utrzymywałam Brendona i jego syna przez 18 miesięcy. Widziałam jego możliwości i widziałam również to, że potrzebował przestrzeni na dokonanie wyboru tego, co pragnął robić w swoim życiu. W tym czasie on stawał się coraz bardziej sobą. Odkrywał coraz więcej tego, w czym jest dobry i co sprawia mu radość, czy było to gotowanie wspaniałych posiłków, projektowanie i wykonywanie remontów, zabawa na giełdzie czy inwestowanie w nieruchomości. Gdyby dał się zakleszczyć w przekonaniu, że może tylko układać płytki do końca swojego życia, nigdy nie pozwoliłby sobie na tę zmianę.

A gdybyś tak pozwolił komuś (nawet sobie) na przestrzeń wyboru czegoś innego? Bez względu na to, ile masz lat, bez względu na to, ile to zajmie i bez względu na to, że nie masz teraz pojęcia od czego zacząć.

Jeśli masz 55 lat i zadasz sobie to pytanie – i pojawi się odpowiedź: „Zawsze chciałem być w cyrku" – bądź w tym cyrku! Rób wszystko, co kochałbyś robić, ponieważ to przyniesie ci więcej pieniędzy. Nie kreuj niczego jako usprawiedliwiania faktu, że czegoś nie wybierasz.

„Twoje życie jest twoim biznesem, a twój biznes jest twoim życiem!"

Co kochasz robić po prostu dla zabawy? A gdybyś tak robił to przez godzinę dziennie i przez jeden dzień w tygodniu?

Mam takie powiedzenie: „Twoje życie jest twoim biznesem, a twój biznes jest twoim życiem". A gdyby biznes, którym jest twoje życie, był biznesem, który tak naprawdę prowadzisz, bez względu na to, jaki wykonujesz zawód? Z jaką energią wiedziesz swoje życie? Czy bawisz się choć trochę?

Często zabieram rano swojego psa na spacer po plaży. Za każdym razem wygląda to tak, jakby to był jego pierwszy raz. Skacze dookoła z taką żywiołową energią, jakby mówił: „To jest wspaniałe! To jest niesamowite!" Biega wzdłuż plaży, wbiega do oceanu i świetnie się bawi. Ja z kolei, kiedy jestem se swoim psem i cieszę się spacerem po plaży, często wpadam na najbardziej kreatywne i generatywne pomysły. Zdecydowanie za rzadko uznajemy ten wkład, jakim jest kreowanie przestrzeni radości dla naszego życia.

Żadna kwota pieniędzy nie jest w stanie wykreować szczęścia. Ty je kreujesz. Robiąc to, co uwielbiasz robić. Będąc SOBĄ. Proszę, zacznij robić to i być tym, co naprawdę pragniesz robić i kim być. Zacznij być szczęśliwy. Po prostu zacznij.

Jeśli pragniesz mieć więcej pieniędzy w swoim życiu, musisz być gotów naprawdę dobrze się bawić. Bez względu na to, co jest do tego wymagane, bez względu na to, jak to wygląda i bez względu na to, jak to się pojawia, ponieważ to nigdy nie pojawia się w sposób, w jaki myślisz, że się pojawi.

Musisz być gotów odczuwać radość i pozwolić pieniądzom za nią podążać.

PRZESTAŃ NADAWAĆ PIENIĄDZOM ZNACZENIE

Co znaczą dla ciebie pieniądze? Czy mają one wielkie znaczenie w twoim życiu? Jakie odczuwasz emocje wokół pieniędzy? Radość, szczęście, lekkość? Niepokój, stres i trudność?

Wszystko, czemu nadajemy wartość i znaczenie, staje się źródłem osądu nas samych i tej rzeczy, której nadaliśmy znaczenie.

Kiedy nadajesz czemuś znaczenie, czynisz to większym i mocniejszym od siebie. Wszystkiemu, co ma znaczenie w twoim życiu – ty nadałeś moc i ty stałeś się bezwolną tego ofiarą. Nie jest prawdą, że to jest większe od ciebie ani że ty nie masz żadnej mocy, ale czynisz to tak ważnym i znaczącym dla siebie w życiu, że decydujesz, że nie możesz bez tego żyć i wydaje ci się, że nie masz w tym wyboru – z wyjątkiem robienia wszystkiego, aby nadal się tego trzymać. Problem polega na tym, że kiedy się czegoś kurczowo trzymasz, wycieka z tego życie. Kiedy kreujesz wokół czegoś znaczenie, dusisz to coś i dusisz siebie, więc nie ma tam już miejsca na wzrost, oddech, zmianę czy rozwój.

Zauważyłeś również, że kiedy nadajesz czemuś znaczenie, wagę lub imperatyw, praktycznie przestajesz się tym cieszyć, bawić i nie masz z tym żadnej lekkości? Nie daje się już więcej niczego z tego wykreować, ponieważ jesteś zbyt zajęty próbami utrzymania tego wszystkiego, co obecnie posiadasz. Dokładnie taką samą tendencję mamy z pieniędzmi.

Jest *bardzo wiele* znacznia wokół pieniędzy.

Być może to niemożliwa do spełnienia prośba, żebyś wyobraził sobie życie, w którym nie przywiązuje się znaczenia do pieniędzy, jednak proszę, zrób to na chwilę. Gdyby pieniądze nie miały znaczenia, jak wiele dałoby ci to wolności? Ile więcej wyboru? Jak wiele lekkości i szczęścia odczuwałbyś we wszystkich aspektach swojego życia?

A gdybyś tak dzisiaj zaczął kreować każdy obszar swojego życia jako radosną celebrację?

Wiele lat temu zdałam sobie sprawę, że utknęłam w pewnym sposobie myślenia, który kazał mi decydować o tym, co mogę, a czego nie mogę, na podstawie ilości pieniędzy, jaką miałam na koncie bankowym. Pytałam wtedy siebie, co byłoby wymagane, żeby wykreować pieniądze potrzebne na wyjazd na wydarzenie Access Consciousness na Kostaryce. Pamiętam ten moment, niedługo później, kiedy siedziałam ze zwitkiem gotówki, którą wykreowałam. Miałam pieniądze w ręku, ale przychodziły do mnie te myśli, co powinnam z nimi zrobić i co mogłabym z nimi zrobić i martwiłam się, czy pojawi się ich więcej czy nie. Ktoś mi wtedy zadał pytanie: „Kiedy przestaniesz nadawać pieniądzom większe znaczenie niż sobie?" I wówczas, kiedy spojrzałam na te pieniądze w moim ręku, zobaczyłam je wszystkie jako piękne, kolorowe papierki. Spojrzałam na nie wszystkie i pomyślałam: „Nadaję papierkom w moich rękach większe znaczenie niż wyborom, które mogę dokonać w swoim życiu? To obłęd!" Po tym zażądałam od siebie, aby nie cenić pieniędzy wyżej od siebie. Musisz pamiętać o tym, że pieniądze nie są źródłem kreacji – ty jesteś źródłem kreacji. TY kreujesz swoje życie!

Aby kreować swoją radosną rzeczywistość finansową z pieniędzmi, musisz odpuścić wszystkie przekonania o znaczeniu pieniędzy i musisz być gotów być radosnym i szczęśliwym, z pieniędzmi lub bez nich. A gdybyś tak zaczął kreować swoje życie jako zaproszenie dla pieniędzy, któremu one nie mogłyby się oprzeć i przychodziłyby, żeby się z tobą bawić? Jakie punkty widzenia na temat pieniędzy musiałbyś stracić, aby kreować pieniądze z lekkością?

Simone Milasas

Rozdział drugi

Co zmienia dług?

Jaki masz punkt widzenia na temat długu? Czy wydaje ci się on być czymś normalnym, nieuchronnym albo nieuniknionym? Czy nauczono cię wierzyć, że dług jest niekorzystnym, nieprawidłowym lub niepotrzebnym złem? Czy unikasz patrzenia na swój dług? Czy ignorujesz go i masz nadzieję, że sam się o siebie zatroszczy?

A gdybym tak powiedziała ci, że dług jest tylko wyborem? Nie jest ani dobry, ani zły, prawidłowy lub nieprawidłowy – to tylko wybór.

Może to brzmieć jak spore uproszczenie, jednak kluczowym i najpotężniejszym narzędziem wychodzenia z długu jest rozpoznanie, że jest on tylko wyborem, jaki masz, i że zawsze możesz go zmienić, jeśli tylko masz takie pragnienie. Kiedy dokonasz wyboru, by wyjść z długu, możesz zmienić wszystko.

Często, kiedy mówię ludziom: „Dług jest tylko wyborem. Pieniądze są tylko wyborem.", nie chcą oni tego do siebie przyjąć. Wolą raczej osądzać się zamiast przyjrzeć się temu, co obecnie kreują jako swoją rzeczywistość.

Możesz zapytać siebie: „Jeśli dług jest tylko wyborem, dlaczego go mam? Co zrobiłem źle? Dlaczego nie zrobiłem tego dobrze?" Proszę, przestań się osądzać, obwiniać i szukać w sobie wad. Co jeśli nigdy nie byłeś ani nie zrobiłeś niczego niewłaściwego? Wszystko, co zrobiłeś, doprowadziło cię do tego momentu, w którym poszukujesz czegoś innego, czytasz tę książkę i szukasz innych możliwości z pieniędzmi, prawda? A jeśli teraz jest idealny moment, aby wybrać coś nowego?

I możesz wybrać coś nowego od razu. W momencie, w którym wybierasz coś innego – zmieniasz swoją rzeczywistość z pieniędzmi. W chwili, w której mówisz sobie: „Wiesz co? Bez względu na wszystko, zmieniam to!" pozwalasz sobie zdjąć z oczu filtr długu i zapytać: „Co jeszcze jest możliwe?"® i „Co mogę zrobić, aby to zmienić?"

W jakim stopniu kreujesz swoje życie z perspektywy długu? A gdybyś tak, zamiast wybierać z punktu widzenia: „Nie mogę tego zmienić", zapytał: „A gdybym mógł wybrać wszystko? A gdybym tak wybrał dla siebie? Co chciałbym wykreować?"

Kiedy zmienisz swój punkt widzenia, zmieni się cała twoja rzeczywistość. Jaki masz punkt widzenia, który kreuje twoją obecną sytuację finansową? A gdybyś tak pozwolił sobie zmienić ten punkt widzenia? Czy to dałoby ci wolność wyboru czegoś innego?

TWÓJ PUNKT WIDZENIA KREUJE TWOJĄ (FINANSOWĄ) RZECZYWISTOŚĆ

Jaka jest różnica między tym, co jest rzeczywiste, a tym, co nie jest rzeczywiste w twoim życiu? Twój wybór, jak to widzisz. Punkt widzenia, jaki miałeś do tej pory na temat pieniędzy, wykreował twoją aktualną sytuację finansową. Jak ci to pracuje?

Od chwili poczęcia absorbujemy rzeczywistość naszych rodziców, rzeczywistość naszej wspólnoty, naszych przyjaciół, krewnych, rówieśników, nauczycieli, kultury i społeczeństwa. Ciągle się na nas projektuje i oczekuje od nas, że kupimy te same punkty widzenia. Nie uczy się nas pytania, czy to jest prawdziwe, rzeczywiste i czy odnosi się do nas. Mówi się nam: „Tak to po prostu jest, taka jest rzeczywistość tej sytuacji." A co jeśli nie jest?

Mogłam kupić punkt widzenia mojej rodziny, że to niewłaściwe, aby rozmawiać o pieniądzach przy stole rodzinnym i osądzić się za pragnienie dyskutowania o pieniądzach przy kolacji. Mogłam więc przestać to robić, ale zamiast tego stwierdziłam, że ich punkt widzenia był tylko ich punktem widzenia, i że dla mnie nie musiało być to ani rzeczywiste, ani prawdziwe. Mój partner i ja uwielbiamy rozmawiać o pieniądzach przy lampce wina i przy kolacji. Mamy coś, co lubimy nazywać „Finanse 101", ciesząc się jednocześnie przepysznymi posiłkami, które on gotuje. Rozmawiamy o tym, w jakim miejscu jesteśmy z naszą sytuacją finansową, co chcielibyśmy wykreować z pieniędzmi za rok, za pięć lat, za dziesięć lat i bawimy się ideą tego, co jeszcze jest możliwe, czego nie wzięliśmy pod uwagę. Mamy frajdę, generujemy mnóstwo entuzjazmu i radości w naszym życiu, przychodzą nam do głowy wspaniałe pomysły i ustalamy nowe cele. Gdybym kupiła cudze punkty widzenia jako prawdziwe dla mnie, nie byłabym w stanie kreować tej cudownej części mojej rzeczywistości, którą cieszę się ze swoim partnerem i która jest niesamowitym wkładem dla naszego życia i kreacji naszych finansów.

Gdybyś uwolnił swoje stałe punkty widzenia na temat pieniędzy, gdybyś nie miał osądu na temat pieniędzy, to jak kreowałbyś swoją rzeczywistość finansową? Czy byłaby ona tak poważna i problematyczna, jak się nam to często przedstawia? Czy wykreowałbyś coś zupełnie, zupełnie innego?

„Czy zdecydowałeś, że solidne, ciężkie rzeczy w życiu są prawdziwe?"

Rozmawiałam z kobietą, która chciała rozwinąć swój biznes, ale doszła do wniosku, że nie miałaby dość pieniędzy na przeżycie, gdyby poszła do przodu ze swoim planem. Czuła się sparaliżowana. Powiedziała, że wie, że funkcjonuje z energii, która nie jest rzeczywista ani prawdziwa, ale w jakiś sposób ta energia trzyma ją w pudełku. Zapytałam ją: „Czy sprawiasz, że twoje konkluzje stają się prawdziwe? Jest w nich jakiś ciężar, który kojarzymy z tą rzeczywistością. Ale co jeśli nie ma w nich nic wielkiego? Co jeśli one są tylko interesującym punktem widzenia?"

Kobieta zapytała: „Ale czy to nie jest rzeczywiste, że potrzebuję pieniędzy na zapłacenie moich rachunków? Czy to nie jest rzeczywiste, że potrzebuję pieniędzy, aby zapłacić za swoje jedzenie? Czy to wszystko nie jest prawdziwe?"

Powiedziałam: „Wszyscy ci mówią, że musisz zapłacić za swoje rachunki i musisz kupić sobie jedzenie, ale to są konkluzje. Nie musisz robić tych rzeczy. Możesz zbankrutować. Możesz nie płacić swoich rachunków. Możesz wyjechać. Możesz wpaść do przyjaciółki i zjeść jej jedzenie. Jest milion rzeczy, które możesz zrobić. Możesz również wybrać zrobienie czegoś całkiem innego." Tu wracamy do kwestii wyboru. Ty masz wybór. Co wybierasz?

Wiele lat temu również zmagałam się z trudnościami i zadzwoniłam wtedy do swojego przyjaciela. Kiedy mu przedstawiłam, co się u mnie dzieje, on powiedział: „Hej, Simone, ale to nie jest prawdziwe." Stałam w swojej kuchni myśląc: „To *jest* prawdziwe. To *jest* prawdziwe." Zaczęłam się śmiać, bo tak bardzo chciałam, aby ten przyjaciel kupił historię, z poziomu której funkcjonowałam. Chciałam, żeby się ze mną zgodził i przystał na moje konkluzje i ograniczenia i powiedział: „Wiesz co? Masz rację, to jest prawdziwe."

O czym zdecydowałeś, że jest lub nie jest dla ciebie prawdziwe? Dlaczego zdecydowałeś, że jest to prawdziwe? Bo takie miałeś doświadczenie w przeszłości? Bo „czujesz" to jako rzeczywiste: ciężkie, solidne, materialne i nie do ruszenia? Czy coś, co jest dla ciebie prawdziwe – naprawdę odczuwałbyś jak tonę cegieł, czy raczej sprawiałoby to, że czujesz się lżejszy i szczęśliwszy?

Patrzysz na coś, co jest solidne – jak cegła lub budynek. Nauka wykazała, że nawet najbardziej solidne rzeczy tak naprawdę w 99.99% składają się z przestrzeni. A co jeśli wszystko to, o czym zdecydowałeś, że jest prawdziwe, rzeczywiste, solidne i niewzruszone, tak naprawdę wcale takie nie jest i tylko nauczono cię to w ten sposób widzieć? Co mogłoby się zmienić, gdybyś wybrał uznanie tego, że być może nic, co za takie uważasz – wcale takie nie jest?

> *„Wspaniałym narzędziem do kreowania lekkości z każdym punktem widzenia jest uczynienie go interesującym zamiast rzeczywistym."*

Jednym z moich ulubionych narzędzi Access Consciousness jest to, kiedy przez trzy kolejne dni, przy każdym pojawiającym się uczuciu i emocji (dotyczącym nie tylko pieniędzy, lecz wszystkiego) mówisz sobie w duchu: „interesujący punkt widzenia, że mam taki punkt widzenia". Powtórz to kilka razy i zauważ, czy coś się zmienia. Wypróbujmy to: Jaki jest teraz twój największy problem z pieniędzmi? Chwyć tę myśl i każde uczucie lub emocję, która się z nią pojawia. Teraz spójrz na to i powiedz: „Interesujący punkt widzenia, że mam taki punkt widzenia." Czy coś się zmieniło? Jeśli nie, powiedz to jeszcze raz. Powtórz to jeszcze trzy razy, jeszcze dziesięć razy. Zauważasz jakąś różnicę? Czy coraz trudniej jest ci się tego trzymać? Czy to staje się mniej materialne i solidne? Kiedy przestajesz kupować jakiś punkt widzenia jako rzeczywisty, prawdziwy lub absolutny i zaczynasz go widzieć jedynie jako interesujący – zaczyna on mieć mniejszy wpływ na twój wszechświat. Kiedy mówisz: „Interesujący punkt widzenia, że mam taki punkt widzenia" do jakiejś myśli, uczucia lub emocji, a ona się rozpuszcza lub zmienia, to oznacza, że nie jest dla ciebie prawdziwa.

Teraz pomyśl o kimś, za kogo jesteś naprawdę wdzięczny w swoim życiu. Odczuj energię posiadania tej osoby w swoim życiu, spójrz na nią i powiedz: „interesujący punkt widzenia, że mam taki punkt widzenia." Czy ona odchodzi i się rozprasza? Czy dzieje się coś innego?

Kiedy coś jest dla nas prawdą i uznamy to, wtedy wykreuje to poczucie *lekkości* i *poszerzenia* w naszym świecie. Kiedy coś nie jest prawdziwe, tak jak osąd lub konkluzja, do której doszliśmy na jakiś temat – staje się to ciężkie, odczuwasz to jako skurcz, zaciśnięcie lub napięcie. Kiedy mówisz: „interesujący punkt widzenia, że mam taki punkt widzenia", wtedy to, co jest dla ciebie prawdą, rozprzestrzenia się i rośnie, a to, co nią nie jest, staje się mniej materialne i się rozprasza.

Oto kolejny sposób, w jaki możesz używać „interesującego punktu widzenia", kiedy czytasz tę książkę: Każdej myśli, uczuciu lub emocji odnoszącej się do pieniędzy, która do ciebie przychodzi, kiedy to czytasz, poświęć chwilę, by uznać ten punkt widzenia, a następnie użyj „interesującego punktu widzenia". Możesz przy tym zauważyć, że prawie wszystko, co uznałeś za trwałe i bezwzględne w twojej obecnej sytuacji finansowej, jest tylko interesującym punktem widzenia a nie prawdą. Z „interesującym punktem widzenia" wszystko staje się plastyczne. Musisz wybrać, czy chcesz to zachować, zmienić czy wykreować zupełnie inny punkt widzenia.

Co chciałbyś dzisiaj wybrać i wykreować?

ODPUSZCZANIE KOMFORTU POSIADANIA DŁUGU

Często rozmawiam z ludźmi, którzy byli w długach, wyszli z nich, a potem znowu w nie wpadali. Sama to robiłam. Ostatnio rozmawiałam z kimś, kto powiedział: „Wyszedłem z długów i po raz pierwszy w życiu miałem pieniądze na koncie w banku, ale teraz znowu mam 25.000 dolarów długu. To już czwarty raz! Co kryje się pod tym wzorcem? Nie lubię mieć długu ani zmagać się, by znaleźć pieniądze, aby ten dług spłacić, ale nie lubię również ograniczenia możliwości wyboru spowodowanego brakiem pieniędzy."

Zapytałam ją: „Czy naprawdę pragniesz być bez długu?" a ona zauważyła, że nie może szczerze odpowiedzieć „Tak!" Bardziej komfortowe było dla niej tkwienie w długu niż wyjście z niego. Ja wiem, że to było moją prawdą, kiedy po raz pierwszy wyszłam z długu i może to być również prawdą dla ciebie. Byłam rozczarowana, gdy po raz pierwszy wyszłam z długu. Myślałam: „Gdzie jest orkiestra, fajerwerki i pochód idący główną ulicą i skandujący: 'Simone, jesteś boska!'?" To było trochę rozczarowujące. Czułam się dziwnie i obco nie posiadając tego długu w moim życiu. Dla ilu z was również jest to znajome uczucie?

Istnieje wiele przyczyn, dla których czujemy się bardziej komfortowo w długach niż po wyjściu z nich. Możesz być przyzwyczajony, żeby być taki, jak wszyscy. Możesz nie chcieć być najwyższym makiem (tego terminu używamy w Australii do określenia wybitnych osób, które są nielubiane, atakowane, umniejszane i krytykowane, ponieważ ich talenty lub osiągnięcia sprawiają, że wyróżniają się z tłumu) lub możesz nie lubić bycia osądzanym za bycie jedyną osobą jaką znasz, która nie ma długu lub problemów finansowych.

Jeśli ciągle jesteś w długach i naprawdę chciałbyś to zmienić, musisz mieć odwagę i skonfrontować się z tym, co aktualnie wybierasz i dokonać innego wyboru. Czy jesteś gotów na brak komfortu, aby wykreować wolność w tym obszarze? Jeśli tak, zróbmy coś dziwnego: Spójrzmy na to, co kochasz w byciu w długach.

„Co kochasz w byciu w długach
i w braku pieniędzy?"

Może się to wydawać dosyć dziwnym pytaniem, ale kiedy dzieje się w naszym życiu coś, czego mówimy, że nienawidzimy, to często kryje się pod tym to, co potajemnie kochamy kreować, a czemu nie chcemy się przyjrzeć. Jeśli jesteś gotów zadać kilka pytań, możesz zauważyć i uznać to, w czym utknąłeś. Jeśli tego nie uznasz, nie możesz tego zmienić.

- Co kochasz w byciu w długach sięgających takiej kwoty? Czy jest to kwota długu, która jest dla ciebie komfortowa? Czy ona sprawia, że zakleszczasz się w ograniczonej rzeczywistości finansowej? Czy ona utrzymuje twoje podobieństwo do wszystkich innych osób?

- Co kochasz w braku pieniędzy? Czy to gwarantuje ci, że nie odstajesz od reszty członków twojej rodziny? Gdybyś miał pieniądze, czy wierzysz w to, że twoja rodzina zażądałaby, abyś im je oddał?

- Co kochasz nienawidzić w braku pieniędzy? Czy to ci daje coś, na co możesz narzekać, historię lub usprawiedliwienie, do którego możesz się uciec zamiast po prostu to zmienić?

- Czego nienawidzisz kochać w braku pieniędzy? Czy powiedziano ci, że to niewłaściwe, aby kochać pieniądze? Czy pieniądze są „źródłem wszelkiego zła"? Czy osądzasz swój wybór, aby nie mieć pieniędzy? Czy rozważyłbyś to, żeby się nie osądzać i że teraz masz inny wybór?

- Jakiego wyboru możesz dokonać dzisiaj, który może wykreować więcej teraz i w przyszłości?

Możesz czuć dyskomfort podczas zadawania sobie tych pytań. Możesz czuć pokusę, aby osądzać się jeszcze bardziej. Proszę, nie rób tego. Co jeśli, uznanie tych wszystkich szalonych rzeczy, które zdecydowaliśmy, że kochamy w byciu w długach, jest tak naprawdę kluczem do zmiany – poprzez przyjrzenie się im bez osądu i zdanie sobie sprawy, że czasem jesteśmy bardzo uroczy, ale mało bystrzy – a potem uznanie, że możesz dokonać innego wyboru. Co jeśli nie ma w tym nic złego? A gdybyś tak mógł być sobie wdzięczny za odwagę przyjrzenia się temu?

Opowiem wam historię jednego z moich szalonych punktów widzenia na temat pieniędzy i długów, którego używałam do powstrzymywania się przed posiadaniem pieniędzy. Kocham mojego tatę. On był naprawdę życzliwym człowiekiem. Często mówił, że nie umrze, dopóki się nie upewni, że jego rodzina otrzymała odpowiednie wykształcenie i zabezpieczenie finansowe. Wszystko, co robił jako mężczyzna, miało kreować bezpieczne życie dla jego żony i dzieci. Nie chciałam, aby umarł, bo bardzo go kochałam. Moja matka i moje rodzeństwo byli zabezpieczeni finansowo i wszyscy otrzymaliśmy odpowiednie wykształcenie. Jedyną osobą, która sobie tego wszystkiego razem nie poukładała, byłam ja. Zdałam sobie sprawę, że mimo iż miałam wszystkie niezbędne umiejętności, aby wykreować wspaniałą przyszłość finansową, kreowałam się na nieudacznika finansowego myśląc: „Dopóki tonę w długach i problemach finansowych, mój tato nie umrze." Patrząc na to logicznie, jest to dosyć szalony punkt widzenia, prawda? Ale to właśnie robiłam. Na szczęście w tamtym czasie mój ojciec jeszcze żył, a ja z nim o tym porozmawiałam. Powiedział mi wtedy ze swoim litewskim akcentem: „Ależ Simone, to co robisz jest szalone", a ja odpowiedziałam: „Wiem!" Od tego momentu zaczęłam zmieniać moje długi. Zaczęłam również dostrzegać, jak na świecie rozprzestrzenia się radość i szczęście, kiedy zaczęłam kreować dla siebie wspanialszą rzeczywistość finansową. Krótko mówiąc: *Zaczęłam otrzymywać.*

Czy jesteś gotów być świadomym tego, jakiego życia naprawdę pragniesz? Czy jesteś gotów wyjść ponad swoją strefę komfortu z długiem i pieniędzmi i zacząć rozkwitać zamiast starać się tylko przetrwać?

BĄDŹ GOTÓW MIEĆ PIENIĄDZE

Przyjaciółka powiedziała mi kiedyś: „Jestem naprawdę dobra w kreowaniu braku pieniędzy. A kiedy kreuję i generuję pieniądze, zaczynam mieć fałszywe poczucie zamożności. Dużo wydaję. Mam sporo długów do spłacenia, ale one nie są moim priorytetem. Zamiast tego wydaję pieniądze, im szybciej tym lepiej, a za chwilę znów jestem w pułapce. Co to jest i jak mogę to zmienić?"

Jest mnóstwo ludzi, którzy tak postępują. O wiele bardziej lubią oni *wydawać* pieniądze niż *mieć* pieniądze. Czy cieszy cię posiadanie pieniędzy? Czy raczej wydawanie ich jest najważniejszą rzeczą w twoim życiu? Czy zawsze znajdziesz sobie sposób na wydanie swoich pieniędzy? Czy spłacasz swoje karty kredytowe i myślisz: „Wspaniale! Mam kolejne 20.000 dolarów (czy jaki tam masz limit kredytowy) do wydania"?

Nauczono nas, że wartością w posiadaniu pieniędzy jest ich wydawanie tudzież oszczędzanie, aby móc je wydać później. Ale rzadko rozmawiamy o *posiadaniu* pieniędzy i o tym, jaką różnicę może to robić w naszych światach finansowych.

> *„Jest różnica między posiadaniem pieniędzy a ich wydawaniem i oszczędzaniem."*

Gary Douglas mówi, że zawsze zatrudnia osoby, które są gotowe mieć pieniądze, bez względu na to, czy w danej chwili je mają. Wie, że ci, którzy są gotowi mieć pieniądze (bez względu na to, czy obecnie mają ich dużo czy nie), będą zarabiać pieniądze dla siebie i dla biznesu, ale jeśli nie są gotowi posiadać pieniędzy, nie będą tego robić.

Chwilę trwało, zanim stałam się gotowa mieć pieniądze. Byłam świetna w ich kreowaniu. Miałam biznesy, które traciły pieniądze i biznesy, które je zarabiały. Zawsze kreowałam pieniądze, jakkolwiek, nawet kiedy tonęłam w długach. Mogłam je zarabiać, oszczędzać i wydawać. Jednak jedyną rzeczą, której nie byłam gotowa robić było edukowanie się w temacie finansów i pieniędzy. Uważałam, że ignorancja jest błogosławieństwem. Brzmi to znajomo?

Pewnego razu wykreowałam z przyjaciółką biznes w ciągu jednej nocy, wytwarzając słoiczki żelu z brokatem na sprzedaż, abyśmy mogły pójść na wszystkie przyjęcia w Sydney podczas Mardis Gras. Kiedy zdecydowałam, że chcę wyjechać za granicę, pracowałam ciężko, miałam trzy prace i oszczędzałam wszystkie pieniądze, abym mogła podróżować; wszędzie, gdzie pojechałam, podejmowałam różnego rodzaju prace, żeby móc dalej podróżować. I ciągle, nie pozwalałam sobie prawdziwie *posiadać* pieniędzy.

Nie żyłam oszczędnie, wydawałam pieniądze na rzeczy, które mnie cieszyły, nie odmówiłabym sobie spędzenia weekendu z przyjaciółmi w Melbourne, byłam hojna i cieszyło mnie również kupowanie rzeczy innym ludziom. Nie usłyszałbyś również ode mnie, żebym narzekała na swoją sytuację finansową, nie mniej jednak, ciągle nie pozwalałam sobie mieć pieniędzy.

CZYM JEST POSIADANIE PIENIĘDZY?

Posiadanie pieniędzy jest byciem gotowym na to, aby pozwolić pieniądzom być w twoim życiu w taki sposób, żebyś zawsze je miał i by były one wkładem do ekspansji twojego życia. I nie chodzi tu o nadawanie im znaczenia. Tu chodzi o swoistą zabawę z pieniędzmi, o pozwolenie im na bycie wkładem i o gotowość na ich otrzymywanie.

Podam przykład: Kiedyś zwykłam nosić jaskrawą, sztuczną biżuterię. Wyglądała wspaniale, miałam kilka świetnych sztuk, ale były warte mniej niż 50% tego, ile za nie zapłaciłam, już w momencie, kiedy przekroczyłam próg sklepu, w którym je kupiłam. Pewnego dnia kupiłam naszyjnik wykonany z pereł Mabe. Perły te są obecnie bardzo rzadkie, bo zniknęły już z oceanu. Naszyjnik, z uwagi na wartość materiału oraz jego rzadkość na świecie, cały czas zyskuje na wartości. Posiadanie tego naszyjnika w moim życiu ma nie tylko wartość pieniężną, która jest wyższa niż kwota, którą za niego zapłaciłam, ale również jest wspaniałą i piękną biżuterią, którą mogę ozdabiać swoje życie. Jest estetycznie piękna i czuję się wspaniale, kiedy ją noszę. To jest ta energia, którą posiadanie pieniędzy kreuje w twoim życiu.

Posiadanie pieniędzy w życiu nie polega tylko na ich kreowaniu i niewydawaniu. Kiedy jesteś prawdziwie gotów mieć pieniądze w swoim życiu, jesteś również gotów użyć ich do tego, aby wykreowały więcej.

Mam przyjaciela, który zawsze próbuje *zaoszczędzić* pieniądze dla biznesów, z którymi pracuje. Zna się doskonale na technologiach i pracował w wielkiej firmie, podróżując i dbając o jej potrzeby audio-wizualne wszędzie tam, dokąd się wybierali. Po każdym wydarzeniu pakował sprzęt, wysyłał go do kolejnego kraju i miasta, a to kreowało dla niego mnóstwo pracy. W pewnym momencie właściciel firmy powiedział mu: „Chciałbym, abyś kupił więcej sprzętu, abyśmy mieli go w Europie, Ameryce, Australii i Azji. W ten sposób nie będziemy musieli zabierać go wszędzie tam, gdzie jedziemy, a ty nie będziesz musiał o tym myśleć." Minęły dwa lata, a on ciągle niczego nie kupił. Nikt nie zdawał sobie z tego sprawy, dopóki pewnego dnia jego szef nie powiedział: „Dwa lata temu poprosiłem cię, abyś kupił więcej sprzętu. Co się stało?"

Odpowiedział: „Próbowałem oszczędzić ci pieniądze, ponieważ ten sprzęt jest taki drogi."

Przyjrzyj się energii próby oszczędzania pieniędzy poprzez wysyłanie sprzętu do tych wszystkich krajów. Potem przyjrzyj się energii posiadania sprzętu w każdym kraju. Która z tych energii prowadzi do wzrostu i ekspansji biznesu z lekkością?

Czy jesteś osobą, która pyta: „Jak mogę zaoszczędzić pieniądze?" Jaka jest energia tego pytania? Czy jest to energia generatywna? Czy wydaje się poszerzać twoje wybory, czy je ograniczać. Teraz przyjrzyj się energii tych pytań: „Co jest wymagane, aby wygenerować więcej pieniędzy?" „Jaką energią potrzebuję się stać, aby kreować to z lekkością?"

Czy próbujesz gdzieś zaoszczędzić pieniądze? Spróbuj zapytać: „Jeśli wydam te pieniądze, które próbuję zaoszczędzić, czy to będzie kreowało więcej dla dzisiaj i dla przyszłości?" Nie twierdzę teraz, że masz iść i kupić sobie nowy kabriolet BMW, bo chcesz go mieć. Sugeruję, abyś przyjrzał się, co wygeneruje dla ciebie więcej. Jeśli coś będzie generować więcej, wydaj te pieniądze!

Jak by to było mieć w życiu pieniądze, które są dla ciebie wkładem? Jak by to było mieć w swoim życiu rzeczy, które mają samoistną wartość i których wartość ciągle rośnie?

Wyobraź sobie dwa domy: jeden jest wyposażony w tanie, nowoczesne meble. Jest czysty, nowoczesny i wygląda jak z katalogu, wszystko w nim warte jest mniej niż 50% tego, ile za to zapłaciłeś. Drugi dom wyposażono w różne piękne rzeczy – srebra, kryształy, antyki, obrazy, ozdoby – które nie tylko mają unikalną wartość estetyczną, ale również bonus w postaci tego, że są warte przynajmniej tyle, ile za nie zapłaciłeś. Który z tych domów wykreowałby większe poczucie bogactwa i piękna w twoim życiu? A gdybyś tak mógł użyć tej kreacji piękna i kreacji posiadania w życiu wszelkiego rodzaju rzeczy w taki sposób, który dodawałby pieniądze do stanu twojego posiadania, teraz i w przyszłości? Tu nie chodzi o osąd, tylko o świadomość i kreowanie przyszłości, której pragniesz.

Czy pozwoliłbyś pieniądzom na ciągłą obecność w twoim życiu i czy pozwoliłbyś im ciągle rosnąć?

W drugiej części książki, podam ci wiele praktycznych narzędzi do posiadania pieniędzy w życiu. Posiadanie pieniędzy jest w rzeczywistości bardzo proste. Czy jesteś gotów mieć pieniądze i pozwolić im być dla ciebie wkładem w całkiem inny sposób?

PRZESTAŃ UNIKAĆ I ODMAWIAĆ PIENIĘDZY

Czy gdziekolwiek w swoim życiu odmawiasz lub unikasz przyjrzenia się swojej sytuacji finansowej? Czy masz naprawdę dobre powody, żeby unikać robienia prostych i łatwych rzeczy prowadzących do wykreowania więcej pieniędzy? W każdym miejscu, w którym unikamy bycia całkowicie uczciwymi – odcinamy i odmawiamy tego, co dałoby nam więcej możliwości i łatwą zmianę.

Rozmawiałam kiedyś z klientem, który powiedział: „Myślę o moim długu niemal codziennie, a potem odpycham go od siebie i liczę na to, że sam odejdzie." Wielu z nas działa w ten sposób.

Kiedy ja byłam w długach, uparcie i konsekwentnie unikałam patrzenia na to, co się dzieje z moją sytuacją finansową, dopóki w końcu nie wybrałam, żeby posłuchać Gary'ego i Daina i nie zaczęłam używać narzędzi Access Consciousness. Unikanie świadomości z pieniędzmi nigdy nie kreuje miejsca, w którym możesz popatrzeć na wybory, które naprawdę są dla ciebie dostępne; to zawsze kreuje taki mglisty i niewyraźny obszar, w którym nie pozwalasz sobie dojrzeć tego, co się dzieje albo tego, co możesz zrobić, by to zmienić.

Jedna z moich przyjaciółek w naprawdę genialny sposób uczy swoje dzieci o pieniądzach. Pewnego razu dała swojemu dziesięcioletniemu synowi i jego kolegom 20 dolarów na wspólny lunch. Później, dowiedziała się, że za ten lunch zapłaciła mama jednego z dzieci. Moja przyjaciółka zapytała syna, dlaczego nie zapłacił, a on przyznał, że zgubił pieniądze zanim dotarli na miejsce. Wówczas poprosiła go, aby poszedł powiedzieć tej mamie, że miał zamiar zapłacić za lunch, ale zgubił pieniądze. Ona wiedziała, że ta mama nie miała nic przeciwko zapłaceniu za lunch, tu nie chodziło o sprawienie, aby ktokolwiek poczuł się źle. Tu chodziło o uznanie tego, co się zdarzyło – nie z poziomu posiadania punktu widzenia, czy osądu na temat tej sytuacji, ale z poziomu doprowadzenia dziecka do uznania, co ono wykreowało, zamiast udawania, że nic się nie stało. Musisz uznawać, a nie ukrywać czy unikać tego, co się dzieje. Tu nie chodzi o osąd. Jeśli jesteś gotów nie ignorować tego, to będziesz gotów być bardziej świadomy w przyszłości. A z tą świadomością dodasz sobie mocy do dokonywania wyborów, których prawdziwie chciałbyś dokonywać, a które wykreowałyby w twoim życiu więcej, a nie mniej.

„Czy żyjesz we Wszechświecie Braku Wyboru?'"

Całymi latami unikałam związków. Mówiłam: „Nie wchodzę w związki, nie jestem w związku, nigdy nie wyjdę za mąż, nigdy nie będę miała dzieci." Rozglądałam się wokół siebie i nie mogłam znaleźć związku, który wydawałoby się, że dobrze funkcjonuje. Nie widziałam ludzi, którzy wyglądaliby tak, jakby dobrze się bawili w swoich związkach, więc mój punkt widzenia (konkluzja) był taki: „Nie wchodzę w związki!"

Z taką decyzją odrzucałam wszystko, co było możliwe. Kreowałam wszechświat braku wyboru i rzeczywistość braku wyboru. Pewnego dnia zdałam sobie sprawę z tego, co wybieram i zaczęłam pytać siebie: „A gdybym tak była gotowa być w związku? A gdybym tak zechciała otrzymać tę możliwość?" Odpuściłam wszystko, o czym zdecydowałam, wszystkie konkluzje, do jakich doszłam na temat związków, ponieważ zauważyłam, że wszystkie te założenia kreowały dla mnie wielkie ograniczenia. Wszędzie tam, gdzie wchodzimy w konkluzje, kreujemy ograniczenia, które separują nas od nieograniczonych możliwości, które są dostępne. Zabawne w tym jest to, że mam teraz związek ze wspaniałym człowiekiem, a przyszedł on do mnie z dzieckiem i z psem – błyskawiczna rodzina. Wszyscy oni stali się wkładem do mojego życia w sposób, jakiego nigdy sobie nie wyobrażałam. Gdybym nadal zamykała się na możliwość związku w swoim życiu, mogłabym nie otrzymać największego wkładu, hojności i energii, jaką są oni dla mnie, łącznie z kreowaniem większej ilości pieniędzy i bogactwa.

Mówię tutaj o przyjrzeniu się energii, którą kreuje podarowanie sobie w życiu wyboru. Kiedy unikasz czegoś, odmawiasz lub nie jesteś gotów czegoś mieć, to nie pozwala ci to mieć więcej wyborów ani kreować więcej. Musisz być gotów spojrzeć na te wszystkie miejsca, w których kreujesz wszechświat barku wyboru i być gotów to zmienić.

„Co najgorszego mogłoby się stać, gdybyś nie unikał pieniędzy?"

Czy unikasz robienia nowych rzeczy, które mogłyby przynieść ci pieniądze? Jak wiele pojawiło się sytuacji, w których mogłeś zarobić pieniądze, a powiedziałeś: „Nie, tym razem nie mam na to czasu. Nie mógłbym tam pójść. Nie mógłbym tego zrobić"? Czy poproszono cię kiedyś o zrobienie czegoś, a ty pomyślałeś: „Nie umiem tego zrobić", więc odmówiłeś i uniknąłeś tego, zamiast podjąć próbę? A gdybyś zapytał siebie: „Co najgorszego mogłoby się zdarzyć, gdybym tego nie unikał i po prostu wybrał?" Wybór kreuje świadomość.

Jeśli unikasz wystąpień publicznych i zapytałbyś się: „Co najgorszego mogłoby się zdarzyć, gdybym właśnie wystąpił publicznie?" Mógłbyś stwierdzić: „Cóż, mógłbym zamienić się w słup soli i zapomnieć, co mam do powiedzenia. Czy to naprawdę byłoby aż takie złe?" A potem mógłbyś powiedzieć: „Gdyby to się stało, mógłbym tam po prostu stać, spoglądać na tłum i uśmiechać się." Ludzie uwielbiają twoje obnażenie, kiedy jesteś sobą i nie unikasz niczego; łatwiej jest być sobą w każdej sytuacji. Masz więcej siebie bez względu na sytuację, bo nie musisz się wykręcać, odwracać ani ukrywać siebie, by czegokolwiek uniknąć. Co zdecydowanie wykreuje dla ciebie więcej pieniędzy, to ty stający się coraz bardziej sobą.

Czy unikasz swoich długów? Gdzie unikasz pieniędzy? Pojawienia się jakich cudownych, wspaniałych i kreatywnych części siebie odmawiasz światu poprzez to unikanie? Co zdecydowałeś, że jest najgorszą rzeczą, jaka mogłaby się zdarzyć, gdybyś tego nie unikał? Co mogłoby się zmienić, gdybyś był gotów mieć całkowitą świadomość swojej rzeczywistości finansowej?

WDZIĘCZNOŚĆ

Jednym z najbardziej magicznych narzędzi do zmiany rzeczy w życiu jest wdzięczność.

Często pomijamy wdzięczność, podczas gdy ma ona moc dynamicznej zmiany twojego punktu widzenia. Wdzięczność niesie ze sobą naturalny efekt wyjścia z osądu. Wdzięczność i osąd nie mogą współistnieć. Nie możesz jednocześnie osądzać i być wdzięcznym. Czy zauważyłeś, jak bardzo jest to niemożliwe, aby być wdzięcznym, kiedy kogoś lub coś osądzasz? Kiedy masz wdzięczność, wychodzisz z osądu. I tak, jak omówiliśmy to wcześniej: osąd jest sposobem kreowania naszych największych ograniczeń.

Kiedy otrzymujesz pieniądze, jaki jest twój natychmiastowy punkt widzenia? Czy jesteś wdzięczny za każdą złotówkę, każdy grosik, który przychodzi do twojego życia, czy masz tendencję myśleć: „To niewiele", „To na zapłacenie tego rachunku", „Chciałbym mieć więcej"? A gdybyś tak był wdzięczny, zawsze, kiedy przychodzą do ciebie pieniądze i zawsze kiedy odchodzą – wdzięczny sobie, za wykreowanie ich, pieniądzom, za ich pojawienie się i za to, na co je wydajesz? Jak by to było, gdybyś miał prawdziwie więcej wdzięczności z pieniędzy?

A gdybyś tak, za każdym razem, kiedy przychodzą do ciebie jakieś pieniądze, ćwiczył mówienie: „Dziękuję, bardzo się cieszę, że się pojawiłyście! Czy mogę prosić o więcej?" A gdybyś tak, za każdym razem, kiedy wydajesz pieniądze, kiedy płacisz rachunek, był wdzięczny i gotowy by prosić o więcej: „Wspaniale, cieszę się bardzo, że mam elektryczność na kolejny miesiąc! I co jest wymagane, aby te pieniądze wróciły do mnie pomnożone razy dziesięć?"

Uwielbiam zadawać to pytanie! Kiedyś zapłaciłam pewnej kobiecie, która wykonała mi niewiarygodny masaż stóp. Byłam za nią bardzo wdzięczna i podziękowałam jej. Kiedy wręczałam jej pieniądze, dla zabawy powiedziałam na głos: „Co jest wymagane, aby te pieniądze wróciły do mnie pomnożone razy dziesięć?" Kobieta spojrzała na mnie raczej dziwnie. Później podeszła do mnie i powiedziała: „Nie myślałam, że można prosić pieniądze, aby do mnie wróciły, kiedy już je wydałam. Myślałam, że to brak szacunku albo coś. Ale sposób, w jaki ty to powiedziałaś, był pełen takiej wdzięczności i radości, był takim zaproszeniem. Od teraz będę tego używać ze wszystkim!"

Kiedy jesteś gotów bawić się z pieniędzmi, być wdzięcznym za pieniądze i być wdzięcznym za to, co wykreowałeś i nie osądzać tego, wtedy może pojawić się więcej.

„A gdybyś był gotów być wdzięcznym również za siebie?"

Kiedy nie uznajesz ani nie masz wdzięczności za pieniądze, które przychodzą i odchodzą z twojego życia, tak naprawdę odmawiasz uznania i wdzięczności za siebie. A gdybyś zaczął uznawać siebie za wszystko, co wykreowałeś, za to, co masz, zamiast koncentrować się na tym, czego nie masz? Kiedy przeniesiesz swoją uwagę na to, co działa w twoim życiu, możesz wykreować tego więcej i zacznie się to pojawiać również w innych miejscach. Jeśli kierujesz uwagę na coś, czego ci brakuje, będziesz widział tylko brak, a niedostatek wzrośnie.

Musisz mieć wdzięczność za wszystko, co kreujesz, dobre, złe i brzydkie. Wtedy nigdy nie wchodzisz w konkluzję, bez względu na to, co się pojawia. Jak wiele wyborów oceniłeś, ponieważ zdecydowałeś, że straciłeś swoje pieniądze lub dokonałeś złego wyboru? Skąd wiesz, że ten wybór nie był dokładnie tą rzeczą, która pozwoli ci wykreować coś jeszcze wspanialszego w przyszłości? Jeśli to osądzasz, nie będziesz w stanie zobaczyć daru, jakim był twój wybór i nie pozwolisz sobie otrzymać możliwości, które są teraz dla ciebie dostępne tylko z tego powodu. Jeśli masz wdzięczność, otrzymujesz całkowicie inną rzeczywistość.

Jestem wdzięczna za wszystkich ludzi, którzy pracują w firmie *Radość z Biznesu* (to jeden z moich biznesów, który przynosi mi pieniądze i zmienia świat). Generujemy biznes z poziomu radości i ciekawości tego, co jeszcze można wykreować, a nie z poziomu dokonania właściwego wyboru czy uniknięcia złego. Kiedy ktoś dokonuje wyboru, który nie okazuje się funkcjonować tak, jak on by sobie tego życzył, nie rezygnujemy z radości kreowania w biznesie i wdzięczności za siebie nawzajem tylko z tego powodu, że nie pokazało się to tak, jak mieliśmy nadzieję, że się pokaże. Pytamy: „Co jest w tym właściwego?" i patrzymy na to, co jeszcze jest możliwe, czego nie wzięliśmy pod uwagę. Moment, w którym osądzasz, umniejsza możliwości. Wdzięczność jednak je powiększa.

Jeśli masz w sobie wdzięczność za to, co ludzie wykreowali, znacznie więcej może pokazać się zarówno w twoim *jak i* w ich życiu. Jeśli cieszysz się z tego, co kreujesz i robisz, więcej pieniędzy zacznie się pojawiać.

„Czy jesteś wdzięczny, kiedy jest zbyt łatwo?"

Kilka lat temu wzięłam udział w targach antyków organizowanych przez mojego przyjaciela. Zaoferowałam swoją pomoc w zbieraniu pieniędzy za rzeczy, które ludzie kupili, wypisywaniu paragonów i w ogólnej administracji. Zrobiłam to, bo chciałam być wkładem dla mojego przyjaciela i wzrostu jego biznesu.

Po targach otrzymałam email, w którym napisał, że zapłaci mi procent od sprzedaży. Odpowiedziałam: „Dziękuję, ale nie chcę za to pieniędzy. Poważnie, byłam szczęśliwa, mogąc być dla ciebie wkładem."

Mój przyjaciel odpisał mi słowami: „Bądź wdzięczna za pieniądze."

Pomyślałam: „Cóż, jestem wdzięczna za pieniądze", ale widziałam również, że nie miałam gotowości na ich otrzymanie i zdałam sobie sprawę, że mój punkt widzenia był taki, że nie pracowałam wystarczająco ciężko, aby otrzymać za to pieniądze. Bycie tam przypominało udział w przyjęciu. Piłam szampana ze srebrnego pucharu, odbierałam zapłaty używając terminala do kart kredytowych i wypisywałam paragony. Dobrze się bawiłam. I mam za to dostać zapłatę?

Powiedziałam Gary'emu Douglasowi o zmianie mojej perspektywy, i o tym, że wydawało się to otwierać tyle więcej w moim świecie, a on odpowiedział: „Kiedy pieniądze przychodzą lekko, a ty jesteś wdzięczna, wtedy stajesz na drodze do posiadania przyszłości z większa ilością możliwości."

Jakie wspaniałe przyszłe możliwości mógłbyś wykreować, pozwalając pieniądzom przychodzić do twojego życia z lekkością i radością, czując wdzięczność za każdy grosik, który się pojawia?

Rozdział trzeci

Jak już teraz wykreować nową rzeczywistość finansową?

A gdybyś nie miał żadnego punktu widzenia na temat pieniędzy? A gdybyś tak nie miał osądów? Żadnych katastrof finansowych? Żadnych ograniczeń rzeczywistości finansowej? A gdybyś budził się rano i każdego dnia zaczynał wszystko od nowa? Co by to wykreowało? Co byś wybrał?

Jeśli naprawdę pragniesz kreować rzeczywistość finansową, która jest inna i wspanialsza od tej, którą masz obecnie, będziesz musiał przyjrzeć się wyborom, jakich obecnie dokonujesz, a jeśli one nie prowadzą cię w kierunku, w jakim prawdziwie pragniesz pójść – zmień je! Każdy wybór, którego dokonujesz, coś kreuje! Co pragniesz kreować swoimi wyborami?

Ważnym jest, aby pamiętać, że tu nie chodzi o dokonanie prawidłowego lub nieprawidłowego wyboru. Tu chodzi o dokonywanie *innych* wyborów.

Rozmawiam o biznesie z ludźmi na całym świecie. Kiedy przychodzi do dokonywania wyborów w biznesie, rzeczywiście funkcjonuję z poziomu: „Nie ma dobrego ani złego wyboru, jest tylko wybór." Niektóre z moich największych „błędów" w biznesie okazały się być dla mnie największymi darami, ponieważ pozwoliły mi zobaczyć, czym mogłabym się stać i co zrobić inaczej, co zapracowałoby w przyszłości, a samo uświadomienie sobie tego, mogłoby mi zająć znacznie dłużej, gdybym nie dokonała tych wyborów. Widzę, jakim wkładem są wszystkie moje wybory dla kreowania mojej wspanialszej przyszłości, ponieważ dzięki nim nie utknęłam w sposobie myślenia: „Och, ten wybór był zły, a inny byłby dobry." Co gdybyś już nigdy nie musiał robić niczego dobrze albo unikać robienia czegoś źle?

Jak mój mądry przyjaciel Gary często pyta: „Wolisz mieć rację czy być wolny? Nie możesz mieć obu tych rzeczy naraz!"

Jeśli jesteś gotów się mylić i odpuścić potrzebę posiadania racji, możesz wybrać wszystko i kreować wszystko.

„Walczyć czy nie walczyć?"

Lata temu wybrałam się na lunch z kilkoma przyjaciółmi i byłam wtedy w bardzo złym humorze. Kiedy szliśmy do restauracji przyjaciółka zapytała mnie: „Dlaczego to wybierasz?" Odpowiedziałam: „Ja tego nie wybieram!" Nie przestając iść naprzód myślałam: „Nie wybieram tego! Nie! Czekaj, czy ja naprawdę to wybieram? Czy mogę to zmienić?" Mój świat stał się momentalnie lżejszy. Zanim doszliśmy do restauracji powiedziałam do przyjaciółki: „Och! Pojmuję. Ja to wybieram. Ja wybieram bycie w złym humorze!"

Wiele osób nie wierzy w to, że ma wybór bycia smutnym, szczęśliwym, w złym humorze, zrelaksowanym. Zostaliśmy nauczeni, aby wierzyć, że zewnętrzne okoliczności kreują sposób, w jaki się czujemy w odniesieniu do różnych rzeczy, ale tak naprawdę to tylko wybór. Musisz nauczyć się rozpoznawać, że masz wybór, nawet w sytuacjach, w których normalnie zakładasz, że go nie masz. A gdybyś zaczął przyglądać się wszystkim tym miejscom, w których myślisz, że nie masz wyboru i zapytał siebie: „Okej, a gdybym wytężył mięśnie swojego wyboru w tej sytuacji zamiast udawać, że nie mam żadnego, co mógłbym teraz wybrać?"

Tak samo jest z pieniędzmi. Jeśli obecnie martwisz się o pieniądze lub zmagasz się z nimi, bądź świadomy, że to twój wybór, to ty tak kreujesz. *I możesz wybrać coś innego!*

Nie ma również znaczenia, czy masz swój własny biznes czy pracę na etacie, czy jesteś pozostającym w domu rodzicem, osobą poszukującą pracy, czy jesteś na emeryturze. Nie musisz mieć dużo (lub żadnych) pieniędzy, aby zacząć zmieniać swoją rzeczywistość finansową i nie musisz mieć przygotowanego całego planu, musisz po prostu zacząć. Musisz tylko wybrać.

W tym rozdziale książki zajmiemy się bliżej elementami, które pomogą ci wyjść z dotychczasowego sposobu myślenia i pozwolą ci mieć więcej jasności i lekkości w dokonywaniu innych wyborów z pieniędzmi: wspieraniem samego siebie, odpuszczaniem swoich historii i powodów braku pieniędzy, byciem uczciwym wobec siebie i zaufaniem swojemu wiedzeniu.

BYCIE GOTOWYM, ABY ZROBIĆ WSZYSTKO, CO JEST WYMAGANE

Narzędzia do pracy z pieniędzmi opisane w tej książce są fantastyczne, jednak żeby ich efektywnie używać do zmiany tego, co aktualnie dla ciebie nie pracuje, musisz wspierać siebie na trzy sposoby:

1. Musisz opowiedzieć się za swoim życiem.
2. Musisz zażądać od siebie bycia i robienia wszystkiego, co jest wymagane.
3. Musisz być gotów wybierać, tracić, kreować i zmieniać wszystko.

„Co gdyby opowiedzenie się za tym, żeby nigdy nie rezygnować z siebie było najżyczliwszą rzeczą, jaką mógłbyś zrobić?"

Zaangażowanie się w swoje życie nie oznacza, że wkładasz kaftan bezpieczeństwa albo na zawsze wchodzisz na określoną ścieżkę. To oznacza, że nigdy nie rezygnujesz, nigdy nie dajesz za wygraną i nigdy się nie poddajesz. Czy jesteś gotów opowiedzieć się za sobą? Czy jesteś gotów nigdy nie rezygnować z siebie?

Mój partner Brendon i ja, oboje jesteśmy zaangażowani w swoje życie i w kreowanie związku, który dla nas pracuje. Robimy to bardziej poprzez codzienne wybieranie naszego związku niż poprzez czynienie go zobowiązaniem, które musi przetrwać na zawsze. Dokonujemy wyboru, żeby kreować wspanialszą przyszłość dla nas obojga, ale nie oczekujemy, że cokolwiek wybierzemy postanie stałe i niezmienne. Kiedy myśleliśmy o zakupie wspólnego domu, na początku poczułam instynktowny opór, ponieważ doszłam do wniosku, że to oznacza, że będziemy musieli spędzić ze sobą resztę życia. Brendon powiedział: „Zawsze możemy sprzedać ten dom", a ja zauważyłam: „Och, słuszna uwaga!" Posiadanie domu nie oznacza, że musimy być razem na zawsze, ciągle mamy wybór, to umowa biznesowa. Zobowiązanie się wobec siebie nie oznacza zobowiązania do tego, by nigdy nie zmieniać naszych wyborów. To podjęcie zobowiązania, że będziemy wystarczająco szanować samych siebie oraz siebie nawzajem, by pozwolić sobie na zmianę naszych wyborów, kiedy coś już przestanie nam pracować.

Opowiedzenie się za swoim życiem polega na byciu gotowym na przygodę życia, ciągły wybór tego, co dla ciebie pracuje, nawet jeśli jest to niekomfortowe i nawet jeśli oznacza dokonywanie zmian i wyborów, których nikt (nawet twój partner, rodzina czy przyjaciele) nie rozumie. Zaangażowanie się w swoje życie może przenieść cię poza twoją strefę komfortu, zwłaszcza że większość z nas wyćwiczono w rezygnowaniu z tego, co naprawdę chcielibyśmy wybrać, tak abyśmy dopasowali się do wszystkich innych. Musisz być gotów być tak inny, jaki naprawdę jesteś, bez względu na to, co myślą, mówią i robią inni.

> *„Nie możesz żądać od nikogo*
> *i od niczego poza sobą."*

Zażądanie od siebie jest zdaniem sobie sprawy z tego, że bez względu na wszystko, będziesz w życiu miał to, czego pragniesz.

Zaczynasz tworzyć swoje życie, kiedy w końcu zażądasz: „Niezależnie od tego, co jest do tego wymagane, niezależnie od tego, jak to wygląda, zamierzam kreować swoje życie. Nie będę żyć według punktów widzenia lub rzeczywistości innych ludzi. Zamierzam kreować własne!"

Wiele lat temu, kiedy zaczęłam jeździć na klasy Access, nie zawsze mogłam sobie pozwolić na opłacenie noclegu, więc mieszkałam w domach innych ludzi. Raz nocowałam w czyimś domu, który nie był zbyt czysty. Kiedy tylko wyszłam spod prysznica poczułam, że potrzebuję kolejnego. Zażądałam: „To nie działa. Muszę być w stanie wykreować więcej pieniędzy, by mieć wybór gdzie chcę mieszkać."

Zaczęłam nocować w pokojach hotelowych z innymi ludźmi i dzielić się z nimi kosztami. Wtedy dotarło do mnie, że to również nie było tym, czego pragnę. Uwielbiałam mieszkać sama. Uwielbiałam mieć swoją przestrzeń. Jest taka energia, którą kreujesz, kiedy zażądasz i nie pójdziesz w stronę rzeczywistości niedostatku, braku i wątpliwości.

Wiele razy żądałam, aby różne rzeczy się pojawiły, ale nigdy nie wiedziałam, jak to będzie wyglądać. Ale za każdym razem i tak żądałam: „nieważne, co jest do tego wymagane" i „nieważne, jak to wygląda". Nie wiedziałam dokładnie, jak zarobię pieniądze, by mieszkać sama w hotelach podczas moich podróży, ale wiedziałam, że jestem gotowa zrobić wszystko, co było wymagane, żeby to wykreować.

„Bądź gotów wybierać, tracić, kreować i zmieniać wszystko."

Kiedy jesteś gotów wybrać inaczej, wówczas jesteś gotowy, by stać się świadomym, otrzymywać informacje od ludzi i rzeczy wokół ciebie oraz masz umiejętność dokonania zmiany w ciągu nanosekundy, jeśli to wykreuje dla ciebie więcej. To jest jak: „Och! Więcej informacji! Okej, zróbmy to." Kiedy dokonujesz wyborów możesz zauważyć, że rzeczy wyglądają inaczej niż w chwili, kiedy po raz pierwszy o nich pomyślałeś. Czy jesteś gotów być świadomy nowych informacji, wymagań niezbędnych do dokonania zmiany, czy będziesz trzymał się swojego pierwszego wyboru, nawet jeśli on już dla ciebie nie pracuje? Czy może zrobisz małe modyfikacje, a potem będziesz się zastanawiać, dlaczego się to nie zmienia?

Wprowadzanie nieznacznych zmian, a w gruncie rzeczy robienie nadal tego samego (jak wtedy, gdy nosisz codziennie tę samą koszulę i próbujesz wyglądać trochę inaczej, zamiast po prostu zmienić koszulę) nie da ci rezultatów innych od dotychczasowych.

Definicja szaleństwa według Einsteina mówi o robieniu w kółko tego samego i oczekiwaniu innych rezultatów. Musisz zmienić to, jak obecnie funkcjonujesz, żeby wykreować inny rezultat.

Kiedy działamy tak, jakby w pewnych aspektach naszego życia było coś stałego i niezmiennego, to powstrzymujemy się od bycia gotowym na to, by zrobić wszystko, co jest wymagane do posiadania innej rzeczywistości i rzeczywistości finansowej. To my kreujemy tę niezmienność, myśląc: „Tak to już jest."

Co wykreowałeś jako niezmienne? Co, dla ciebie, jest wyryte w kamieniu? Co widzisz jako cenne, stałe i trwałe? Posiadanie domu? Trwanie w długim małżeństwie? Posiadanie własnego biznesu? Pozostawanie na etacie w pracy? Bycie pogrążonym w długach?

Czy trzymasz się jakiejś części swojego życia tak, jak by to była trwała struktura? Robiłam tak z biznesem. Trzymałam się biznesu, który wykreowałam, o wiele dłużej niż chciałam się w niego angażować. Próbowałam robić rzeczy inaczej w swoim biznesie, kiedy on upadał, ale nie byłam gotowa zrobić czegoś całkiem innego i sprzedać go, bo myślałam, że muszę robić to, co wszyscy mówią i prowadzić go tak długo, jak to tylko możliwe.

O czym zdecydowałeś, że nie umiesz tego zmienić? Czy czujesz, że nie masz wyboru w kwestii swojej sytuacji finansowej, swojego braku pieniędzy, swojego długu czy perspektyw finansowych? Czy zobowiązałeś się do utrzymywania struktur finansowych, które wykreowałeś w swoim własnym wszechświecie, zamiast zrobić coś zupełnie innego? Czy próbujesz coś zmieniać, ale wydaje ci się, że nic nie działa? Czego nie robisz, a gdybyś to zrobił inaczej – wszystko by się zmieniło?

Zapytałam o to kiedyś na klasie i ktoś powiedział: „Najczęściej podejmuję działanie dopiero wtedy, kiedy już naprawdę boli, a kiedy przestaje boleć, zatrzymuję się i nie idę dalej. Wczoraj zdałam sobie sprawę, że kwota pieniędzy, jaką dysponuję, nie wystarczy mi na zapłacenie nadchodzących rachunków. Nagle poczułam zew i zdecydowałam zrobić coś w tej sprawie. Zawsze działałam w ten sposób. Nie podejmuję działań, dopóki nie *muszę*. To tak, jakby tylko ból mnie motywował." Gdyby ta osoba była gotowa zrobić i być czymś zupełnie innym ze swoim wyborem, mogłaby przyjrzeć się sposobowi, w jaki ogólnie funkcjonuje z poziomu „motywacji poprzez brak" i zapytać: „Czekaj, to jest to, co zawsze robiłam. A gdybym tak zaczęła funkcjonować w całkiem inny sposób? Co by wykreowało dla mnie więcej?" Ale jeśli ona jest tylko gotowa zapytać: „Co muszę zrobić, aby tym razem zapłacić rachunki?"

bez przyglądania się strukturze, w której funkcjonuje, wówczas będzie działać tylko trochę inaczej i nie będzie w stanie zmienić swojej rzeczywistości z pieniędzmi w długim okresie.

Inna osoba powiedziała: „Nie panuję do końca nad tym, jak używam swojej karty kredytowej. Wydaje się, że używanie tej karty jest dla mnie jedynym sposobem, w jaki mogę mieć pieniądze. Czuję, jakbym nie miał innego wyboru." Gdyby ta osoba powiedziała: „Nie mogę dzisiaj użyć swojej karty kredytowej, muszę postarać się o pożyczkę", to byłoby robieniem tego samego, tylko trochę inaczej. Gdyby zażądała: „Wykreuję więcej pieniędzy, teraz i w przyszłości. Nie będę już dalej tak żyć. Czego potrzebuję, aby natychmiast wdrożyć tę zmianę?", mogłaby dokonać innego wyboru, który pozwoliłby jej wykreować coś ponad ograniczonym punktem widzenia na temat pieniędzy, w którym utknęła.

Musisz być gotów stracić wszystkie te miejsca, wszystkie struktury, wszystkie te rzeczy, które teraz uważasz za stałe i niezmienialne. Tak naprawdę nic nie jest niezmienialne.

Wiem, że wszędzie tam, gdzie kreuję stałość w swoim życiu – mogę wybrać coś innego. Mogę powiedzieć: „To dla mnie nie pracuje. Nie będę już więcej tego wybierać."

Czy jesteś gotów odpuścić wszystkie te rzeczy, o których zdecydowałeś, że musisz je mieć, musisz zrobić lub nie możesz / nie wolno ci ich stracić? A gdyby tak gotowość na ich utratę była początkiem totalnego wyboru? A gdybyś tak był gotów stracić każdy grosz, który posiadasz? A jeśli mógłbyś wykreować znacznie więcej pieniędzy niż do tej pory, z totalną lekkością?

Jeśli próbujesz zmienić coś w swoim życiu i to się nie zmienia, przyjrzyj się temu miejscu, w którym być może robisz tę samą rzecz tylko trochę inaczej – zamiast wybrać, by zrobić coś całkiem inaczej. Co musiałbyś zrobić i czym musiałbyś się stać inaczej, żeby prawdziwie zmienić swoją rzeczywistość finansową?

ODPUSZCZANIE LOGICZNYCH I SZALONYCH POWODÓW DLA BRAKU PIENIĘDZY

Pewnie zauważyłeś, że często używam takich słów jak „konkluzja", „decyzja" i „osąd". Czy wiesz, że *konkludować* pochodzi od słowa, które oznacza „zamknąć lub zawrzeć"? W ten właśnie sposób konkluzja działa w naszym życiu. Zamyka cię w osądzie lub decyzji, którą podjąłeś i wyłącza cię z otrzymywania innych możliwości lub dostrzeżenia innego wyboru. To tak jakby wpakować swoją stopę do wiadra mokrego cementu, a potem próbować dotrzeć w inne miejsce. To niemożliwe. Doszedłeś do konkluzji, że to jest miejsce, w którym jesteś i nie możesz tego zmienić, chyba że odpuścisz ten punkt widzenia.

Kupiliśmy i sprzedaliśmy milion historii o pieniądzach. W wiele z nich wierzymy, że są rzeczywiste i prawdziwe, i są to te historie, do których lubimy wracać i opowiadać je sobie ciągle na nowo, zamiast po prostu zapytać: „Och, kupuję tu bardzo interesującą historię. A jeśli ona nie jest prawdziwa? Zastanawiam się, co jeszcze jest tu możliwe?"

Kiedy jeden z moich przyjaciół był małym dzieckiem, jego rodzice zwykli projektować na niego, że bogaci ludzie nie są szczęśliwi. Zabierali go by pooglądać ładne domy w okolicy, a on prosił: „Czy moglibyśmy tu zamieszkać?", a rodzice mówili mu: „Nie, nie możemy sobie na to pozwolić. A i tak bogaci ludzie nie są szczęśliwi." Odpowiadał: „A czy nie moglibyśmy spróbować i zobaczyć?" Mówiono mu również, że nie powinien jadać w domu meksykańskiej rodziny mieszkającej na tej samej ulicy, bo oni mają mniej pieniędzy niż jego rodzina. Oczywiście, kiedy ta meksykańska rodzina kupiła pustą działkę tuż obok ich domu i wybudowała na niej apartament, mój przyjaciel zdał sobie sprawę, że matka osądziła ich jako biedniejszych z powodu ich pochodzenia oraz tego, że po ich podwórku biegały kurczaki i uprawiali własne warzywa i owoce.

Prawie każdy z nas mógłby opowiadać takie historie i inne szalone punkty widzenia, które krążą nam po głowach powstrzymując nas przed posiadaniem innej rzeczywistości finansowej.

Pamiętasz historię, którą opowiadałam o moim tacie? Mawiał, że umarłby szczęśliwy, gdyby wiedział, że my (mój brat, moje przyrodnie siostry, moja matka i ja) jesteśmy zabezpieczeni finansowo. Nie chciałam, aby tato umarł i gdzieś w moim świecie pomyślałam, że gdybym wykreowała dług, on by nie odszedł. To był nieźle szalony punkt widzenia i kiedy zdałam sobie sprawę, co robię, odpuściłam to sobie i zmieniłam sposób postępowania z pieniędzmi, które zaczęły pojawiać się w moim życiu w najbardziej dziwny i nieoczekiwany sposób.

Jaką rzeczywistość finansową projektowano na ciebie, kiedy byłeś dzieckiem? Jakie szalone punkty widzenia przyjąłeś i kupiłeś dotyczące posiadania pieniędzy, braku pieniędzy, kreowania pieniędzy, tracenia pieniędzy i jeszcze więcej? A gdybyś wybrał odpuszczenie wszystkiego, czego doświadczyłeś i w co uwierzyłeś w przeszłości na temat pieniędzy, i nie musiałbyś już projektować ich na swoją przyszłość?

„Czy nadszedł już czas, aby zaprzestać już przemocy finansowej względem siebie?"

Rodzice jednego z moich przyjaciół, od kiedy skończył trzy lub cztery lata, powtarzali mu, że to *jego* wina, że oni nie mają pieniędzy. Wyrósł w przekonaniu, że powinien kreować pieniądze dla swoich rodziców i rodzeństwa. Dzieci są świadome i chcą być wkładem. Kiedy w domu są kłótnie, zamartwianie się lub podteksty energetyczne związane z pieniędzmi, nie wspominając nawet o rażących, pełnych przemocy komentarzach, dzieci biorą to na siebie.

Przemoc finansowa może przybierać różne formy, ale często skutkuje poczuciem, że się nie zasługuje na najbardziej podstawowe rzeczy w życiu. Może się to objawić jako życie w poczuciu niedostatku lub uczuciu, jakbyś był bólem lub ciężarem finansowym.

Przemoc finansowa może przybrać również formę utrzymywania zależności dziecka od rodzica i pozostawania pod jego kontrolą. Mówiliśmy kiedyś o tym na klasie i ktoś powiedział: „Zdałem sobie sprawę, że moja matka chce, abym zależała od niej finansowo, aby mogła się czuć bardziej wartościowa jako matka. Widzę, jak bardzo moja rzeczywistość finansowa opiera się na pragnieniu i mojej próbie spełnienia jej pragnienia, by ona czuła się użyteczną i spełnioną w tej roli. I aby się tak czuła, ja muszę być bezużyteczna i zależna.

Jeśli ktoś wymaga, abyś zależał od niego finansowo – czy to jest forma przemocy? Tak, jest nią. Czy musisz nadal żyć tą historią? Nie, nie musisz. Masz inny wybór. Możesz zauważyć, że zastosowano wobec ciebie przemoc finansową w przeszłości i wybrać, aby to nie kierowało więcej twoim życiem. Nie musisz czynić tego rzeczywistym, masz milion innych wyborów dla swojej rzeczywistości z pieniędzmi – przynajmniej tyle! I większość z nich będzie znacznie zabawniejsza. A gdyby tak wybrać niektóre z nich?

> *„Czy używasz wątpliwości, strachu i poczucia winy, by przeszkodzić sobie w kreowaniu pieniędzy?"*

Czy wątpisz w to, że potrafisz zarabiać pieniądze? Czy boisz się, że je stracisz? Czy czujesz się winny lub obwiniasz się za dług? Czy złościsz się na swój obecny status finansowy? Czy kiedy chodzi o pieniądze – masz obsesję i fiksację na problemach zamiast przyjrzeć się możliwościom? W ten sposób *odciągamy się* od bycia obecnymi z różnymi wyborami i możliwościami w odniesieniu do pieniędzy. To wszystko są przykłady „przeszkadzaczy", których używamy, żęby nie być obecnym z różnymi wyborami i możliwościami. Każdy „przeszkadzacz" to lepka, negatywna emocja, w której na długi czas utykamy tęskniąc za wyjściem, i tkwiąc w głębokim przekonaniu, że nie możemy uciec. Cementujemy je naprawdę dobrą historią, która wyjaśnia, dlaczego tak się dzieje, żeby nigdy nie musieć tego zmienić. Będziesz mówił takie rzeczy jak: „Boję się tego, bo..." lub „Wątpię czy mogę to zrobić, ponieważ..." Każde „ponieważ" jest twoim sprytnym sposobem kupienia tego przeszkadzacza przy pomocy wspaniałej historii, tak byś mógł ją sobie narzucić, by móc machnąć na siebie ręką i nie musieć zmieniać tego, co się dzieje w tym obszarze twojego życia.

Wszędzie tam, gdzie utykasz lub dajesz się zmieść na boczny tor przez owe przeszkadzacze - tak naprawdę wybierasz, aby się osądzić zamiast wybrać inną możliwość. A gdybyś tak zaczął rozpoznawać, że te przeszkadzacze są tylko tym czymś, co cię odciąga od życia twoim życiem i kreowania czegoś innego? Możesz zacząć to zmieniać poprzez uznanie tych odciągających myśli i emocji, kiedy przychodzą, i kiedy tak się dzieje, po prostu wybierz jeszcze raz, wybierz zadanie pytania, wybierz raczej wdzięczność niż osąd, wybierz uznanie, że nie jest to rzeczywiste ani prawdziwe, że to jest interesujący punkt widzenia. Nie musisz odtwarzać tego w kółko w swojej głowie, czy w swoim życiu, chyba że masz o wiele więcej zabawy z bycia odciąganym i ciągle rozpraszanym niż z kreowania życia i pieniędzy, których pragniesz.

BYCIE BRUTALNIE SZCZERYM ZE SOBĄ (TO BARDZIEJ ŻYCZLIWE NIŻ MOŻE SIĘ WYDAWAĆ)

Możesz poprosić, by pojawiło się coś innego, możesz poprosić, by kreować swoją własną rzeczywistość finansową, możesz poprosić o więcej pieniędzy, więcej gotówki, więcej przepływów finansowych, więcej wszystkiego, ale kiedy poświęcasz tyle energii na negację siebie, osądzanie siebie i odmowę uznania wkładu, jakim jesteś dla świata – nie jesteś ze sobą szczery – dopuszczasz się wobec siebie wielkiego kłamstwa, aby udowodnić, że nie jesteś taki wspaniały, jaki naprawdę jesteś.

W zasadzie wszędzie tam, gdzie myślisz, że jesteś niepoprawny – odmawiasz bycia silnym. To nieprawda, że jesteśmy niepoprawni, że czegoś nam brakuje albo do czegoś nie jesteśmy zdolni, ale prawdą jest, że odmawiamy, aby stać mocą i potencjałem, którymi jesteśmy w stanie być.

Pewnego razu jechałam z Garym i z Dainem na klasę i byłam bardzo zła, choć udawałam, że tak nie jest. Prowadziłam samochód naprawdę mało życzliwie, zbyt szybko przejeżdżając przez nierówności na jezdni, tak że Gary i Dain za każdym razem uderzali głowami o sufit samochodu. Odmawiałam rozmowy na ten temat, ale Gary zadzwonił do mnie następnego dnia wcześnie rano o 6:00 i powiedział: „Przjdź do nas do pokoju hotelowego i wyjaśnijmy to." Rozmawialiśmy bardzo długo o tym, dlaczego byłam wściekła. Powtarzałam: „Osądzam siebie, jestem wściekła na siebie." Ale nic się nie zmieniło ani nie stało się lżejsze. Bez względu na to, jak długo to mówiłam, nie brzmiało to prawdziwie. W miarę rozmowy, kiedy zadali mi więcej pytań, zdałam sobie sprawę z tego, że tak naprawdę osądzam ich. Zdecydowałam, że są głupi zatrudniając mnie. Kiedy byłam gotowa obnażyć się (i tak, to było niekomfortowe w tamtym momencie, ale jestem zadowolona, że to zrobiłam), w końcu byłam w stanie zobaczyć, co robię i wyjść z przestrzeni złości, co ułatwiło tę sytuację dla nas wszystkich. Osądzając ich jako głupich, nie tylko nie byłam gotowa otrzymać wkładu, jakim pragnęli być dla mnie, nie byłam również w stanie zobaczyć, jakim wkładem ja byłam dla nich, nie pozwalałam biznesowi rosnąć. Kiedy przestałam ich osądzać, znacznie więcej stało się możliwe.

„Czy jesteś gotów nie mieć barier?"

Jedną z najbardziej dominujących rzeczy, jakie się pojawiły po tej rozmowie, był mój dyskomfort. Powiedziałam do Gary'ego: „Czuję się teraz całkiem odłączona od ciebie i Daina." Gary zapytał: „Czy wykreowałaś swoje połączenie z nami poprzez osąd?" Zdałam sobie sprawę z tego, że to prawda. Wtedy on powiedział: „Cóż, teraz masz szansę kreować swoje połączenie z nami poprzez komunię."

Większość ludzi kreuje swoje połączenia z innymi na podstawie osądu. Osądy kreują bariery i ściany, które pozwalają nam schować się przed nami samymi i przed innymi.

Komunia jest przestrzenią całkowitego braku osądu. A to jest coś zupełnie innego. Na początku było to dla mnie bardzo niekomfortowe. Czułam się taka obnażona. Wszystkie moje bariery zostały opuszczone, a mnie wydawało się, że prześwietlają mnie na wylot.

Nauczono nas wierzyć, że osądy, bariery i ściany, które wokół siebie budujemy, będą nas broniły, ale prawda jest taka, że one chowają nas przed nami samymi. Jeśli jesteś gotów nie mieć osądu, barier i być w całkowitym obnażeniu, zaczynasz widzieć, co jest dla ciebie możliwe, a uznania czego sobie odmawiałeś.

Musisz być gotów być ze sobą brutalnie szczery na temat wszystkiego, co kreujesz w swoim życiu. To jedyny sposób, w jaki możesz zmienić cokolwiek: mieć odwagę rozpoznać: „Okej, to nie działa." Musisz być gotów mieć świadomość tego, co naprawdę się dzieje. Kreowanie własnej rzeczywistości finansowej polega na posiadaniu świadomości tego, co istnieje naprawdę, a potem wybór tego, co wykreuje dla ciebie więcej.

A jeśli bycie brutalnie szczerym ze sobą oznacza takie obnażenie wobec siebie, aby już nigdy więcej siebie nie okłamać?

Strach jest jednym z największych kłamstw, jakich dopuszczamy się przeciwko sobie. Czy naprawdę boisz się o pieniądze, ich utratę lub bankructwo? Czy naprawdę masz w sobie jakiś strach? Czy kiedy zdarza się sytuacja awaryjna, radzisz sobie z nią, a później załamujesz się, aby udowodnić, jakie to było straszne dla ciebie?

Jeśli będziesz gotów szczerze przyjrzeć się temu, co się dzieje i zobaczyć, co jest dla ciebie prawdą, bez względu na to, jak bardzo intensywnym jest to wyzwaniem lub bez względu na to, co sobie wmówiłeś, że naprawdę się dzieje, wykreujesz tym niewiarygodną wolność.

Bycie prawdziwie obnażonym nie polega na osłabieniu się czy eksponowaniu na atak. Bycie obnażonym polega na byciu jak otwarta rana i braku wszelkich barier wobec kogokolwiek i czegokolwiek, łącznie z samym sobą. Kiedy nie masz barier ani się nie bronisz, nic dobrego ani złego nie może do ciebie przylgnąć. Przez większość czasu mamy podniesione bariery myśląc, że będziemy chronić tym siebie, ale zazwyczaj za tymi wszystkimi ścianami wpadamy w pułapkę. Kiedy mamy te ściany, nie separujemy się tylko od innych ludzi, separujemy się również od tego, co jest prawdą dla nas. Gdybyś naprawdę opuścił wszystkie bariery, to które przekonania jakie teraz masz na temat tego, jaki jesteś ograniczony, musiałbyś uznać za zupełnienie nieprawdziwe?

Kim byś się stał, gdybyś już nigdy więcej nie musiał się bronić ani nikomu niczego udowadniać? Kiedy osądzasz siebie i wierzysz, że jesteś kimś mniej niż zjawiskowym, kim wtedy jesteś? Czy jesteś sobą? Czy jesteś kimś, za kogo chcieliby cię uważać inni ludzie? A co jeśli nie jesteś ani w połowie tak popieprzony, jak myślisz, że jesteś? A jeśli nic nie jest z tobą nie tak, co musisz ukrywać, pokonywać, unikać lub czego bronić? A jeśli jesteś wspaniały? Czy jesteś gotów to dostrzec? Czy jesteś gotów to uznać i być tym w świecie?

Ty, będąc sobą, jesteś jedną z najbardziej atrakcyjnych rzeczy na świecie. I już to rozpoznajesz, ponieważ ludzie, do których ciągnie cię w życiu są ludźmi, którzy są sobą, którzy pozostają w obnażeniu i gotowości, aby być z tobą obecni. Niczego nie udają, nie mają barier ani się nie bronią. Nie mają czego udowadniać. Tak to wygląda, kiedy jesteś sobą. Nie musisz być niczym innym niż sobą. Kiedy jesteś sobą, każdy chce się znaleźć w twoim towarzystwie. I ci ludzie będą również bardziej gotowi by dać ci pieniądze, tylko po to, aby znaleźć się w pobliżu twojej energii, aby mieć choć trochę tego, co ty masz. Czy jesteś gotów być nie do odparcia dla innych?

A gdybyś tak zażądał, aby być ze sobą brutalnie szczerym i zapytał: „Kim teraz jestem? Gdybym był sobą, co bym wybrał? Co bym wykreował?"

„Co tak naprawdę chciałbyś mieć?"

Częścią bycia w obnażeniu jest również bycie brutalnie szczerym, co do tego, czego pragniesz w swoim życiu. Jeśli będziesz to przed sobą ukrywał lub udawał, że nie pragniesz tego, czego naprawdę chcesz, nie masz szansy, aby wykreować i wybrać coś wspanialszego, ani wieść życie, jakiego pragniesz. Musisz być gotów nie mieć przed sobą sekretów.

Czy kiedykolwiek poświęciłeś chwilę, by przyjrzeć się temu, co chciałbyś w życiu kreować? A gdyby nic nie było niemożliwe? A jeśli mógłbyś mieć i być i robić i kreować wszystko? Czy jesteś gotów być ze sobą tak szczery, żeby przyznać, co naprawdę chciałbyś mieć w życiu, nawet jeśli to nie ma sensu dla nikogo innego?

A gdybyś zapisał listę wszystkiego, co chciałbyś mieć w swoim życiu? Czy chciałbyś mieć panią do sprzątania? Nowy dom? Wyremontowaną kuchnię? Czy jest jakaś wycieczka, na którą chciałbyś pojechać? Biznes, który chciałbyś uruchomić? Ile pieniędzy chciałbyś mieć w swoim życiu?

Czym jest to coś, czego pragniesz dla siebie i co jest wymagane, aby to wygenerować i wykreować z lekkością?

Czy jesteś gotów poprosić o to wszystko, bez względu na to, czy uważasz to za śmieszne, niemożliwe lub całkowicie niepojęte? Czy jesteś gotów zażądać od siebie, że to wykreujesz, nawet jeśli nie masz pojęcia jak ani kiedy to się urzeczywistni? Pamiętaj, jeśli nie poprosisz, nie otrzymasz.

Dlaczego więc miałbyś nie prosić o wszystko, czego pragniesz i jeszcze więcej i nie zobaczyć, co może się pojawić; tak dla zabawy?

O co chciałbyś poprosić wszechświat i zażądać tego od siebie? Zacznij zapisywać, jak chciałbyś, aby wyglądało twoje życie i przepływy finansowe. Co chciałbyś kreować i generować?

ZAUFANIE TEMU, ŻE WIESZ

Czy był ktoś kiedyś w twoim życiu, kto umacniał cię i dodawał ci skrzydeł jeśli chodzi o pieniądze i finanse? Czy pytano cię, co ty wiesz? Czy zachęcano do tego, byś zaufał sobie i bawił się pieniędzmi? Prawdopodobnie nie. Większości z nas nie zachęca się do tego, byśmy dowiedzieli się kim jesteśmy i do czego tylko my jesteśmy zdolni. Nie mówi się nam, żebyśmy zaufali sobie i że będziemy wiedzieć, co robić. Jesteśmy uczeni, że musimy patrzeć na to, co robią wszyscy inni i naśladować ich.

Kiedy zaczęłam podróżować, miałam wyjechać za granicę tylko na pół roku. Wróciłam do Australii prawie trzy lata później. Kiedy to zrobiłam, wszyscy mówili: „Okej, Simone, teraz, kiedy już miałaś tę swoją przygodę, mogłabyś już osiąść, znaleźć stabilną pracę, wyjść za mąż i mieć rodzinę."

Była to dla mnie najgorsza rzecz, jaką mogłabym zrobić. Mój punkt widzenia był taki: „Dopiero się rozkręcam!"

Nie chciałam podążać za tym, do czego inni usiłowali mnie skłonić. Wiedziałam, że możliwe jest coś innego, więc nie wybrałam tego, co kazali mi wybrać. Ufałam temu, że mimo iż nie miałam żadnej konkretnej wizji tego, jak będzie wyglądało moje życie, to wiedziałam, że mogę wykreować coś innego. Wiedziałam, że kocham podróżować, pragnęłam mieć swój biznes i wiedziałam, że pragnę mieć pieniądze, więc było to tylko kwestią dokonania wyboru.

„Zawsze wiedziałeś, nawet jeśli to nie wyszło."

Kiedy poznałam Gary'ego Douglasa i usłyszałam, jak mówi o narzędziach Access, wiedziałam, że to pasuje do tego, o czym wiedziałam, że jest możliwe na świecie. Zaufałam sobie na tyle, by pójść za tym, bez względu na wszystko i jestem zadowolona, że to zrobiłam, bo zmieniło to moje życie i ciągle dynamicznie je zmienia.

Co ty wiesz o pieniądzach, czego nigdy nie dałeś sobie szansy uznać albo za co cię osądzono?

Jednym z naszych najwspanialszych darów i rzeczą, której wartość obniżamy najbardziej, jest nasza własna świadomość tego, co będzie, a co nie będzie działać w naszym życiu.

Czy kiedykolwiek wiedziałeś, że coś nie będzie działać w sposób, w jaki byś tego chciał, ale i tak to zrobiłeś? Czy kiedykolwiek poszedłeś do łóżka z kimś, o kim wiedziałeś, że nie powinieneś tego robić i obudziłeś się następnego poranka zastanawiając się, dlaczego dokonałeś tego niezbyt wspaniałego wyboru? Ale kiedy to nie zadziałało, zamiast powiedzieć: „Och, naprawdę *wiedziałem*, że to nie zadziała, jaki jestem bystry!", osądziłeś się i uznałeś za niepoprawnego, ponieważ to nie zadziałało; uważasz, że to ty wykreowałeś to całe zamieszanie, zamiast zdać sobie sprawę, że przez cały czas wiedziałeś, że to nie będzie działać, ale i tak, po prostu to zrobiłeś myśląc, że może jakoś ci się uda przed tym uciec! Zdecydowanie: wiedziałeś, ale nie podążyłeś za swoją świadomością.

A gdybyś tak zaczął uznawać i ufać swojemu wiedzeniu i zaczął podążać za świadomością tego, co będzie dla ciebie pracowało zamiast wybierać to, o czym wiesz, że nie będzie działać? Czy próbujesz kreować swoje życie jako sukces czy chwalebną porażkę?

Niektórzy z nas spędzili całe swoje życie nie ufając sobie. Kiedy jesteś zaangażowany w dostarczanie tego, co uważasz, że inni ludzie od ciebie potrzebują lub chcą, tracisz kontakt z tym, czego naprawdę pragniesz. Możesz poczuć się pusty albo tak, jakbyś nagle niczego nie wiedział. Najprawdopodobniej, poczujesz się przez chwilę pusty, kiedy po raz pierwszy zaczniesz się temu przyglądać, ponieważ nikt nigdy nie zapytał cię, czego naprawdę pragniesz.

Ale proszę, zaufaj temu, że *wiesz*. Gdzieś tam, w środku, wiesz. Może ukryłeś to przed sobą dawno temu, ale wiesz.

„Gdyby pieniądze nie były problemem, to co byś wybrał?"

Gdyby pieniądze nie były problemem, jakie życie chciałbyś wieść? Co robiłbyś każdego dnia, co chciałbyś kreować na świecie? Co z tego możesz od razu zacząć wdrażać? Z kim musiałbyś porozmawiać? Co musiałbyś zrobić? Dokąd musiałbyś pójść? Jakich wyborów mógłbyś dzisiaj dokonać, aby zacząć kreować własną rzeczywistość finansową?

Tego rodzaju pytania zadaję sobie każdego dnia. Każdy dzień jest dla mnie nowy. Przyglądam się temu, co pragnę kreować, przyglądam się temu, co już kreuję i czym i kim jeszcze mogę się stać oraz co zrobić, aby wykreować więcej przyszłości, jaką chciałabym mieć.

Ty również możesz to zrobić. Możesz zacząć kreować rzeczywistość, pieniądze, biznes, świadomość, radość i życie, jakiego prawdziwie pragniesz. Zaufaj sobie. Bądź gotów rozpoznać, że nawet jeśli upłynęło już 10.000 lat od czasu, kiedy ostatnio poprosiłeś o świadomość tego, czego pragniesz, to ty wiesz i możesz wykreować to z większą lekkością niż myślisz!

Simone Milasas

Część Druga

MONEY COME, MONEY COME, MONEY COME!

Simone Milasas

Rozdział czwarty

Dziesięć rzeczy, które sprawią, że pieniądze zaczną przypływać (i przypływać i przypływać)

Mam nadzieję, że w tym momencie zacząłeś już rozwiewać mgłę niejasności, spowijającą wszystkie te miejsca, w których funkcjonujesz z pieniędzmi i zaczynasz patrzeć na swoją rzeczywistość finansową z perspektywy większej przestrzeni i większych możliwości niż w chwili, kiedy zaczynaliśmy.

Posiadanie rzeczywistości finansowej, która dla ciebie pracuje oznacza, że wiesz, co prawdziwie pragniesz kreować w swoim życiu, a nie tylko to, ile pieniędzy pragniesz mieć na swoim koncie w banku. Kiedy zaczynasz mieć większą klarowność, co do przyszłości, jaką pragniesz kreować, pieniądze zaczynają przychodzić do ciebie znacznie łatwiej. Zmiana punktu widzenia i tego, jak energetycznie funkcjonujesz z pieniędzmi, jest równie ważna jak sam komponent „robienia" – musisz to wszystko zmienić, żeby mieć inną rzeczywistość z pieniędzmi.

Poniższe dziesięć elementów pozwoli ci przyjrzeć się bliżej pragmatycznym i namacalnym komponentom do zmiany świata twoich finansów. Jeśli będziesz robił te rzeczy, one będą działać. Musisz je robić – musisz wybierać.

Pamiętaj - jeśli nie opowiesz się za sobą i nie zażądasz od siebie, że zrobisz wszystko, co jest wymagane, bez względu na to, jak to wygląda - zmiana będzie znacznie trudniejsza. I tak w ogóle, to co masz do stracenia? Swoje ograniczenia wokół pieniędzy? Niepokój wokół pieniędzy? Swój brak pieniędzy?

Zaczynajmy. Oto dziesięć rzeczy, jakie możesz zrobić w swoim życiu, które sprawią, że pieniądze zaczną napływać, napływać i napływać.

1. Zadawaj pytania, które zapraszają pieniądze.
2. Wiedz dokładnie, ile pieniędzy potrzebujesz, żeby żyć – z radością.
3. Miej pieniądze.
4. Uznaj siebie.
5. Rób to, co kochasz i co przynosi ci radość.
6. Bądź świadomy tego, co myślisz, mówisz i robisz.
7. Przestań przywiązywać się do określonego rezultatu.
8. Odpuść wiarę w sukces, porażkę, potrzeby i chciejstwo.
9. Miej przyzwolenie.
10. Bądź gotów odpuścić kontrolę.

Wprowadziłam już wiele z tych koncepcji w pierwszej części książki, abyś zaznajomił się z tym, jak to działa, kiedy przychodzi do zmiany długu i sposobu funkcjonowania z pieniędzmi. W kolejnych rozdziałach przejdziemy do pragmatyki i zastosujemy te 10 koncepcji z narzędziami i technikami, aby naprawdę kreować zmianę w tych obszarach, abyś był wolny, abyś mógł wybierać, kreować i cieszyć się pieniędzmi zamiast czuć lęk, niepokój i walczyć z nimi.

Rozdział piąty

Zadawaj pytania, które zapraszają pieniądze

Może zauważyłeś, że w tej książce, zapraszam cię do zadawania sobie wielu pytań o pieniądze. To dlatego, że te pytania są zaproszeniem do otrzymywania, co pozwala pieniądzom się pojawiać. Jeśli nie prosisz, nie możesz otrzymać.

Jeśli chodzi o zadawanie pytań, istnieje „Złoty Klucz", którego musisz być świadomy: w prawdziwym pytaniu nie chodzi o uzyskanie odpowiedzi ani o to, czy coś jest słuszne czy nie. Tu chodzi o otwieranie się na energię *innej możliwości*.

Nauczono nas zadawać pytania z punktu widzenia poszukiwania prawidłowej odpowiedzi i nauczono nas wygłaszania wielu twierdzeń i oświadczeń, stawiania znaku zapytania na ich końcu i udawania, że o coś pytamy, kiedy w rzeczywistości wcale tego nie robimy. Żadne z nich nie jest prawdziwym pytaniem. Jeśli zadajesz pytanie i ono prowadzi cię wprost do odpowiedzi, osądu lub konkluzji, albo używasz go, aby spróbować projektować określony rezultat zamiast zadawać je z poziomu ciekawości i pragnienia, żeby generować wspanialsze możliwości dla siebie – to *nie* jest pytanie.

Na przykład, oto kilka zdań, które wyglądają jak pytania, a wcale nimi nie są: „Jak mam sprawić, aby zadziało się to tak, jak ja chcę?" „Dlaczego mnie to spotyka?" „Co zrobiłem źle?" „Dlaczego oni są tak niemili?" „Dlaczego nie zaproponowano mi jeszcze podwyżki?" „Co to do cholery ma być?" Wszystkie one są oświadczeniami i zawierają w sobie ukryte założenie, konkluzję lub osąd, najczęściej, że coś jest z tobą nie w porządku. Gdzieś tam czai się domyślna odpowiedź, a nie możliwość. Mógłbyś zamiast tego zapytać: „Jakie są tu dostępne możliwości, o które jeszcze nie poprosiłem?" „Co wybrałem, żeby z tym wykreować i jakie mam tutaj możliwe inne wybory?" „Co jest we mnie porawnego, czego jeszcze nie widzę?" „A jeśli wybór dokonany przez kogoś innego, żeby być niemiłym nie miałby ze mną nic wspólnego, to co wtedy bym wybrał?" „Jak by to było żebym był gotów poprosić o podwyżkę i co mógłbym wykreować, by wygenerować więcej pieniędzy bez względu na to?" i „Czego jestem świadomy, czego wcześniej nie byłem gotów uznać?"

Kolejnym kluczem do zadawania pytań jest utrzymanie ich prostoty. Otwarcie drzwi do innych możliwości jest tak proste jak zastanawianie się nad tym, jakie możliwości mogą jeszcze istnieć. Jeśli tylko spacerowałeś dzisiaj cały dzień zadając dwa proste pytania: „Co jeszcze jest możliwe?"® i „Jak może być jeszcze lepiej?" ® do wszystkiego, co się pojawia, już zaczynasz zapraszać do swojego życia multum nowych możliwości i wyborów, których nie miałeś wcześniej, kiedy o nic nie pytałeś.

„Pytanie wchodzi w spółkę z wyborem, możliwością i wkładem."

Kiedy zadajesz pytanie, zaczynasz być świadomy możliwości i innych wyborów, które są w twoim zasięgu. Kiedy dokonujesz innego wyboru, stajesz się świadomy nawet większej ilości możliwości i wyborów. Kiedy zadajesz prawdziwe pytanie, otwierasz drzwi do wszechświata, który jest w stanie być dla ciebie wkładem.

Pomyśl o wszechświecie jak o swoim najlepszym przyjacielu, mówiąc: „Hej, zabawmy się!" On pragnie, abyś miał dokładnie to, o co prosisz i będzie wkładem do wszystkiego, co kreujesz w życiu.

Wszechświat nie ma punktu widzenia na temat tego, co wybierasz. Jeśli twoje wybory przejawiają preferencję do walki, ograniczeń i braku pieniędzy, to właśnie zostanie ci dostarczone. Jeśli zaczniesz prosić o wkład z przestrzeni zabawy i ciekawości, to jest ta energia, te możliwości i te wybory, które wszechświat ci pokaże.

Twoje wybory i możliwości, które wybierasz, pokazują wszechświatowi kierunek, w jakim pragniesz iść. Co pokazują twoje wybory? Jakich innych wyborów mógłbyś zacząć teraz dokonywać? Czy jesteś gotów bawić się z wszechświatem 24 godziny na dobę?

Jeśli pragniesz kreować więcej świadomości tego, co jeszcze jest możliwe, zapytaj: „Czym innym mogę się stać lub co mogę zrobić inaczej każdego dnia, aby stać się bardziej świadomym wyborów, możliwości i wkładu, który jest dla mnie dostępny w każdej chwili?"

„Zacznij prosić o pieniądze teraz!"

Większości z nas nigdy nie uczono, by prosić o pieniądze, a zwłaszcza nie na głos i zwłaszcza bez skrajnego dyskomfortu i poczucia niezręczności. Może trzeba będzie trochę poćwiczyć. Stań przed lustrem i powiedz: „Poproszę o moje pieniądze teraz". Powtarzaj to w kółko. Ćwicz, kiedy jedziesz samochodem. Nie przestawaj prosić. Kiedy masz klienta, który ma ci zapłacić lub kiedy ktoś jest ci winien pieniądze za fakturę, zapytaj: „Jak chciałbyś mi za to zapłacić?" Na początku może to nie być zbyt wygodne, ale musisz zacząć prosić, bo inaczej nie otrzymasz!

Wyobraź sobie, że masz całkowitą lekkość w proszeniu o pieniądze, każdego i zawsze. Ile więcej wolności by ci to dało, aby wybierać to, co dla ciebie pracuje? Ile więcej pokoju? Ile więcej *zabawy* mógłbyś mieć prosząc, aby pieniądze pojawiały się na wszystkie sposoby?

> *„Używaj pytań codziennie, aby zapraszać pieniądze."*

Oto lista wspaniałych pytań, które możesz zadawać codziennie, aby zapraszać więcej pieniędzy do swojego życia:

- Co jeszcze jest możliwe, o co jeszcze nie poprosiłem?
- Jakie możliwości są dostępne, których jeszcze nie wdrożyłem?
- Gdybym wybierał swoją rzeczywistość finansową, co bym teraz wybrał?
- Jak chciałbym, aby wyglądała moja rzeczywistość finansowa? Czym musiałbym się stać lub co musiałbym zrobić inaczej, żeby to wykreować?
- Czym innym mogę się stać lub co mogę zrobić inaczej, by wygenerować więcej pieniędzy natychmiast?
- Na co mogę skierować dzisiaj swoją uwagę, co zwiększy przypływ pieniędzy?
- Co mogę dodać do swojego życia dzisiaj, by natychmiast wykreować więcej źródeł przychodów i kreacji?
- Co lub kto jeszcze mógłby być dla mnie wkładem, żebym miał więcej pieniędzy w życiu?
- Gdzie mogę użyć swoich pieniędzy, by wykreowały dla mnie jeszcze więcej pieniędzy?
- Gdyby nie chodziło o pieniądze, to co bym wybrał?
- Jakie działania mogę dzisiaj podjąć, aby zmienić swoją rzeczywistość finansową?
- Gdybym wybierał tylko dla siebie, tylko dla zabawy, co bym wybrał?
- Kto jeszcze? Co jeszcze? Gdzie jeszcze?"

- I małe przypomnienie... Poproszę o moje pieniądze teraz!

Pamiętaj, że w posiadaniu pieniędzy w życiu chodzi o kreowanie życia i całej rzeczywistości finansowej, która dla ciebie pracuje. Zacznij zadawać te pytania codziennie i zauważ, jakie różnice zaczynają się pojawiać. Może pojawią się jakieś nieoczekiwane możliwości, może zauważysz, że nie reagujesz tak, jak kiedyś w pewnych sytuacjach lub że ludzie wokół ciebie zaczynają się zmieniać. Jakkolwiek może to wyglądać, zauważaj i uznawaj to, bądź wdzięczny za to i nie dochodź w tym do żadnej konkluzji. Nie przestawaj zadawać pytań. Bez względu na to, co się pojawia, proś o więcej, proś o coś wspanialszego. Co jeśli zadawanie pytań stanie się dla ciebie tak naturalne, że staniesz się niepowstrzymanym, chodzącym, mówiącym zaproszeniem dla możliwości z pieniędzmi?

Simone Milasas

Rozdział szósty

Wiedz dokładnie, ile pieniędzy potrzebujesz, aby żyć – z radością!

Kiedy ludzie pytają mnie, jak wyjść z długów i mieć wszystkie pieniądze, jakich pragną, moje pierwsze pytanie brzmi: Czy wiesz dokładnie, ile pieniędzy potrzebujesz generować co miesiąc, aby tak się stało? Większość ludzi ma tendencję do kreowania długów, ponieważ nie są tak naprawdę świadomi, ile pieniędzy wymaga życie, które chcieliby prowadzić. Zachęcam ich wtedy do zadawania pytania: „Co jest wymagane, aby zwiększyć mój miesięczny dochód? Co jest wymagane, aby moje przychody były większe od moich wydatków?"

Oto coś, co warto, byś robił: Przyjrzyj się szczegółowo, ile kosztuje prowadzenie twojego życia. Jeśli masz jakiś biznes, zrób to również dla niego.

Jeśli masz rachunek zysków i strat lub inny tego rodzaju raport księgowy, użyj go do wyliczenia, ile miesięcznie kosztuje prowadzenie twojego biznesu lub życia. Jeśli nie masz takiego rachunku, zapisz wszystkie swoje wydatki na życie. Zapisz, ile płacisz za elektryczność i inne usługi komunalne, ile kosztuje twój samochód, utrzymanie domu, czynsz, rata kredytu hipotecznego, czesne, wszystko.

Następnie dodaj do siebie bieżące długi. Jeśli masz mniej niż 20.000 dolarów długu, podziel to na 12 i dodaj do miesięcznych wydatków.

Jeśli kwota ta przekracza 20.000 dolarów, podziel ją na 24 lub więcej, jeśli chcesz. Dodaj ją do listy (to jest kwota, o której spłatę prosisz co miesiąc).

Następnie zapisz, ile kosztują rzeczy, które robisz dla zabawy. Jeśli lubisz chodzić na masaż raz na miesiąc lub raz na dwa tygodnie, dopisz to. Jeśli chodzisz do kosmetyczki lub fryzjera, zapisz i to. Ile płacisz za ciuchy, buty i książki, które kupujesz? Ile wydajesz, kiedy wychodzisz z domu na obiad? Zapisz to wszystko. Jeśli chciałbyś więcej podróżować, odwiedzać rodzinę, jeździć na wakacje kilka razy w roku, dodaj to również. Mnie uszczęśliwia trzymanie cały czas w lodówce kilku butelek wspaniałego wina lub szampana, a więc je również dopisuję do swoich comiesięcznych wydatków.

Kiedy już zapisałeś te wszystkie fajne rzeczy, dodaj to wszystko do siebie. Kiedy otrzymasz łączną sumę, dodaj do niej dziesięć procent tego, co zarabiasz, tylko dla siebie. To będzie twoje konto na 10 procent. W następnym rozdziale opowiem ci, dlaczego kreowanie konta na 10 procent jest takim wspaniałym i ważnym narzędziem, ale na ten moment po prostu odkładaj 10 groszy z każdej złotówki, która do ciebie przychodzi. A następnie dodaj 20 procent, tak dla czystej przyjemności ze zrobienia tego, ponieważ nigdy nie wiesz, co się pojawi, a koncepcja jest taka, abyś był przygotowany na wszystko i nie ograniczał swoich wyborów.

Jaka wyszła łączna kwota po podsumowaniu wszystkiego? To jest rzeczywista kwota, której potrzebujesz, aby co miesiąc prowadzić swoje życie. Jeśli jesteś taki, jak większość ludzi, zazwyczaj kwota ta jest nieco większa niż ta, którą obecnie zarabiasz.

Kiedy po raz pierwszy policzyłam, ile pieniędzy potrzebuję, aby kreować swoje życie, wyszła mi kwota 2 razy większa od tego, co wówczas zarabiałam i natychmiast poczułam się przytłoczona, myśląc: „Och! Nigdy nie będę w stanie tyle zarobić!" Ale nie pozostałam w tym miejscu. Zażądałam od siebie, że bez względu na wszystko, wykreuję taką kwotę pieniędzy i jeszcze więcej, więc zapytałam, co jeszcze jest wymagane, aby wykreować tyle *i jeszcze więcej*, z totalną lekkością? Teraz zarabiam znacznie więcej niż ta kwota, która na początku mnie tak bardzo zaszokowała. Obecnie robię takie wyliczenia co sześć miesięcy. Moje życie zmienia się cały czas, zatem moje wydatki również się zmieniają i pragnę całkowitej świadomości tego, co kreuję, abym mogła zażądać, aby pojawiło się jeszcze więcej.

To ćwiczenie nie ma na celu przycinania twoich wydatków czy ograniczania cię w inny sposób. Większość księgowych spojrzy na twoje wyliczenia i powie; „Twoje wydatki są zbyt wysokie. Są wyższe niż przychody. Co możemy obciąć?" To nie jest moje podejście. Mój punkt widzenia jest taki: Co jeszcze możesz dodać do swojego życia? Co jeszcze możesz wykreować? Z tego powodu zalecam, aby wykonywać to ćwiczenie co pół roku lub raz na rok, ponieważ wraz ze zmianą twojego życia, zmieniają się twoje wydatki i twoje pragnienia, zmienią się również twoje wymagania finansowe.

A gdyby okazało się to początkiem twojego ciągle poszerzającego się wszechświata finansowego? Musisz podarować sobie dar świadomości tego, w jakim miejscu dokładnie się znajdujesz i gdzie dokładnie chciałbyś się znaleźć - albo nie będziesz w stanie zrobić kroku do przodu, jako że zawsze będziesz nieświadomy tego, gdzie znajdują się twoje finanse.

A jeśli to ma zwiększyć twoją świadomość? Jak by to było, gdybyś robił to dla zabawy? A gdybyś robił to tylko po to, aby stać się świadomym, czego w życiu pragniesz więcej i aby zobaczyć, co jeszcze możesz wykreować? A gdybyś tak wyszedł z traumy i dramatu braku pieniędzy i zaczął kreować całkiem inną rzeczywistość? To jest twoje życie. Ty jesteś tą osobą, która je kreuje. Czy jesteś szczęśliwy z tym, co aktualnie kreujesz – czy może chciałbyś to zmienić?

Rozdział siódmy
Miej pieniądze

W rozdziale drugim tej książki, mówiłam o gotowości na to, aby *mieć* pieniądze, jeśli pragniesz kreować swoją rzeczywistość finansową, jak również o tym, co to, że masz pieniądze zaczyna kreować w twoim życiu.

Pozwolenie sobie na to, żeby naprawdę posiadać pieniądze, kreuje nieustające poczucie obfitości i bogactwa w twoim życiu, które będzie wkładem do tego, byś kreował wspanialszą przyszłość finansową.

Mam taką dziwną obsesję na punkcie wody, lubię zawsze mieć ze sobą butelkę wody. Często mówię, że w poprzednim wcieleniu musiałam umrzeć z pragnienia, ponieważ zauważyłam, że nigdy, kiedy mam ze sobą wodę, nie czuję pragnienia, nawet jeśli wcale jej nie piję! Jeśli nie mam ze sobą wody, zaczynam czuć pragnienie. A jeśli tak samo jest z pieniędzmi? A jeśli posiadanie pieniędzy kreuje poczucie spokoju z pieniędzmi, które pozwala wyjść ponad każde poczucie braku?

Jak zacząć posiadać więcej pieniędzy w swoim życiu i kreować to poczucie bogactwa i obfitości?

Przedstawię ci trzy sposoby na posiadanie pieniędzy w twoim życiu. To są proste, a jednocześnie efektywne narzędzia Access Consciousness, jedne z pierwszych narzędzi, których zaczęłam używać do zmiany mojej rzeczywistości finansowej (i owszem, na początku również się im opierałam, ale potem pojawiło się pytanie, co najgorszego może się wydarzyć, kiedy zacznę je stosować?) Używaj ich i obserwuj jak twoje pieniądze wzbogacają twoje życie i wzrastają w twojej przyszłości.

Polecam korzystanie ze wszystkich narzędzi i prawdziwe zaangażowanie na przynajmniej sześć miesięcy, żeby zobaczyć, co się dla ciebie zmieni.

NARZĘDZIE #1 DO POSIADANIA PIENIĘDZY: KONTO NA 10%

Jednym z pierwszych ważnych narzędzi dotyczących pieniędzy, które chciałabym ci dać, jest odkładanie 10% wszystkiego, co zarobisz, 10% z każdego dolara, euro, funta czy waluty, jaką kreujesz. Nie odkładasz ich, aby płacić nimi rachunki. Nie oszczędzasz ich na czarną godzinę. Nie masz po nie sięgać, kiedy skończą ci się pieniądze. Nie nimi masz zapłacić duży rachunek, który już się do ciebie zbliża. Nie mają być pomocą dla przyjaciela w biedzie. Ani funduszem na prezenty gwiazdkowe. Te pieniądze nie są do wydania na żadną z tych rzeczy!

Odkładasz je jako uhonorowanie siebie.

Ludzie mówią: „Ale ja mam rachunki do zapłacenia! Jak mam odłożyć 10% swojego dochodu? Najpierw muszę zapłacić rachunki." Ale tu właśnie o to chodzi: jeśli najpierw płacisz rachunki, zawsze będziesz miał więcej rachunków. Kiedy najpierw płacisz swoje rachunki, wszechświat mówi: „Och, okej. Ta osoba życzy sobie honorować swoje rachunki. Dajmy jej więcej rachunków." Jeśli najpierw uhonorujesz siebie, odkładając 10%, wszechświat mówi: „Och, on chce honorować siebie. On jest gotów mieć więcej" – i odpowiada na to. Daje ci więcej.

Odkładanie 10% jest obdarowywaniem *siebie*. To bycie wdzięcznym za *siebie*.

Kiedy ja pierwszy raz zaczęłam odkładać swoje 10%, robiłam to niechętnie, bo Gary sugerował, aby to robić. Odkładanie 10% nie zadziała, kiedy będzie następowało z punktu widzenia, że „ta książka lub ta osoba mówi, że mam to zrobić." Musisz to wybrać dla siebie. Musisz to zrobić, aby zmienić energię, którą masz wokół finansów i energię, którą masz wokół pieniędzy. Nie dlatego, że ja tak powiedziałam, a ty wyczytałeś to w tej książce. Zacznij uruchamiać żądanie kreowania innej rzeczywistości.

Zapytaj: „Jak by to było, gdyby to stało się dla mnie wyborem, a nie koniecznością?" Co najgorszego mogłoby się zdarzyć? Wydasz je? Ale nie możesz robić tego z punktu widzenia, że masz zamiar je wydać. Po około trzech-czterech miesiącach od uruchomienia mojego konta na 10%, energia pieniędzy się dla mnie zmieniła. Nie miałam już tej paniki wokół pieniędzy. Ilu z was wpada w panikę w kwestii pieniędzy, stresuje się nimi tak bardzo, że stało się to już najnormalniejsze w świecie? Jeśli przyjrzysz się tej energii okaże się, że jest ona bardzo ograniczająca, jest jak organizowanie depresyjnego przyjęcia, na którym pieniądze nie chcą się pojawić. Pieniądze podążają za *radością*. Radość nie podąża za pieniędzmi.

Rekomenduję, abyś zaczął dzisiaj. Nawet jeśli masz cały plik rachunków do zapłacenia. Nawet jeśli masz tylko 100 złotych w portfelu i myślisz, że musisz kupić chleb i warzywa. Zacznij dzisiaj. Rzecz w tym, że to nie jest ani logiczne, ani linearne. Możesz zastosować do tego matematykę, ale tego nie da się wyliczyć. Energetycznie – wszechświat również zaczyna być dla ciebie wkładem, a tobie pieniądze pojawiają się w najbardziej nieoczekiwanych miejscach.

Ktoś mi powiedział, że odkłada 10%, a potem przychodzą rachunki do zapłacenia i wtedy używa tych pieniędzy, aby zapłacić rachunki. „Płacę w całości wszystkie swoje rachunki co miesiąc, co jest wspaniałe, ale chcę zmienić priorytet z płacenia rachunków na odkładanie tych pieniędzy na osobne konto na 10% oraz trzymanie ich tam jako sposób na uhonorowanie siebie." Ta osoba zapytała mnie: „Jak mam sprawić, aby pieniądze nie kończyły mi się pomiędzy wypłatami?"

Powiedziałam: „Zadałabym tutaj pytanie: Jak wiele wniosków wyciągnęłaś na temat tego, że nie będziesz mieć pieniędzy na spłacenie rachunków, jeśli nie użyjesz do tego pieniędzy z konta na 10%?"

Logiczny punkt widzenia byłby następujący: „Cóż, muszę zapłacić te rachunki, a jedynymi pieniędzmi, jakie mam, są te na moim koncie na 10%, więc muszę ich użyć." Proszę cię, abyś *nie* funkcjonował z logicznego punktu widzenia. W tym miejscu musisz sięgnąć po wybór. Zapraszam cię, abyś miał odwagę zażądać: „Wiesz co? Nie wydam pieniędzy z mojego konta na 10%." I odkryć, co jeszcze jest możliwe do wykreowania.

W pewnym momencie moje zadłużenie na jednej z kart kredytowych było bardzo wysokie. Miałam wówczas już trzy razy tyle na swoim koncie na 10%, więc wiedziałam, że mogłabym tym spłacić debet na karcie, gdybym to wybrała. Nie zrobiłam tego. Zamiast tego przyjrzałam się temu, jaką energię by to wykreowało, gdybym użyła pieniędzy z konta na 10%. Otrzymałam tę energię, a potem przyjrzałam się temu, co by to wykreowało, gdybym tego nie zrobiła, a zamiast tego zażądała od siebie wykreowania i wygenerowania pieniędzy na spłacenie kart kredytowych. Dla mnie ta druga energia – kreowania więcej, aby spłacić karty – była o wiele bardziej zabawna.

Zatem to właśnie wybrałam.

NARZĘDZIE #2 DO POSIADANIA PIENIĘDZY: NOŚ PRZY SOBIE TAKĄ KWOTĘ PIENIĘDZY, KTÓRĄ UWAŻASZ, ŻE NOSIŁABY OSOBA ZAMOŻNA

Jak bardzo inaczej czułbyś się w swoim życiu, gdybyś widział gruby plik banknotów za każdym razem, kiedy otwierasz swój portfel czy portmonetkę, zamiast pustej przestrzeni i kilku pomiętych paragonów? Jak by to było, gdybyś cieszył się z tego, że są tam pieniądze? Noś przy sobie taką kwotę pieniędzy, jaką uważasz, że nosiłaby bogata osoba.

Dużo podróżuję, więc to prawdziwa przyjemność posiadać gotówkę w różnych walutach. W swojej portmonetce noszę także złotą monetę.

Uszczęśliwia mnie, że ją tam mam. Sprawia, że czuję obfitość pieniędzy. Dla mnie – to działa. Co działałoby dla Ciebie? Co byłoby dla Ciebie zabawne? Co powoduje u ciebie poczucie dobrobytu?

Ja lubię stale mieć przy sobie przynajmniej 1.000 dolarów. Lubię stale mieć przy sobie butelkę wody. Lubię mieć w lodówce schłodzoną butelkę wina. Te rzeczy mnie uszczęśliwiają, przynoszą mi radość. Dają mi poczucie, że kreuję swoje życie. Co daje tobie takie poczucie, że kreujesz własne życie, że gdybyś to wybrał, to wykreowałoby dla ciebie również całkiem inną rzeczywistość finansową?

Niektórzy ludzie podchodzą do tego z rezerwą, myśląc: „A jeśli ktoś mnie okradnie albo zgubię portfel lub torebkę?" Miałam młodą przyjaciółkę, która stale nosiła ze sobą 1.800 dolarów i zgubiła swoją torebkę. Nie było to dla niej przyjemne w tamtym momencie, ale po wszystkim była znacznie bardziej gotowa mieć świadomość swoich pieniędzy! Jeśli martwisz się, że coś takiego mogłoby ci się przytrafić, zadałabym pytanie: „Ile pieniędzy musiałbyś ze sobą nosić, żebyś był gotów być ich świadomy przez cały czas?" Kiedy zaczniesz nosić przy sobie dużą sumę pieniędzy, staniesz się nagle gotów być znacznie bardziej świadomy swoich pieniędzy, staniesz się świadomy, gdzie one się znajdują i czego musisz być świadomy, żeby nie zostały ci ukradzione ani zgubione. Jeśli unikasz posiadania pieniędzy – przy sobie lub w życiu, ponieważ myślisz, że je stracisz lub ktoś ci je ukradnie, nigdy nie pozwolisz sobie mieć pieniędzy. Musisz zechcieć posiadać pieniądze i musisz być gotów cieszyć się nimi bez punktu widzenia.

NARZĘDZIE #3 DO POSIADANIA PIENIĘDZY: KUPUJ RZECZY, KTÓRE MAJĄ RZECZYWISTĄ WARTOŚĆ

Za moje odłożone 10% kupiłam sporo złota i srebra i jest to dla mnie frajdą. Mam w domu sejf, w którym trzymam wiele swojego złota i srebra. Jeśli kiedykolwiek czuję, że nie mam pieniędzy, idę do sejfu i zdaję sobie sprawę: „Och, a właśnie, że mam pieniądze." To właśnie robi dla ciebie twoje konto na 10%.

Kupowanie wartościowych rzeczy (co oznacza, że ze względu na materiał, z jakiego są wykonane, mają wartość pieniężną) jest sposobem na cieszenie się z posiadania pieniędzy, a jednocześnie sposobem posiadania płynnych aktywów w swoim życiu (płynność oznacza łatwość spieniężenia), które utrzymają lub zwiększą swoją wartość wraz z upływem czasu. Rzeczy takie ja złoto, srebro czy platyna można kupować w uncjach, kilogramach lub monetach. Kupowanie antyków czy antycznej biżuterii również może okazać się dobrą inwestycją. One utrzymają swoją wartość w czasie, w przeciwieństwie do nowoczesnych mebli czy sztucznej biżuterii, która może dobrze wyglądać, ale natychmiast po zakupie traci dużą część swojej wartości handlowej. Rzeczy takie jak srebrna zastawa są wspaniałymi płynnymi aktywami, ponieważ są piękne i możesz ich używać, co będzie wkładem do kreowania poczucia dobrobytu i luksusu w twoim życiu. Czyż nie jest przyjemniej pić szampana z pięknych kryształów czy srebrnych pucharów zamiast ze zwykłego szkła czy plastiku? Dla mnie – o wiele!

Nie musisz mieć tysięcy złotych na swoim koncie na 10%, aby zacząć kupować rzeczy wartościowe. Mógłbyś zacząć od kupienia jednej srebrnej łyżeczki do mieszania kawy i dodawać nowe rzeczy z tego miejsca. Upewnij się tylko, że cokolwiek robisz lub kupujesz, idziesz za tym, co sprawia radość *tobie*. Dowiedz się więcej o tych wartościowych rzeczach, których posiadanie w swoim życiu, byłoby ogromną frajdą.

Za moje 10% kupiłam również perły i diamenty. Zawsze upewniam się, że mam dość gotówki na swoim koncie na 10%, aby niezmiennie mieć poczucie spokoju i tego, że mam pieniądze.

Ile gotówki musiałbyś mieć w swoim życiu, by mieć większe poczucie spokoju i obfitości pieniędzy? Co jeszcze mógłbyś dodać do swojego życia, aby wykreować poczucie piękna, obfitości, luksusu i dobrobytu, które wzbogacą i poszerzą każdy aspekt twojego życia?

Rozdział ósmy

Uznaj siebie

Uznawanie siebie jest czymś, na co musisz stać się gotowy, jeśli pragniesz, aby twoje życie i przepływy pieniężne stały się łatwiejsze i radośniejsze. Kiedy nie uznajesz tego, co jest twoją prawdą, umniejszasz siebie. Jeśli nie rozpoznasz, że już coś w swoim życiu wykreowałeś, zniszczysz to, aby uwierzyć, że niczego nie osiągnąłeś i cofniesz się, aby zacząć wszystko od początku. Znacznie łatwiejszym sposobem, aby iść naprzód ze swoim życiem jest uznanie tego, co naprawdę jest, uznanie tego, co osiągnąłeś, żeby otworzyć oczy na swoją wspaniałość i nie lekceważyć rzeczy, które już wykreowałeś i zmieniłeś. To naprawdę ważne, zwłaszcza kiedy nie zaprzestajesz stosowania tych narzędzi i wszystko zaczyna się dla ciebie zmieniać. Musisz uznać siebie, musisz uznać, co się pojawia, nawet jeśli wygląda to zupełnie inaczej niż sobie to wyobrażałeś.

Istnieją trzy sposoby na to, aby zacząć uznawać siebie bardziej efektywnie:

1. Uznaj *wartość* siebie.
2. Uznaj, co jest dla ciebie łatwe po to, żeby to robić i tym być.
3. Uznaj, co *kreujesz*.

> „*Nie czekaj, aż inni dostrzegą twoją wartość.*"

Czy czekasz na uznanie przez innych, byś w końcu wiedział, że to, co oferujesz jest wartościowe? A gdybyś tak ty był osobą, która rozpoznaje swoją wartość, bez względu na to, co inni o tym sądzą? Większość ludzi nie jest w stanie ciebie nawet zobaczyć, aby cię uznać, ponieważ nie widzą lub nie uznają samych siebie! Jeśli jesteś gotów zobaczyć swoją wspaniałość, jeśli jesteś gotów uznać siebie, będziesz w stanie widzieć wspaniałość w innych i będziesz w stanie zapraszać ich do zobaczenia tego w sobie – po prostu będąc sobą.

Może myślisz, że jeśli wreszcie znajdziesz właściwy związek, otrzymasz więcej wyróżnień w pracy czy sprawisz, że twój trudny rodzic wreszcie cię uzna, w końcu poczujesz swoją wartość. To jeszcze dla nikogo nie zadziałało, bo tak naprawdę nikt inny nie może ci tego dać. Jeśli nie czujesz się wartościowy w swoim życiu, to żadna liczba ludzi mówiących ci, jaki jesteś wspaniały, nie będzie w stanie przebić się w twoim świecie. Najpierw sam musisz zobaczyć swoją wartość, wówczas łatwiejszym stanie się postrzeganie i otrzymywanie uznania od innych ludzi. A gdybyś tak zaczynał każdy dzień od pytania: „Co jest we mnie wspaniałego, czego nigdy nie uznałem?" „Czego odmawiam w sobie uznać, że gdybym to uznał, wykreowałoby to moje życie jako pełne lekkości i radości?"

Musisz wiedzieć, że jesteś niezwykle wartościowym produktem w swoim życiu – nie dlatego, że inni ci to mówią, ale dlatego, że po prostu to wiesz. Może się to na początku wydawać jedną z najtrudniejszych rzeczy do zrobienia, ponieważ musisz przestać się osądzać, aby naprawdę zacząć się cenić. Musisz być wdzięczny i musisz być ze sobą uczciwy, musisz otrzymywać własną wspaniałość bez barier.

Być może na początku będziesz musiał zmuszać się do tego, by zobaczyć swoją wartość. Weź notes i zapisz za co jesteś sobie wdzięczny – dodawaj przynajmniej trzy nowe rzeczy każdego dnia. Zażądaj żebyś postrzegał, wiedział, był i otrzymywał wspaniałość siebie z większą lekkością. Zaangażuj się w siebie i wspieraj siebie w tym procesie.

„Co jest dla ciebie łatwe, czego nigdy nie uznałeś?"

Każdy ma jakiś obszar w życiu, w którym robi rzeczy z lekkością, bez myślenia, bez osądzania ich jako coś trudnego. Po prostu to robi. To super łatwe. Czy masz jakiś osąd na temat rzeczy, które są dla ciebie w życiu łatwe, na przykład prowadzenie samochodu? Czy może po prostu uznajesz, że jesteś wspaniałym kierowcą i że radzisz sobie ze wszystkim i możesz tym po prostu być i możesz to wybrać?

Każdy ma coś (i najczęściej jest to kilka rzeczy), co jest dla niego łatwe. Jeśli widzisz coś takiego w swoim życiu, najprawdopodobniej zauważysz, że nie masz osądu na ten temat ani na temat siebie ani tego, jak to robisz. I prawdopodobnie nie odnosisz się do nikogo innego szukając sposobu, jak to zrobić. Po prostu to robisz, po prostu tym jesteś! A gdybyś tak wziął tę energię i zapytał: „Co jest wymagane, żebym stał się taką energią również z pieniędzmi?"

Biznes jest jedną z takich dziedzin, która jest dla mnie łatwa. Naprawdę go lubię. Biznes jest dla mnie jedną z najbardziej kreatywnych rzeczy, jakie można robić. Nie osądzam tego, co dzieje się w biznesie, po prostu wybieram jeszcze raz. Nawet tam, gdzie biznes nie wyszedł, nigdy mnie to nie martwiło na tyle, abym zaczęła się za to osądzać. Nie zdawałam sobie sprawy, że to jakiś niezwykły punkt widzenia – do momentu, kiedy rozmawiając z przyjacielem o koledze, który, moim zdaniem, dokonywał szalonego wyboru w swoim biznesie, ponieważ nie dawał mu on żadnej radości, mój przyjaciel powiedział: „Simone, nikt nie robi biznesów dla zabawy!", co całkowicie mnie zaszokowało. Musiałam uznać, że naprawdę jestem inna. Aż do tamtego momentu myślałam, że wszyscy prowadzą biznes, aby się przy tym dobrze bawić.

Kiedy zdałam sobie sprawę z tego, że biznes jest dla mnie łatwy i zabawny, ale niekoniecznie jest taki dla innych, zaczęłam widzieć, gdzie mogłabym stać się wkładem dla innych ludzi, zapraszając ich do tego, by mieli radość z biznesu. Otworzyłam drzwi do kreowania więcej w moim życiu – więcej radości, więcej lekkości i więcej pieniędzy! Byłam w stanie wykreować mój biznes „Radość z Biznesu" i stać się wkładem dla tysięcy ludzi na całym świecie, żeby i oni mieli inną możliwość z biznesem. Codziennie kontaktują się ze mną ludzie, którzy mówią, że są bardzo wdzięczni za facylitatorów klas Radość z Biznesu i za książki. To pokazuje, jaką możemy mieć moc w świecie, będąc sobą oraz uznając i kreując w obszarach, które są dla nas łatwe.

Co uważasz za łatwe do robienia? Co uważasz za tak łatwe, że myślisz, że nie ma wartości? Często nie cenimy tego, co jest dla nas łatwe, ponieważ wierzymy, że wszystko, co warto mieć, jest trudne do osiągnięcia. Albo myślimy, że jest to dla nas takie łatwe, ponieważ każdy może to zrobić. Żaden z tych punktów widzenia nie jest prawdziwy. Jeśli coś jest dla ciebie łatwe, to nie dlatego, że każdy umie to robić albo dlatego, że to nie jest cenne. Jest to łatwe dlatego, że ty jesteś sobą i masz umiejętności w tej dziedzinie.

Zacznij spisywać rzeczy, które są dla ciebie łatwe i dobrze się im przyjrzyj. Poczuj energię tego, jak to jest, kiedy robisz te rzeczy, które są łatwe. Uznaj, jaki jesteś wspaniały!

A gdybyś tak teraz poprosił, aby ta energia pokazała się w tych wszystkich miejscach, o których zdecydowałeś, że nie są zbyt łatwe? Jeśli uznasz tę energię i poprosisz, aby urosła w twoim życiu, ona może to zrobić – i zrobi to. Jeśli tego nie uznajesz, nie możesz wybrać tego więcej.

A co jeśli jest to tak proste? Jedynym sposobem, aby się tego dowiedzieć jest - spróbować i zobaczyć. Na co czekasz? Co jeszcze możesz w sobie uznać, o czym nie pomyślałeś, że ma jakąkolwiek wartość?

„Czy uznajesz swoje kreacje czy może je lekceważysz?"

Miałam przyjaciółkę, której rodzice stale powtarzali: „Pieniądze nie rosną na drzewach, wiesz?" Byli właścicielami sadów. Dla nich pieniądze naprawdę rosły na drzewach. Ale oni tego nie widzieli. Nie byli w stanie otrzymać radości, która pochodzi z bycia takimi ludźmi na świecie, dla których pieniądze rzeczywiście rosły na drzewach.

Przy kreowaniu pieniędzy – jak często osądzasz lub lekceważysz kwoty pieniędzy, które się pokazują i nie pokazują w twoim życiu, zamiast zbierać każdą złotówkę, uznając ją i pytając: „Och, to takie świetne, ile zabawy mogę z tym mieć?"

Mój przyjaciel wygrał ostatnio 20.000 dolarów obstawiając 200 dolarów w znanych wyścigach konnych w Australii. Bardzo mnie to podekscytowało! Kiedy rozmawiałam z nim o tym, zaczął od tego, kogo może nimi obdarować i na co może je wydać. Zapytałam go: „A gdybyś tak po prostu otrzymał tę niesamowitą kreację?" A gdybyś tak po prostu mógł mieć te pieniądze? Nie ma w tym nic złego ani dobrego, że chciał te pieniądze ofiarować i wydać. Ale tak naprawdę nie przestał uznawać siebie. Zwróć uwagę na energię i poczucie możliwości, które zostałyby wykreowane w życiu wraz z uznaniem: „Wykreowałem dzisiaj coś wspaniałego. A gdybym tak naprawdę otrzymał te pieniądze w swoim życiu i miał za nie całkowitą wdzięczność, tak jak i za siebie? A gdybym naprawdę cieszył się swoją kreacją? Ile frajdy mogę z tego mieć i co jeszcze mogę teraz wykreować?"

Nie pozwalamy sobie na zachwyt nad nasza umiejętnością kreowania. A gdybyś mógł to robić z każdą najmniejszą kwotą pieniędzy, która napływa – mieć całkowitą wdzięczność i całkowite uznanie siebie? Kiedy cieszysz się swoją umiejętnością kreacji, na twojej drodze pojawi się tego więcej.

Jak wiele rzeczywiście kreujesz w swoim życiu i to ciągle odrzucasz? A gdybyś mógł być totalnie obecny ze wszystkim, co się pojawia i ze wszystkim, co wykreowałeś w swoim życiu – i otrzymać to wszystko z wdzięcznością?

Simone Milasas

Rozdział dziewiąty

Rób to, co kochasz

W swoim życiu zauważyłam, że istnieją ludzie, którzy robią pewne rzeczy dla pieniędzy i ludzie, którzy robią rzeczy po to, by wykreować coś innego na świecie.

Na przykład, znam kogoś, kto jest bardzo kreatywny i ma mnóstwo umiejętności w swoim świecie, ale ciągle powtarza: „Cóż, jeśli to zrobię, chcę otrzymać za to kwotę x pieniędzy. Tyle właśnie żądam." I to nie jest mała kwota. Ona żąda sporo, ale jeszcze niczego nie zrobiła. Ona nie wykreuje niczego, dopóki ktoś nie zgodzi się zapłacić jej sporej sumy pieniędzy – a klient nie widział jeszcze tego, co ona potrafi. Chciałam ją zapytać: „To może po prostu zaczniesz kreować i zobaczysz, co się pojawi?" Tu nie chodzi o wiarę, że nie możesz zarobić dużo pieniędzy, ani zakładanie, że powinno ci się zapłacić tylko trochę, kiedy zaczynasz coś nowego. A gdybyś tak nigdy nie pozwolił, by cokolwiek powstrzymało cię przed robieniem tego, co kochasz? A gdybyś tak zrobił to tak czy siak, bez względu na pieniądze?

Nie kreuj dla pieniędzy, zacznij kreować i pozwól pieniądzom się pojawić. A kiedy się pojawią, świętuj. Bądź wdzięczny.

I nie zatrzymuj się tam, dodawaj coraz więcej do swojego życia. Włączaj więcej tego, co kochasz robić. I ciągle zapraszaj pieniądze do zabawy!

„Co kochasz robić?"

Simone Milasas

Moja przyjaciółka, która prowadzi salon piękności, podpytywała mnie kiedyś o kreowanie różnych źródeł przychodów. Zapytałam ją: „Co kochasz robić?" Odpowiedziała: „Kocham prowadzić samochód."

Mieszka ona w Kalifornii, gdzie autostrady mają osiem pasm i są szalenie ruchliwe, ale ona kocha prowadzić samochód. Zaczęłam wynajmować ją do odbierania mnie z lotniska w Los Angeles i zawożenia do Santa Barbara, kiedy się tam wybierałam. To naprawdę miłe, kiedy ktoś cię odbiera z lotniska po czternastogodzinnym locie. Odbiera ona teraz trzech innych klientów. Robi coś, co kocha i wykreowała dodatkowy strumień przychodów. Wiele osób powiedziałoby: „Lubię prowadzić, ale jak to ma przynieść mi pieniądze? Nie chcę być kierowcą taksówki!" zamiast przyjrzeć się temu, co kochają i być gotowym wykreować z tego coś radosnego dla siebie, jak to zrobiła moja przyjaciółka. Tu chodzi o wybór i możliwości i gotowość na otrzymywanie.

Musisz zacząć patrzeć na rzeczy, które kochasz robić. Wyciągnij notes i zacznij zapisywać wszystko, co kochasz robić. Nie ma znaczenia, co to jest. Gotowanie, praca w ogrodzie, czytanie, wychodzenie z psem, rozmowy z ludźmi. Nie zwracaj uwagi na to, czy to coś ma wartość w świecie (bo, jak już wiemy, jeśli coś jest dla ciebie łatwe i zabawne, masz tendencję do automatycznego zakładania, że to nie ma wartości), po prostu to zapisuj. Jeśli to dla ciebie zabawne, jeśli to kochasz, wpisz to na swoją listę. Ciągle dodawaj nowe pozycje przez kilka dni a nawet tygodni. Potem spójrz – czy robisz wystarczająco dużo tych rzeczy, które kochasz? Pamiętaj – pieniądze podążają za radością! Zacznij pytać: „Z którymi z tych rzeczy mogę wykreować nowe strumienie przychodów natychmiast?" i zauważ, czy jedna albo kilka z nich nie wyskoczą w twoim kierunku. A jeśli te rzeczy, które są dla ciebie łatwe i zabawne, są tym, co może przynieść ci więcej pieniędzy niż możesz sobie wyobrazić? Co musiałbyś zrobić i z kim musiałbyś porozmawiać i dokąd musiałbyś pójść, aby od razu zacząć kreować to jako rzeczywistość? I ile zabawy mógłbyś przy tym wykreować?

„*Co jeszcze możesz dodać?*"

Jedną z moich ulubionych książek o kreowaniu bogactwa jest *The Penny Capitalist* Jamesa Hestera. Hester nie mówi: „Ogranicz swoje wydatki." Nie mówi: „Przestań wydawać." On pyta: „Jak możesz wykreować więcej pieniędzy z pieniędzy, które zarabiasz?" Większość książki jest o tym, jak zarobić pieniądze z pieniędzy, które masz, czy to jest pięć dolarów, pięćdziesiąt dolarów, pięć tysięcy dolarów czy pięćdziesiąt tysięcy dolarów.

Gary Douglas jest w tym świetny. Access Consciousness jest wielkim, międzynarodowym przedsiębiorstwem, a podczas swoich podróży po całym świecie, Gary rozkoszuje się kupowaniem antyków i pięknej biżuterii, które sprzedaje w swoim sklepie z antykami w Brisbane. To jest kolejny z jego strumieni finansowych. On na tym zarabia, ponieważ jest to czymś, co sprawia mu radość i jest w tym świetny.

Ile strumieni finansowych ty mógłbyś dzisiaj wykreować? Nie musisz trzymać się jednej ścieżki. Możesz mieć wiele strumieni lub ścieżek. A gdybyś mógł wykreować tyle, ile chcesz? A gdybyś mógł robić pieniądze z pieniędzy, jakie już masz? Obecnie mam wiele strumieni pieniędzy. Jestem Koordynatorem Access Consciousness na Świat, mam swoją firmę, *Radość z Biznesu*, która wydaje książki w 12 językach, organizuję klasy, teleklasy i sesje prywatne. Mam również akcje, których wartość rośnie bardzo szybko, a obecnie mój partner i ja mamy nieruchomość inwestycyjną nad rzeką Noosa w Australii. Dla czystej radości zainwestowaliśmy również w dwa konie wyścigowe z Gai Waterhouse (to jeden z najlepszych australijskich trenerów). Nie ma limitu dla ilości strumieni przychodów, o jakie możesz poprosić. Jak by to było – otrzymać je i mieć z tego radość?

Ile razy odmówiłeś kreacji pieniędzy, bo zdecydowałeś, że „to jest za małe", „to jest zbyt trudne" lub „to nie jest ścieżka, którą idę"? A jeśli to nie ma znaczenia? Czy jest to dla ciebie zabawą i przyjemnością – to jest ważne. Radość zabierze cię w życiu dalej niż sobie to kiedykolwiek wyobrażałeś.

Jeśli szukasz więcej klientów w swoim biznesie albo nudzi cię twoja praca, zapytaj: „Co jeszcze mogę tu dodać?" Ja zawsze dodaję coś nowego, coś, co mnie interesuje, bo przez większość czasu nie lubię robić w kółko tego samego. Nie lubimy powtórek. Większość z nas nudzi się lub staje się przytłoczona, kiedy nie dzieje się wystarczająco dużo. Jak stać się znudzonym *i* przytłoczonym? Może się to wydawać dziwne, ale wiele osób, z którymi rozmawiam, znajduje się dokładnie w tym kłopotliwym położeniu. Czują się przytłoczeni wszystkim, co dzieje się w ich życiu i jednocześnie są tym całkowicie znudzeni. Automatyczną odpowiedzią większości ludzi w takiej sytuacji bywa próba zmniejszenia lub uproszczenia tego, co robią. Ale czy to kiedykolwiek zadziałało? A jeśli by spróbować czegoś innego? Jeśli myślisz, że dzieje się za dużo rzeczy – jesteś w błędzie. Możesz podwoić ich liczbę. Możesz ją potroić. Co jeszcze możesz wykreować?

Jeśli zaczniesz dodawać więcej do swojego życia, zwłaszcza kiedy kreujesz z tym, co kochasz, znudzenie i przytłoczenie zaczną się rozpuszczać i znikać, a życie stanie się radosną przygodą.

Kiedy zaczęłam być Światowym Koordynatorem Access Consciousness, byliśmy w pięciu krajach. Po ośmiu - dziesięciu latach byliśmy w czterdziestu krajach, a teraz jesteśmy w stu siedemdziesięciu trzech. Było wiele momentów, w których mogłam zdecydować, że to za dużo lub że to przytłaczające, ale zdałam sobie sprawę, że kiedy byłam gotowa przyjrzeć się całokształtowi biznesu z lotu ptaka i zadawać pytania o to, co jeszcze mogłabym dodać do biznesu i kto jeszcze mógłby stać się dla niego wkładem, wiedziałam co wybierać dalej.

Ćwicz patrzenie z lotu ptaka na projekty lub części swojego życia, w których masz tendencję do wchodzenia w stan przytłoczenia. Spójrz i zapytaj: „Czy ktoś jeszcze mógłby być do tego wkładem?" „Czy ktoś jeszcze mógłby coś do tego dodać?" „Czy ktoś inny zrobiłby to lepiej ode mnie?" Tych wszystkich pytań możesz używać, aby nie wchodzić w przestrzeń przytłoczenia i aby kreować więcej klarowności.

Kiedy wydaje ci się, że dzieje się za dużo, zapytaj: „Co mogę dodać do swojego życia, żebym zyskał klarowność i lekkość z tym wszystkim i z jeszcze więcej?" Dodawanie do swojego życia wykreuje więcej tego, czego pragniesz, eliminowanie ze swojego życia tego nie uczyni.

„Czy kreujesz inaczej niż inni ludzie?"

Kiedy na pewnej klasie mówiłam o kreowaniu nowych strumieni przychodów, jeden z uczestników powiedział: „Łapię, co mówisz, pracuję nad wieloma strumieniami przychodów, kiedy piszę książkę. Ale ciągle myślę: 'Ta nowa ścieżka odciąga mnie od mojej książki' albo 'Moja książka odciąga mnie od warsztatu, który pragnę wykreować.'"

To bardzo powszechne zmartwienie, ponieważ w tej rzeczywistości ludzie projektują na ciebie, że powinieneś najpierw skończyć jedno, zanim zaczniesz drugie. Czy to jest dla ciebie prawdziwe? Co dla ciebie pracuje? Czy nie jest bardziej zabawne, aby mieć więcej różnych rzeczy dziejących się jednocześnie? Spróbuj i zobacz.

Mój poprzedni partner w biznesie zawsze do mnie mówił: „Simone, musisz skończyć jedną rzecz i dopiero możesz zacząć kolejną, pracujesz nad zbyt wieloma sprawami naraz." I oczywiście wyparłam się swojego wiedzenia i świadomości i pomyślałam, że może on ma rację, więc spróbuję robić jedną rzecz, skończyć ją, a potem zacznę następną i to *doprowadzało mnie do szaleństwa*. Ten sposób pracy okazał się dla mnie bardzo ciężki, ponieważ nie byłam tam sobą, mam inny tryb kreacji.

Kiedy się temu przyjrzałam, zdałam sobie sprawę, że naprawdę cieszy mnie praca nad 10-20 rzeczami jednocześnie. To jest dla mnie radosne.

Uwielbiam nad nimi pracować w różnych momentach, kiedy delikatnie łapią moją świadomość pytając: „Hej, a może teraz ja?" w chwili, kiedy wymagają mojej uwagi.

Gdybyś nie osądzał negatywnie sposobu, w jaki kreujesz, ile więcej zabawy mógłbyś mieć, kreując jeszcze więcej? A jeśli możesz zaangażować się we wszystkie swoje projekty? A jeśli możesz mieć wiele strumieni przychodów, z którymi uwielbiasz kreować?

Kreowanie wielu strumieni przychodów jest ważną koncepcją. Jeśli masz problem z jej otrzymaniem albo myślisz, że to nie będzie dla ciebie pracować, rozważ to ponownie. Ja kreuję w ten sposób. I widzę, że wiele wspaniałych ludzi kreuje w ten sposób. Musisz być gotów żyć poza swoją strefą komfortu.

Jakie inne strumienie przychodów mógłbyś wykreować? Kogo lub co mógłbyś dodać do swojego życia, co zwiększy twoje przychody? Jeszcze raz: a jeśli kreowanie nowych strumieni przychodów nie jest linearne? Zadawaj pytania i zawsze podążaj za tym, co jest dla ciebie lżejsze i bardziej ekspansywne. Podążaj za tym, co wiesz – bo zawsze wiesz!

ROZDZIAŁ DZIESIĄTY: BĄDŹ ŚWIADOMY TEGO, CO MÓWISZ, MYŚLISZ I ROBISZ

Kreowanie ekspansywnej rzeczywistości finansowej jest łatwiejsze, kiedy kreujesz swoje życie jako ciągłe, otwarte zaproszenie dla pieniędzy. Aby stać się takim zaproszeniem w swoim życiu musisz przestać robić, mówić i myśleć rzeczy, które odstraszają pieniądze. Zacznij słuchać wszystkiego, co o nich mówisz, zacznij słuchać myśli, które przychodzą ci do głowy w związku z pieniędzmi, zwłaszcza tych, w które masz tendencję natychmiast wierzyć i których zwykle nie kwestionujesz - a jeśli one wcale nie są prawdziwe?

Na przykład: widzisz piękny samochód, ale w momencie, kiedy go sobie zażyczysz – decydujesz, że nigdy nie będziesz mógł sobie na niego pozwolić. Właśnie odstraszyłeś pieniądze. Mógłbyś je zaprosić do swojego życia pytając: „Co jest wymagane, aby taki samochód i taki poziom luksusu pojawił się w moim życiu z lekkością?" To jest pytanie; to jest żądanie! Powiedzenie: „Nie stać mnie na to" jest konkluzją, ograniczeniem i ślepą uliczką, w której nie mogą pojawić się pieniądze ani nowe możliwości. To wszystko jest nie do końca kognitywnym, choć często zautomatyzowanym, sposobem powstrzymywania pieniędzy przed pojawieniem się w naszym życiu z większą lekkością.

Jedna z moich przyjaciółek, matka samotnie wychowująca dwójkę dzieci, nigdy nie mawia: „Nie stać mnie na to". W rzeczywistości przygotowuje listę tego, czego żąda od samej siebie. Ona żąda wszystkiego, co chciałaby kreować w swoim życiu, a potem przygląda się temu i pyta w jaki sposób może zacząć to kreować.

Chciała pojechać na wakacje z dziećmi i poszła do biura podróży. Kobieta w biurze wręczyła jej wycenę wycieczki, a moja przyjaciółka powiedziała: „Och, nie chcę jechać na wycieczkę", na co usłyszała odpowiedź, że podróż będzie znacznie droższa, jeśli nie będzie wykupiona jako wycieczka. Zamiast zdecydować: „To za drogo, powinnam zdecydować się na tę wycieczkę" moja przyjaciółka zapytała agentkę: „A ile musiałabym zapłacić, gdybym podróżowała z dziećmi, nie wykupiła wycieczki *i* podróżowała wyższą klasą?" Nie zatrzymała siebie ani nie zatrzymała możliwości tego, co mogła wykreować. Zażądała wykreowania tego.

Musisz być gotów zwracać pilną uwagę na to, co myślisz, w co wierzysz, co mówisz i co robisz w odniesieniu do pieniędzy – ponieważ dokładnie to będziesz kreować. Można na to spojrzeć w inny sposób: wzywasz swoje życie do zaistnienia (jak gdyby za pomocą magicznego zaklęcia) poprzez swoje myśli, słowa i działania. Na przykład: „Nigdy nie mam pieniędzy, nigdy nie mam pieniędzy, nigdy nie mam pieniędzy" jest takim wezwaniem. Wzywasz brak pieniędzy do swojego życia. Jak często myślisz: „Chciałbym to zrobić, ale nie mam wyboru"? „Nie mam wyboru" jest dokładnie tą rzeczywistością, którą kreujesz za każdym razem, kiedy to mówisz lub myślisz. Wykreujesz swój świat zgodnie z tym punktem widzenia – nie wybierając niczego. Czy to jest mądre? To, co myślisz, mówisz i robisz jest naprawdę potężne i kreuje twoje życie w taki sposób, w jaki teraz ono wygląda. Jeśli chcesz zmienić to, co dla ciebie nie pracuje, musisz być gotów wyjść z trybu autopilota i być obecnym z tym, co kreujesz.

„Myślenie życeniowe a kreowanie"

Jak często umieszczasz pewne rzeczy na liście życzeń, mając nadzieję, że się ukażą – ale jednocześnie nie podejmujesz żadnego działania w celu ich wykreowania?

Widzę mnóstwo osób, które nie chcą się zaangażować w kreowanie innej rzeczywistości finansowej, ale ciągle chcą mieć rezultaty. Mówią: „Chciałbym mieć milion dolarów." Narzekają lub wchodzą w traumę i dramat braku, ale nie robią choćby jednego kroku w kierunku wykreowania tego. Gdybyś był teraz całkowicie szczery ze sobą – jak bardzo znajomy jest dla ciebie ten scenariusz? Na co liczysz zamiast opowiedzieć się za kreowaniem tego?

Opowiedzenie się jest gotowością podarowania swojego czasu i energii czemuś, w co wierzysz. A gdybyś tak naprawdę uwierzył w wykreowanie miliona dolarów, a nie tylko umieszczał to na swojej liście życzeń?

Myślenie życzeniowe jest w zasadzie tym, co wybierasz, kiedy już zdecydowałeś, że nie możesz czegoś mieć. Kiedy życzysz sobie posiadania miliona dolarów, zamiast zadawać pytania i podejmować kroki w kierunku wykreowania tego, aby ten milion pojawił się w twoim życiu – będziesz osądzał fakt, że go nie posiadasz; osądzasz to, dlaczego go nie masz, osądzasz innych ludzi, którzy go mają i sądzisz, że sam nigdy go nie będziesz miał. Pojawi się lista powodów i usprawiedliwień tego, dlaczego to nie może nastąpić, zamiast prawdziwego opowiedzenia się za życiem i zaangażowania w kreowanie miliona dolarów.

Jest taki wspaniały cytat Gary'ego Douglasa: „Jedynym powodem, dla którego wybierasz osąd jest to, że możesz nim usprawiedliwić to, za czym nie musisz się opowiedzieć." Kiedy myślisz życzeniowo, wybierasz zaangażowanie w osądzenie tego, co twierdzisz, że pragniesz; angażujesz się w osąd siebie zamiast w swoje życie.

Gdybyś miał być ze sobą brutalnie szczery, jak bardzo jesteś zaangażowany w swoje życie teraz? Na 10%? 15%? 20%? Wspaniałym aspektem zaangażowania się maksymalnie w 20% jest to, że kiedy milion dolarów nie pojawia się w twoim życiu, to nie jest twoja wina, ponieważ i tak byłeś zaangażowany tylko na 20%. A gdybyś to zmienił? Czy jesteś gotów zaangażować się w swoje życie na 100%?

A gdybyś dzisiaj zaczął spisywać listę tego, co pragniesz wykreować w swoim życiu i swojej rzeczywistości finansowej zamiast listę życzeń, których nigdy nie urzeczywistnisz?

Przyjrzyj się swojej liście i zapytaj siebie: „Czy jestem gotów zaangażować się w kreację tych rzeczy?" Co rano pytaj: „Co jest wymagane, aby to wykreować?" i „Co muszę uruchomić, jakie działanie muszę podjąć, aby to wykreować?" Następnie musisz włożyć trochę wysiłku w wykreowanie tego. Musisz zacząć wybierać i zobaczyć, co się pojawia.

„Wybór co dziesięć sekund może zmienić twój brak zaproszenia w zaproszenie dla pieniędzy"

A gdybyś żył tak, jakbyś mógł wybierać na nowo co dziesięć sekund? Wiesz co? Możesz. Możesz wybierać co dziesięć sekund wiedząc, że żaden z twoich wyborów nie musi być stały. Możesz również wyobrazić sobie, że wszystkie twoje wybory tracą ważność po dziesięciu sekundach. Gdybyś chciał się trzymać pewnej ścieżki, wszystko, co musisz zrobić, sprowadza się do powtórnego jej wyboru – ale musisz to wybierać ciągle, co każde 10 sekund, więc lepiej upewnij się, że naprawdę tego pragniesz! Mógłbyś być żonaty lub zamężna przez 10 sekund. Mógłbyś kochać swojego partnera przez dziesięć sekund, mógłbyś go nienawidzić przez dziesięć sekund, mógłbyś się z nim rozwieść na dziesięć sekund, a potem go ponownie wybrać w kolejnych dziesięciu sekundach. Mógłbyś to robić ze swoimi pieniędzmi. Mógłbyś wybrać brak pieniędzy na dziesięć sekund i wybrać ich kreowanie w kolejnych dziesięciu sekundach. Co gdyby wybór mógł być naprawdę taki prosty?

Wybierasz coś, a potem zyskujesz nową świadomość i wybierasz ponownie. Każdy wybór daje ci więcej świadomości tego, co jest możliwe, więc z jakiego powodu nie miałbyś dokonywać tylu wyborów, ilu możesz dokonać? Problem polega na tym, że blokujemy się w swoich wyborach, a szczególnie w tych, które uczyniliśmy ważnymi. Czynimy wybór znaczącym, kiedy myślimy, że istnieje dobry albo zły wybór.

Rozmawiałam kiedyś z kobietą, która chciała wyprowadzić się z miejsca, w którym mieszka, ale osądzała się za to, dokąd chciała się przeprowadzić. Nie była w stanie dokonać wyboru. Chciała, aby jej wybór był najlepszy, właściwy, dobry, idealny i poprawny. To było tak, jak gdyby miała tylko jeden wybór, więc lepiej, by był on idealny. Ale to nie działa w ten sposób. Wybór nie jest binarny. Wybór jest i ma nieograniczone możliwości.

Kiedy dokonujesz wyboru, ten wybór kreuje rzeczywistość i świadomość. Nie kreuje znaczącej, niezmiennej stałości w twoim życiu. Tylko nam się wydaje, że to robi. W dużym stopniu stosujemy ten punkt widzenia do pieniędzy. Decydujemy, że nie możemy stracić pieniędzy, które posiadamy, ani tych, które obecnie zarabiamy, więc nie dokonamy wyborów, które mogłyby zagrozić temu, co mamy. Musisz być gotów stracić pieniądze - musisz być gotów to wybrać, zmienić i wykreować – musisz być gotów wybrać to wszystko.

Aby przestać nadawać znaczenie podejmowaniu wyborów musisz to ćwiczyć. Ćwicz wybieranie co 10 sekund. Rozpocznij od małych rzeczy. Kiedy zaczynałam się bawić tym narzędziem, mówiłam: „Okej, idę teraz tam. Okej, teraz wybieram zrobić sobie filiżankę herbaty. Co teraz wybiorę? Och, wyjdę trochę na dwór. Będę wąchać kwiaty. Posiedzę na krześle. A teraz wstanę i wejdę do środka." Zmusiłam się do dokonywania ciągłych wyborów i pozostawałam w pełni obecna z każdym wyborem. Cieszyłam się każdym z nich. Nie czyniłam żadnego z moich wyborów ważnym, właściwym, niewłaściwym czy znaczącym. Po prostu wybierałam, dla zabawy. Rozpocznij praktykowanie wyboru i bądź obecny, spójrz, co każdy z tych wyborów kreuje w twoim życiu. Jak się czuje twoje ciało, co pojawia się u ciebie?

Jeśli dokonany wybór pracuje dla ciebie – wspaniale! Nie przestawaj wybierać. A jeśli dokonany wybór dla ciebie nie pracuje, nadal nie przestawaj wybierać.

Za każdym razem, kiedy wybierasz – jak by to było, gdybyś mógł dać sobie dar wiedzenia, że ten wybór nie jest wyryty w kamieniu? Kiedy coś wybierzesz i kosztuje cię to określoną kwotę pieniędzy, a nie pracuje w sposób, w jaki myślałeś, że będzie pracować, nie musisz marnować czasu osądzając siebie i udzielając sobie reprymendy za swój ostatni wybór! Musisz tylko wybrać ponownie. Zbierz się w sobie i wybierz coś innego. Przyjrzyj się, co jest wymagane, by wykreować to, czego pragniesz i nie przestawaj wybierać. Osąd nigdy nie wykreuje napływu większej ilości pieniędzy do twojego życia. Wybór wykreuje więcej przepływów finansowych. Jakiego wyboru możesz dokonać teraz?

Wybieranie co dziesięć sekund nie polega na kapryszeniu i ciągłej zmianie zdania, żeby nigdy niczego nie skończyć. Tu chodzi o to, by pozwolić sobie otrzymać coraz większą świadomość nieograniczonych możliwości, do których masz dostęp i móc dokonywać wyborów z większą lekkością i radością. Tu chodzi o to, by wiedzieć, że można wybierać i zmieniać swoje wybory, że można ciągle ich dokonywać i kreować to, czego się naprawdę pragnie.

Jak by to było, gdybyś mógł dokonywać wyborów zmieniających życie i rzeczywistość w każdym momencie dnia? Wybór, by przestać się osądzać, byłby tu w rzeczy samej naprawdę wielkim wyborem. Wyobraź sobie, jaką różnicę by to wykreowało w twoim życiu. Zmieniłoby to wszystko. Czy to coś, co byłbyś skłonny wybrać w tym roku lub w przyszłym? Na co czekasz?

Rozdział jedenasty
Przestań przywiązywać się do rezultatu

Kiedy przychodzi do dokonywania życiowych wyborów – jak bardzo przywiązujesz się do rezultatu jeszcze zanim zaczniesz? Mam dla ciebie informację: cokolwiek zdecydowałeś, że musi pojawić się w określony sposób, zazwyczaj jest to ograniczeniem. Wszechświat jest w stanie dostarczyć ci coś znacznie wspanialszego. Chce cię obdarować całym oceanem tego, co jest możliwe, a ty siedzisz na plaży, wypatrując tego jednego ziarenka piasku.

A gdybyś tak przestał przywiązywać się do tego, w jaki sposób rzeczy się pojawiają – w jaki sposób one mogłyby się pojawić, ponad wszystkim, co możesz sobie w tej chwili wyobrazić? A gdybyś tak, zamiast wierzyć, że potrzebujesz określonego rezultatu w swoim życiu, opowiedział się za dokonywaniem wyborów, które całkowicie *poszerzałyby* i *wzbogacały* twoje życie, bez względu na to, jak one w rzeczywistości wyglądają?

> *„Co możesz zrobić, aby mieć więcej lekkości w dokonywaniu wyborów, które będą poszerzały twoją przyszłość i kreowały więcej pieniędzy?"*

Kiedy stajesz przed wyborem między kilkoma opcjami, oto dwa pytania, które mogą cię wesprzeć:

- Jeżeli to wybiorę, jakie będzie moje życie za pięć lat?
- Jeżeli tego nie wybiorę, jakie będzie moje życie za pięć lat?

Kiedy zadasz te pytania, nie osądzaj z góry, co „myślisz", że będzie najlepszym wyborem. Po prostu pozwól sobie odczuć *energię* tego, co każdy z tych wyborów wykreuje. Podążaj za energetycznym odczuciem tego, co jest bardziej ekspansywne, nawet jeśli nie ma to dla ciebie większego logicznego albo kognitywnego sensu. A gdyby każdy wybór, jakiego dokonujesz, podążał za tym poczuciem ekspansji i był czymś, co zmieni rzeczywistości innych ludzi, tak samo jak twoją? A gdyby każdy wybór, którego dokonujesz podążając za tym poczuciem lekkości, zmieniał twoje przepływy finansowe?

Mój partner i ja zrobiliśmy remont naszego domu, który kosztował nas blisko ćwierć miliona dolarów. Mogliśmy patrzeć na to z negatywnego punktu widzenia: „Być może nie możemy sobie na to pozwolić." „Czy powinniśmy to zrobić, czy raczej powinniśmy wydać te pieniądze na coś innego?" „Ten dom jest w porządku, nie potrzebujemy tego robić." Ale kiedy spojrzeliśmy na to, co to wykreuje w przyszłości (zadając pytanie: „Czym będzie nasze życie za pięć lat, jeśli to wybierzemy?"), to pasowało do energii tego, co pragnęliśmy kreować w naszym życiu – elegancji, dekadencji i absolutnego piękna. Piękno tego, co wykreował Brendon, jest zjawiskowe. Ten remont stał się wkładem do tylu możliwości. Po pierwsze, Brendon jest teraz gotów uznać swoje umiejętności do kreowania czegoś zupełnie innego. Prawie każdy majster, który przychodzi do naszego domu, patrzy na samą naszą łazienkę i mówi: „Wow, jeszcze nigdy nie widziałem takiej łazienki!" Jest unikalna i inna, przez co wzbudza ciekawość tego, co kreujemy. Po drugie, nasz dom jest obecnie warty o wiele więcej, niż kiedy go kupiliśmy, co kreuje więcej opcji inwestycyjnych. Jak możesz wydać dzisiaj pieniądze, by wykreować więcej dla swojej przyszłości, czego nie byłeś gotów uznać?

I nie zapominaj, że kiedy dobrze się bawisz, zarabiasz więcej pieniędzy.

A gdyby każdy wybór był tak łatwy, jak wybór przygotowania posiłku? A gdybyś nagle mógł zadecydować zmianę jakiegoś składnika lub dodanie innej przyprawy? A gdybyś powiedział: „Nie chcę teraz gotować. Chodźmy na kolację na miasto", zamiast myśleć: „O nie, miałem użyć tego konkretnego przepisu w tym dokładnie momencie, a jeśli mi nie wyjdzie i to w ten konkretny sposób, to będzie oznaczać zmarnowany wieczór i to, że ja jestem złym człowiekiem"?

Są obszary w naszym życiu, w których jesteśmy gotowi dokonywać zmian szybko i łatwo, ale większość z nas uczyniła pieniądze tak niezmiennymi, rzeczywistymi i znaczącymi, że myślimy, że nie możemy wybrać zrobienia coś innego. Prawda jest taka, że możemy. Pieniądze są tak łatwe, szybkie i zmienne – jak wszystko inne.

„Kolejne narzędzie do wybierania – zanurz się w tym!"

Za każdym razem, kiedy rozważasz jakiś wybór i nie masz pewności, czy na pewno chcesz to wybrać, jak by to było, gdybyś dał sobie czas, by się w tym zanurzyć? Zanurzyć się w czymś oznacza: „oddać się temu, ulec lub poddać się przyjemności tego." Sugeruję, abyś zanurzył się w tym wyborze i zobaczył, jaka jest jego energia. Powiedzmy, że powiedziano ci albo nauczono cię, że istnieje określona struktura, którą musisz podążać w swoim biznesie, aby odnieść sukces. Jeśli nie masz pewności, czy to zadziała, spróbuj i zobacz, co to kreuje. Rób to przez tydzień. A potem, po tygodniu, odpuść to i wybierz: „W tym tygodniu nie będę podążał za tą strukturą sukcesu. Będę podążał za energią i dokonywał wyborów w oparciu o nią." Zrób to i zobacz, co się pojawi. Kiedy ja to zrobiłam, odkryłam, że to drugie podejście jest o wiele lżejsze i to niesamowite, ile możliwości się pokazuje, kiedy jesteś gotów podążyć za swoim wiedzeniem.

Na przykład, pewien „ekspert" w sprawach biznesu, powiedział mi, że powinnam wysyłać emaile służbowe tylko w dni robocze, nigdy podczas weekendu. Zatem przez jeden tydzień próbowałam funkcjonować w tej strukturze, w której kazano mi funkcjonować. Zanurzyłam się w tym wyborze. Wysyłałam emaile i dzwoniłam w sprawach biznesowych tylko od poniedziałku do piątku. Kiedy nadszedł weekend, wróciłam do robienia tego, co robiłam wcześniej, co sprowadzało się do podążania za własną świadomością i wysyłania emailii i dzwonienia wtedy, kiedy wydawało mi się to słuszne. Nawet jeśli miało to oznaczać wysyłanie emailii w niedzielę w nocy. Zdałam sobie sprawę, że „godziny pracy" nic dla mnie nie znaczą. Każda godzina była godziną roboczą – tu chodzi o moją radość. Mój biznes również poszerzył się jeszcze bardziej, kiedy robiłam to, co pracowało dla mnie.

To narzędzie ma szereg zastosowań. Kiedy mój partner Brendon i ja po raz pierwszy rozmawialiśmy o wynajmie dużego domu, nie mieszkaliśmy jeszcze wtedy razem i było to ogromnym zobowiązaniem dla nas obojga. On mówił: „Nie wiem, czy chcę to zrobić."

Ja powiedziałam: „Cóż, dlaczego się w tym nie zanurzysz?" Przez trzy kolejne dni zanurzał się w sytuacji, kiedy mieszkamy osobno, a przez trzy następne – w sytuacji, kiedy mieszka razem ze mną. Na koniec powiedział: „To było łatwe i oczywiste, o wiele bardziej wolę mieszkać z tobą. To wydaje się zabawniejsze."

Kiedy się w czymś zanurzasz, masz o wiele więcej świadomości energii, która zostałaby wykreowana lub wygenerowana poprzez wybranie tego. Stajesz się świadomy tego, co by to wykreowało. Zanurz się w możliwościach. Zanurz się w koncepcie sukcesu z tej rzeczywistości, w strukturze sukcesu – a potem nie zanurzaj się w tym. Zanurz się w podążaniu za energią i pójściu wbrew regułom tej rzeczywistości. Co jest dla ciebie lżejsze?

Gdybyś nie miał żadnych zasad ani regulacji, ani punktów odniesienia, co byś wykreował? A jeśli ostateczny cel ani idealny wynik nie istnieje, jest tylko nieskończona i nieograniczona kreacja? Czym byłaby dla ciebie dzisiaj przygoda zarabiania pieniędzy? Jaka byłaby dzisiaj przygoda życia? W przygodach nie ma zasad ani regulacji: istnieją tylko nieograniczone możliwości, spośród których możesz wybierać!

A gdybyś po prostu wybrał coś innego, tylko dlatego, że byłoby to dla ciebie zabawą?

Simone Milasas

Rozdział dwunasty

Odpuść wiarę w sukces, porażkę, potrzeby i chciejstwo

Wielu z nas wierzy, że *sukces* definiowany jest przez prawidłowe zrobienie wielu rzeczy w swoim życiu. Ale sukces nie polega na wykonywaniu rzeczy prawidłowo. Kiedyś prowadziłam serię teleklas i ktoś mi powiedział: „Naprawdę podobały mi się twoje teleklasy." Natychmiast skoncentrowałam się na prawidłowym ich wykonaniu i pomyślałam: „Cholera! Muszę zrobić trzy następne teleklasy. A jeśli będą naprawdę do niczego?" To obłęd! Te punkty widzenia potrafią pojawić się tak szybko. Gdzie zdecydowaliśmy, że musimy coś zrobić właściwie? *Właściwie* nie istnieje. *Niewłaściwie* nie istnieje. Sukces nie polega również na ilości pieniędzy na twoim koncie bankowym. Sukcesem jest kreowanie tego, czego pragniemy na świecie – czy to są pieniądze, zmiana czy świadomość. Ile razy otrzymałeś dokładnie to, czego pragnąłeś, chciałeś, do czego dążyłeś? Nawet jeśli nie zawsze pracowało to w twoim najlepszym interesie, wszystko, czego naprawdę pragnąłeś – wykreowałeś.

Ja pragnęłam zmienić sposób, w jaki ludzie patrzą na świat. Jeśli odniosłam sukces zmieniając punkt widzenia jednej osoby – jestem sukcesem. Z tego punktu widzenia stałam się sukcesem ponad tysiąc razy. Gdzie ty stałeś się już sukcesem, a jeszcze tego nie uznałeś? Spędzasz całe życie myśląc, że musisz odnieść sukces, żeby zmieniać rzeczy. Już odniosłeś sukces, a jeśli chcesz zmieniać rzeczy również w swoim życiu, możesz je po prostu zmienić.

Simone Milasas

„Upadek a porażka"

Wiele lat temu uległam poważnemu wypadkowi jeżdżąc konno. Po tym incydencie, zawsze, kiedy dosiadałam konia, jechałam z punktem widzenia: „Ciekawe jak spadnę?" lub „Ciekawe kiedy spadnę?" Wszystko kręciło się wokół upadku. Kiedy jechałam na narty było zupełnie inaczej. Nigdy nie miałam punktu widzenia, że upadnę. Nie dbałam o to, czy upadnę. Jeśli upadam, kiedy jeżdżę na nartach, bo zjeżdżam naprawdę szybko, zazwyczaj robi się wielkie kłębowisko z nart i nóg i wszystkiego, wszędzie. I to jest dla mnie w porządku.

Jeżdżę na nartach dla zabawy. Jeżdżę na nartach dla samej radości robienia tego. Zawsze zadaję pytania: „Co jeszcze mogę zrobić? Nad czym mogę przeskoczyć? Jak szybko mogę przejechać między tymi drzewami?" To przygoda. Zupełnie tak nie było w momencie, kiedy dosiadałam konia. Znam ludzi, którzy mają dokładnie odwrotny punkt widzenia – uwielbiają jeździć konno i nie przejmują się, że spadną, ale panikują, kiedy chodzi o narty. Jedyną rzeczą, która kreuje różnicę między tym, co jest zabawne, a co nie, co jest upadkiem, a co porażką – jest nasz punkt widzenia, i to wszystko. Porażka jest totalnym kłamstwem. Osąd zawsze powstrzyma cię przed kreowaniem więcej.

Co zdecydowałeś, że musisz zrobić właściwie? Czy zdecydowałeś, że twój biznes musi być właściwy? Czy, że powinieneś podjąć właściwą decyzję? Albo że musisz unikać niewłaściwych decyzji albo unikać upadku i porażki? A gdybyś wiedział, że wybór kreuje świadomość? Czy wydałeś kiedyś jakąś kwotę pieniędzy na coś, co się nie udało? Okej, wybór kreuje świadomość. Zatem, co chcesz teraz wybrać? Wybór, który nie doprowadził cię do zaplanowanego rezultatu – nie jest porażką ani nieprawidłowością. Rezultat był po prostu inny niż myślałeś.

„A jeśli nadszedł czas, aby być tak innym, jakim naprawdę jesteś?"

A jeśli ty nie jesteś porażką ani nieprawidłowością, a po prostu jesteś inny? A jeśli jesteś inny niż myślisz i możesz zacząć wybierać to, co pracuje dla *ciebie* i dla nikogo innego? Czy naprawdę odniesiesz porażkę? Czy wykreujesz coś, co jest całkiem inne od tego, co wykreowałeś wcześniej?

Oto ćwiczenie, które możesz wykonywać, żeby uznać swoją inność i przestać nastawiać się na porażkę:

1. Napisz, co uważasz za swoje życiowe porażki. Czy odniosłeś porażkę w biznesie? Czy dokonałeś wyboru, na którym straciłeś pieniądze? Czy masz za sobą bolesny rozpad związku? Czy nie zdałeś matematyki w szkole? Kiedy je zapiszesz, spójrz na nie i do każdej zadaj pytanie: „Gdybym nie osądzał tego jako porażki, jaki wkład bym od tego otrzymał?" i „Jaką świadomość wykreowało to w moim życiu, której w przeciwnym razie bym nie otrzymał?" Zapisz, co pojawia się w twojej głowie. Przestań osądzać swój wybór i poproś o bycie świadomym wkładu, zmiany i tego, co to dla ciebie wykreowało.

2. Zapisz, co uważasz za swoje „osobiste niepoprawności". Za bycie czym i robienie czego się osądzasz? Odkładanie rzeczy na później? Bałaganiarstwo? Ciągłe dążenie do perfekcji? Przyjrzyj się tej liście niepoprawności, za które się osądzasz. Zapytaj: „Gdybym rozpuścił swój osąd nad tą rzeczą, to jaką siłą by ona naprawdę była?" Możesz myśleć, że nie ma żadnej mocnej strony w odkładaniu rzeczy na później, ale okazuje się, że większość ludzi, którzy odkładają wiele rzeczy na później – albo ma doskonałe wyczucie czasu, którego nie uznaje, albo jest w stanie wykreować znacznie więcej niż myślała, a w ich życiu nie dzieje się wystarczająco dużo. To, co osądzają – odkładanie na później – jest tak naprawdę siłą i umiejętnością, której jeszcze nie uznali lub w pełni nie wykorzystali. A jeśli odnosi się to do wszystkich twoich „niepoprawności"? Ile swoich silnych stron

możesz zacząć odkrywać przy pomocy tego ćwiczenia? Możesz wkrótce odkryć, że nie masz żadnych niepoprawności.

„Nie potrzebuję ani nie chcę pieniędzy – i ty też nie!"

Pieniądze nie przychodzą do tych, którzy wierzą, że im brakuje. Prawda jest taka, że nie brakuje ci niczego. Jeśli żyjesz, nie doświadczasz braku. Jeśli budzisz się rano, masz wszystko, czego potrzebujesz, aby kreować wszystko, czego pragniesz. Potrzeby i chciejstwo opierają się na kłamstwie, że czegoś ci brakuje.

Czy wiesz, że w każdym słowniku sprzed 1946 roku dla pierwotnego znaczenia słowa „chcieć" (ang. *want*) podawano 27 definicji, które oznaczały „brakować" i tylko jedną, która oznaczała „pragnąć"? Za każdym razem, kiedy mówisz „chcę" („*I want*"), mówisz „brakuje mi"!

Czy zrobisz coś dla mnie teraz?

Powiedz głośno 10 razy z rzędu: "*I want money.*" („Chcę pieniędzy") Zrób to teraz. Jaka pojawia się energia, kiedy to mówisz? Czy jest ona lekka, radosna czy ciężka i ciągnie cię w dół?

Teraz powiedz głośno 10 razy z rzędu: „*I need money.*" („Potrzebuję pieniędzy.") Czy otrzymujesz podobny rezultat?

Na koniec powiedz głośno przynajmniej 10 razy „*I don't want money*" (Nie chcę pieniędzy) i zauważ… Czy teraz odczuwasz to inaczej? Czy coś stało się lżejsze? Czy może się zrelaksowałeś, uśmiechnąłeś a nawet zachichotałeś?

Ta lekkość, którą odczuwasz, jest uznaniem tego, co jest dla ciebie prawdą. Ponieważ tak naprawdę nie brakuje ci niczego.

„Konieczność i wybór"

W zeszłym roku wróciłam do domu z trasy, która wydawała się trwać pięć tysięcy lat. Przyzwyczaiłam się do życia w pokojach hotelowych, w których zawsze była obsługa, a potem wróciłam do naszego domu, w którym było pełno kurzu i śladów remontu i uznałam, że coś jest „nie w porządku" z tym domem. Narzekałam: „Chciałabym choć raz móc wejść do tego domu i żeby wszystko było na miejscu i wszystko było nieskazitelnie czyste." Brendon zapytał mnie: „Co ty robisz? Co się pod tym kryje?" a ja odpowiedziałam: „Nie chcę się już bawić w dom. Nie chcę już więcej tego robić. Nie chcę wracać do domu z pełną pralnią, z mnóstwem sprzątania i w którym trzeba jeszcze pozmywać!" Tak naprawdę uwielbiam być w domu, ale tym zdenerwowaniem wykreowałam energię, która nie była kreatywna, wręcz przeciwnie, była hamująca. Zaczęłam konkludować z przestrzeni złości, frustracji, że muszę sobie z tym radzić, że to konieczność i problem, z którego nie ma wyjścia. Nie patrzyłam na to, co chciałabym tu kreować. Myślałam, że nie mam wyboru odnośnie stanu tego domu.

Brendon powiedział: „Zarabiamy dosyć pieniędzy, moglibyśmy kogoś zatrudnić. Wiem, że raz w tygodniu przychodzi sprzątaczka, ale moglibyśmy wynająć kogoś innego, aby przyszedł na kilka godzin i to zrobił" – i miał rację. Kiedy odetchnęłam i przyjrzałam się temu, zapytałam: „Wiesz co? Chciałabym, aby mój dom taki właśnie był, chciałabym wybrać zrobienie tego" i wszystko stało się znacznie łatwiejsze. Zamiast konkludować, że koniecznie muszę sobie z tym sama poradzić w określony sposób (jak na przykład – sama posprzątać swój dom), zobaczyłam, jakie mam inne wybory: mogłam pozwolić mu być brudnym, mogłam posprzątać go sama, albo mogłam wybrać wynajęcie kogoś, kto go za mnie posprząta i jestem pewna, że dostępne są tu dla mnie również inne wybory, których nie wzięłam pod uwagę. Teraz mamy zarządcę, który zajmuje się sprawami związanymi ze wszystkimi naszymi nieruchomościami. Łatwizna.

A jeśli wszystko jest wyborem? Nawet to, aby rano wstać z łóżka. Nie musisz tego robić. Myślisz, że musisz, ale tak naprawdę jest to wybór, jakiego dokonujesz. A gdyby to był wybór, którego możesz dokonać z radością? Wybierasz, by żyć ze swoimi dziećmi i współmałżonkiem. Ty wybierasz, by codziennie iść do pracy. Co chciałbyś wykreować?

Tak jak sukces i porażka są kłamstwem – tak samo są nimi potrzeby i zachcianki. Chodzi tu tylko o wybór, świadomość i więcej wyboru. I w ten sposób kreujesz pieniądze – wybierając, wybierając i wybierając ponownie. Jeśli wybierzesz to, żeby nie osądzać siebie ani niczego w swoim życiu, nie możesz już więcej wierzyć w to, że jesteś porażką albo że czegoś ci brak. Kiedy wybierzesz to, żeby się nigdy nie osądzać, zaczynasz widzieć, że poprawność i niepoprawność, dobro i zło i cała ta polaryzacja nie jest ani rzeczywista, ani prawdziwa i że wszystko, co musisz zrobić to wybrać więcej lub mniej tego, czego pragniesz. To całkowicie zależy od ciebie.

Rozdział trzynasty
Miej i bądź przyzwoleniem

Przyzwolenie jest byciem jak kamień w strumieniu. Wszystkie punkty widzenia tego świata na temat pieniędzy opływają cię dookoła, ale nie zabierają cię z sobą. Nie stajesz się efektem wszystkiego, co cię otacza.

Jak często przyjmujesz cudzy osąd na swój temat i pozwalasz mu zabrać się w czarną dziurę, w której czujesz się źle, niepoprawnie, jesteś zraniony lub wkurzony? Przyzwolenie daje ci umiejętność nieprzyjmowania na siebie osądów innych ludzi ani nieosądzania siebie, bez względu na to, co się dzieje.

Kiedyś znałam w Australii parę osób, które bez przerwy mnie osądzały. Opowiadały o mnie rzeczy, które były nieżyczliwe i złośliwe. Denerwowało mnie to, więc porozmawiałam o tym z przyjacielem.

Przyjaciel powiedział mi: „Ty musisz być naprawdę niezłą suką, że ci się to przytrafia."

Powiedziałam: „Och!"

Mój przyjaciel powiedział: „Spójrz na *ich* życie a potem spójrz na *swoje* życie."

Spojrzałam na to, jak bardzo moje życie urosło w ciągu tych lat, kiedy ich znałam, a jak małe stało się ich życie. Zdałam sobie sprawę, że oni tak naprawdę nie osądzają *mnie*. Oni osądzali to, czego *oni* sami nie byli gotowi wykreować. Teraz widzę, że kiedy ktoś mnie osądza, to najczęściej nie ma nic wspólnego ze *mną* – tu chodzi o *nich*. A gdybyś tak był gotów otrzymać osądy, które inni mają na twój temat? A gdybyś był gotów otrzymać je wszystkie?

Użyj tego jako narzędzia! Jeśli zaczniesz kogoś osądzać, zapytaj siebie, jakie osądy masz na *swój* temat w odniesieniu do tej osoby. Zobacz, czy zaczyna się robić lżej. Osąd nie jest prawdziwy, a przyzwolenie kreuje możliwości.

To ważne, aby nie mylić przyzwolenia z akceptacją. Ono nie polega na wierze, że wszystko jest w porządku. Ja wybrałam, żeby ci ludzie przestali być moimi bliskimi przyjaciółmi. Nie zdecydowałam, że muszę zaakceptować ich zachowanie i je znosić; ciągle byli częścią mojego życia i miałam przyzwolenie na to, że oni wybrali osądzanie mnie. Nie odczuwałam potrzeby, by ich zmienić, tak bym ja mogła być wolna i nie była efektem ich osądów.

> *„Czy jesteś gotów być w przyzwoleniu na siebie?"*

Czy zauważyłeś, że jesteś gotów znacznie szybciej odpuścić swoje osądy na temat innych niż na swój temat? To dlatego, że nie jesteś osobą skłonną do osądzania. Tak naprawdę nie osądzasz innych ludzi. Jednak siebie będziesz oceniać dwadzieścia cztery godziny na dobę, przez całą wieczność, wierząc, że osądzasz innych. A gdybyś tak odpuścił wszelkie osądy na swój temat? Większość osądów, które mamy na swój temat, jakieś 99% z nich – przejęliśmy od innych ludzi. Widzieliśmy, jak osądzają samych siebie i wszystkich dookoła, nauczyliśmy się brać to na siebie i uwierzyliśmy w to wszystko. Interesujący wybór, prawda?

Czy jesteś gotów zacząć być dla siebie życzliwszy? Możesz zacząć dostrzegać: „W tym momencie wybieram się osądzać. Będę się tym cieszyć przez minutę, a potem wybiorę, żeby przestać się osądzać."

Możesz wybrać, żeby się osądzać i możesz wybrać, aby przestać. Nie osądzaj swojego osądu! Możesz wierzyć, że jesteś naprawdę popieprzony przez minutę, dwadzieścia minut, cały dzień lub dziesięć lat, jeśli chcesz. Potem, możesz zadać pytanie: „Co jest we mnie właściwego, czego nie uznaję?"

Przyzwolenie na siebie oznacza, że nigdy nie osądzasz siebie – nawet jeśli osądzasz. Nawet jeśli coś zepsułeś lub zrobiłeś coś, o czym wiesz, że nie było twoim najmądrzejszym wyborem. A jeśli nic nie jest niepoprawne? A jeśli nigdy nie byłeś ani nie zrobiłeś niczego niewłaściwego? A jeśli nic nie jest z tobą nie tak? Jakim darem dla twojego życia byłoby całkowite przyzwolenie na wszystko, czym naprawdę jesteś? Wyobraź sobie, że nigdy już nie osądzisz siebie za swoje wybory dotyczące pieniędzy. Nie musiałbyś myśleć na temat unikania błędów w przyszłości, byłbyś wolny, aby kreować cokolwiek i wszystko, czego pragniesz, miałbyś wolny wybór by to zmieniać i ponownie wybierać. Ale nie wybieraj tego, to byłoby zbyt zabawne!

„Nie próbuj zmieniać ludzi."

Często jest mi zadawana jakaś wersja następującego pytania: „Jak mam przekonać swojego partnera do pozytywnego nastawienia wobec pieniędzy?", na co odpowiadam: „Do ciebie nie należy przekonywanie go do pozytywnego nastawienia wobec pieniędzy. Musisz być gotów pozwolić mu lub jej na wybór tego wszystkiego, co wybiera. Musisz mieć całkowite przyzwolenie na wybory swojego partnera, aby mieć pieniądze lub ich nie mieć."

Jeśli ty jesteś gotów mieć pozytywne nastawienie wobec pieniędzy, jeśli ty jesteś gotów być w życiu szczęśliwym i mieć przepływy finansowe, może zaskoczyć cię to, co pojawi się u twojego partnera.

Musisz być również gotów być sobą. Czy powstrzymujesz się z uwagi na swojego partnera, rodzinę lub otaczających cię ludzi? A gdybyś teraz zaczął wybierać dla siebie?

Był taki czas, kiedy mój partner przechodził przez trudny okres. Całymi dniami leżał na kanapie, w smutku i w depresji. Nie próbowałam go naprawiać ani niczego zmieniać. Sprawdzałam tylko, co u niego i szłam naprzód ze swoim życiem. Na koniec, po kilku dniach powiedział: „Przestaniesz wreszcie być taka szczęśliwa?!" To rozśmieszyło nas oboje, ponieważ dało mu energię tego, co wybierał w swoim życiu i zobaczył, jak wiele energii wkładał w swój smutek i depresję.

Ty, będąc sobą i wybierając to, co wybierasz, bez względu na okoliczności, bez względu na to, jak to wygląda, zapraszasz ludzi do innej możliwości. Proszę, nie próbuj mówić partnerowi, co ma robić. To nigdy nie działa! Czy lubisz, kiedy ktoś mówi tobie, co masz robić, albo że powinieneś zmienić swoje nastawienie, swoją perspektywę lub coś, co robisz? To jedna z najgorszych rzeczy, jakie możesz komuś zrobić. Skończy się to tym, że będą się tobie opierać i nienawidzić cię za to. Pozwól innym wybierać to, co wybierają i nie przestawaj wybierać tego, co ty wybierasz.

Rozdział czternasty
Bądź gotów być poza kontrolą

Czasami życie wydaje się chaotyczne. Dzieje się wiele rzeczy. Jest tyle do zrobienia. Często omyłkowo dochodzimy do konkluzji, że jeśli będziemy wszystko kontrolować, to wszystko się poprawi; że jeśli tylko wszyscy by robili to, co im mówimy, to rzeczy byłyby łatwiejsze. Wiesz, że nie możesz nikogo kontrolować, prawda? Czy jesteś gotów odpuścić wielkie, maniakalne kontrolowanie, które uskuteczniasz?

Czy zauważyłeś, że im bardziej się starasz kontrolować rzeczy, tym stają się one trudniejsze i bardziej stresujące? Jak bardzo musisz umniejszyć wszystkie komponenty swojego życia, aby móc je kontrolować z łatwością? Jak bardzo umniejszyłeś pieniądze w swoim życiu, aby móc je kontrolować? Jaka jest największa suma pieniędzy w twoim życiu, z którą mógłbyś dać sobie radę, zanim pozwoliłbyś innym ludziom pomóc ci w zarządzaniu nimi? Jakakolwiek jest ta suma – jest maksymalną ilością pieniędzy, jaką pozwolisz sobie mieć w życiu. Czy sądzisz, że multimilionerzy kontrolują wszystko, co jest związane z ich pieniędzmi? Nie! Mają księgowych, doradców finansowych i różnych innych ludzi, zajmujących się ich pieniędzmi.

Ludzie, którzy świetnie radzą sobie z pieniędzmi wiedzą, że nie muszą kontrolować każdego szczegółu; zatrudniają oni ludzi, którzy są w tym lepsi. Ale są gotowi mieć świadomość swoich pieniędzy. Są gotowi być świadomymi tego, kiedy coś działa, a kiedy nie i zadawać pytania, kiedy coś wydaje się być nie w porządku. A jeśli bycie *poza* kontrolą otworzyłoby ci drzwi do znacznie większej ilości rzeczy, z większą lekkością niż kiedykolwiek sobie wyobrażałeś? A jeśli brak konieczności definiowania, ograniczania, stosowania ram, nakreślania norm i tworzenia struktur uwolniłby cię i pozwolił na znacznie większe i radośniejsze życie?

Był taki czas, kiedy czułam się, jakbym jedną ręką zarządzała tak wieloma sprawami. Powiedziałam Gary'emu, że czuję się całkowicie przytłoczona.

Gary powiedział: „Porozmawiajmy o różnicy pomiędzy byciem *przytłoczonym* a *grzęźnięciem*. Jesteś *przytłoczona*, kiedy uważasz, że nie dasz sobie z tym rady. *Grzęźniesz*, kiedy toniesz w małych szczegółach wszystkich tych różnych projektów i rzeczy, które muszą zostać zrobione.

Powiedziałam: „To się właśnie dzieje. Całkowicie ugrzęzłam." Zamiast popuścić cugle i pozwolić koniom iść w różnych kierunkach, kreowałam kontrolę pod tytułem „wszystkie drogi prowadzą do Simone".

Rozmawialiśmy z Garym o tym, kto mógłby „zdjąć kilka rzeczy z mojego talerza" i wprawdzie zauważyłam, że czuję się pogrążona w szczegółach, ale niechętnie puszczałam sprawy, aby pozwolić innym je robić. Nie chciałam, aby w biznesie Access popełniano jakieś błędy. Gary przypomniał mi, że błędy są również częścią kreacji. Powiedział: „Niepoprawność nie istnieje. Musisz zatrudnić wspaniałych ludzi, którzy będą z tobą pracowali i musisz być gotowa na to, że coś zepsują. Musisz być gotowa na ich błąd, bo kiedy popełnią błąd, wykreują coś wspanialszego."

W końcu zrozumiałam, że potrzebowałam odpuścić te wszystkie małe zadania, których się tak kurczowo trzymałam. Kiedy znalazłam osobę do wykonywania tych zadań i je odpuściłam, wykreowało to o wiele więcej przestrzeni dla mnie. Byłam w stanie kreować w swoim życiu jeszcze więcej ze swoim biznesem, z Access, i to z o wiele większą lekkością, a to oznaczało, że moje pieniądze i moje przychody również mogły dynamicznie rosnąć.

A jeśli mógłbyś kreować swoje życie, biznes i różne przychody finansowe rozszerzając swoją świadomość i *puszczając* wszystko to, co usiłowałeś kontrolować?

„A gdybyś mógł błyskotliwie kreować z przestrzeni chaosu?"

A gdybyś kreował wspaniałe rzeczy z chaosu? Kiedyś osądzałam się za bycie bardzo chaotycznym kreatorem. Prowadziłam jakiś czas temu biznes z parterem, który był super zorganizowany. Miał listę rzeczy do zrobienia i odhaczał je każdego dnia. Ja nie byłam w stanie tego robić. Zadzwoniłabym gdzieś, potem przyjrzałabym się kilku klientom, których trzeba było załatwić, popracowałabym nad przyszłorocznym zakresem działań i tak dalej. Ja byłam wszędzie (jego zdaniem). Kiedy on odchodził z biznesu, musiałam się zdecydować, czy chciałabym go sprzedać, czy przejąć samodzielne dowodzenie. Powiedział mi: „Simone, jesteś zbyt niezorganizowana, aby samodzielnie prowadzić ten biznes!" Myślałam, że on wie więcej o prowadzeniu biznesu niż ja. Jednak kiedy przyjrzałam się tym wszystkim rzeczom, które robiłam w biznesie – okazało się, że wiedziałam znacznie więcej od niego; tu w grę wchodził tylko jego osąd, że ja nie wiedziałam, co robię, ponieważ mój sposób prowadzenia biznesu był bardziej chaotyczny, a jego – uporządkowany.

Widzę, że ludzie, kiedy czują, że mają milion rzeczy do zrobienia, będą odpychać je od siebie, niszcząc tym samym przyszłe możliwości, zamiast zapytać: „Toczy się obecnie wiele projektów, jakie pytania muszę tu zadać, aby wykreować to wszystko z lekkością? Kogo lub co jeszcze mogę dodać do swojego biznesu i życia? Co jest wymagane, żeby to stało się łatwe i co wymaga dzisiaj mojej uwagi?" Nie musisz codziennie pracować nad wszystkim. Każdy dzień jest inny, każdy dzień jest przygodą. Każdy dzień rozpoczynaj bez osądu tego, co kreujesz i czego nie kreujesz.

Kiedy kreujesz z chaosu, wszystko jest możliwe.

Przez następny tydzień spróbuj popuścić cugle wszystkiego, co tak kurczowo trzymałeś. Puść projekty, rodzinę, przyjaciół, pieniądze, które usiłowałeś kontrolować i zobacz, czy może pojawić się coś innego. Zamiast próbować zarządzać każdym szczegółem i radzić sobie ze wszystkim każdego dnia, zapytaj: „Czego muszę być dzisiaj świadomy?" Zapytaj, co dzisiaj wymaga twojej uwagi i zajmij się tym. Kiedy obudzisz się rano, zapytaj: „Co teraz?" „Co lub kto wymaga teraz mojej uwagi i nad czym muszę popracować, do kogo muszę zadzwonić?" Możesz skierować swoją uwagę na pewne rzeczy, a potem przejść do czegoś innego, a potem znów do czegoś innego. A jeśli funkcjonowanie w ten sposób nie jest niczym złym? A jeśli nie jesteś „odciągany" ani nie odkładasz rzeczy na później? A jeśli ty kreujesz właśnie w ten sposób?

Będziesz pod wrażeniem tego, ile możesz wykreować, kiedy pozwolisz sobie na radość kreowania z chaosu. To odnosi się do każdego aspektu twojego życia: związków, biznesu, rodziny, przepływów finansowych, ciała. Pamiętaj, nie jesteś sam we wszechświecie, wszechświat będzie dla ciebie wkładem do kreacji wszystkiego, czego pragniesz, więc proś o więcej.

Czemu nie jesteś gotów pozwolić odejść, ani odpuścić nad tym kontroli, że gdybyś pozwolił temu odejść i odpuścił nad tym kontrolę, mogłoby to wykreować dla ciebie więcej przestrzeni?

Rozdział piętnasty

Uwaga na temat przepływów finansowych

Spotkałam się kiedyś z pewnym, odnoszącym wielkie sukcesy, biznesmenem z Południowej Afryki. Był sierotą. W wieku piętnastu lat wyrzucono go z sierocińca (bo w tym wieku musisz już umieć o siebie zadbać), więc wziął swój plecak, przyjrzał się temu, co chce kreować jako swoje życie i zażądał od siebie, że to wykreuje. Wykształcił się i został prawnikiem. Wykreował wielki biznes w Południowej Afryce – wielkie kurorty, firmę IT i jeszcze więcej.

Usiadłam, aby z nim pogawędzić, bo naprawdę interesowało mnie, w jaki sposób kreuje. W jego podejściu do biznesu i życia było wiele hojności ducha. Powiedział mi jedną rzecz: „Musisz w życiu pamiętać o trzech rzeczach – wdzięczności, wierze i zaufaniu. A dopiero po nich – o przepływach finansowych." Zaśmiałam się, bo wiedziałam, że ma rację.

Mówił dalej: „Jeśli nie masz płynności finansowej, ograniczasz siebie. Musisz szukać drogi do przodu i nie zatrzymywać się, a jednocześnie być świadomym swoich przepływów finansowych."

Spójrz na przepływy finansowe, które obecnie generujesz lub nie generujesz. Jak by to było, żeby mieć ciągły przepływ gotówki w swoim życiu? Jeśli masz płynność finansową, to kreuje więcej lekkości i więcej przestrzeni dla możliwości i eliminuje te wszystkie miejsca, w których mówisz: „Nie mam" czy „Jestem bez". A jeśli nie musisz wkładać wszystkiego do jednego kosza, jeśli chodzi o pieniądze? A jeśli jest wiele możliwości (strumieni finansowych) dla pieniędzy, które możesz wybrać?

A jeśli kreowanie płynności finansowej naprawdę polega na bawieniu się możliwościami i byciu totalnie świadomym swojej rzeczywistości finansowej?

Jak wiele strumieni finansowych możesz wykreować? Co sprawia ci radość, na czym mógłbyś zarabiać? Czego jesteś ciekaw?

Jestem niewiarygodnie zajęta tym, co wybieram robić ze swoją pracą i mam również inne strumienie przychodów i kreacji i ciągle proszę o to, by coraz więcej ich się pojawiało każdego dnia. Interesujesz się antykami, walutami, giełdą, kupowaniem i sprzedawaniem rzeczy na E-bayu? Czym jest ta rzecz, na której możesz wykreować więcej przepływów finansowych w swoim życiu, których nie byłeś gotów uznać?

Co jeszcze istnieje na świecie w odniesieniu do pieniędzy, co byłoby zabawne dla ciebie do odkrycia? Zacznij uczyć się o pieniądzach. Czyja twarz i jakie symbole znajdują się na banknotach w twojej walucie? Czy wiesz, jaki jest największy nominał w twojej walucie i w innych walutach? Jaki jest kolor każdego banknotu, nie tylko w twojej walucie, ale również w innych? Zapoznaj się z pieniędzmi, nie unikaj ich, podziwiaj je, baw się nimi, uznaj je.

Kiedy stałam się gotowa uczyć się o pieniądzach i o niezliczonych sposobach, w jakie mogą się one stać wkładem do mojego życia, zaczęłam być gotowa mieć pieniądze. Kiedy pozwoliłam sobie mieć pieniądze, stałam się gotowa bawić się z pieniędzmi. Brak gotowości uczenia się o pieniądzach kreował dług. Teraz, kiedy jestem gotowa uczyć się o pieniądzach, mieć pieniądze i bawić się nimi, to kreuje więcej. I nie z poziomu znaczenia, jakie im przypisuję, ale z samej *radości* i wyboru.

A gdybyś teraz, w tych dziesięciu sekundach, bez względu na to, co się dzieje dookoła ciebie, wybrał zabawę? A gdybyś wybrał, by żyć tak, jakby życie było taką celebracją, jaką naprawdę może się stać i gdybyś zaprosił pieniądze na zabawę zwaną twoim życiem? A gdybyś wybrał bycie szczęśliwym i wdzięcznym i ciągłe wybieranie, bez względu na wszystko?

A gdyby kreowanie twojej rzeczywistości finansowej było ciągłym odkrywaniem nieograniczonych możliwości kreowania radosnego życia, obejmującego twoje strumienie przychodów i przepływy finansowe? Co jeszcze jest możliwe, czego nie wziąłeś pod uwagę?

Proszę, używaj tej książki i jej narzędzi, kiedy będziesz kontynuował zmianę swojej rzeczywistości finansowej. Trzeba wielkiej odwagi, by ciągle wybierać coś wspanialszego, coś innego, co nie zawsze przez cały czas jest komfortowe. Jeśli czytasz tę książkę, jeśli żyjesz na tej planecie, to masz tę odwagę i masz te umiejętności. Wszystko, co musisz teraz zrobić, to wybrać.

Simone Milasas

Część Trzecia

Podsumowanie I Narzędzia

PODSUMOWANIE ROZDZIAŁÓW, PYTANIA I NARZĘDZIA

Ten rozdział zawiera podsumowanie najważniejszych kwestii, pytań i narzędzi opisanych w książce. Czytanie o tym, jak ktoś inny zmienił swoje życie finansowe, może okazać się frustrujące, łapię to. Unikalnym aspektem tej książki jest to, że ja opisuję, jak używałam narzędzi Access Consciousness do zmiany mojej rzeczywistości finansowej; ty również możesz to zrobić. Nie możesz jednak przestać wybierać, bez względu na to, jakie to może stawać się niekomfortowe. Jeśli będziesz używać tych narzędzi codziennie, zmienisz swoją rzeczywistość finansową na zawsze. Pozwól, aby przygoda się rozpoczęła.

CZĘŚĆ PIERWSZA: NOWA RZECZYWISTOŚĆ FINANSOWA 101

Rozdział pierwszy: Skąd biorą się pieniądze?

PIENIĄDZE NIGDY NIE POJAWIAJĄ SIĘ W TAKI SPOSÓB, W JAKI MYŚLISZ, ŻE SIĘ POJAWIĄ

Pieniądze nie są linearne

Pieniądze nie pojawiają się w twoim życiu w sposób linearny – mogą pojawiać się na wiele różnych sposobów, z wielu różnych miejsc. Jeśli chcesz w życiu zarobić więcej pieniędzy, musisz być otwarty na te wszystkie magiczne i cudowne sposoby – nawet jeśli to jest zupełnie inne od wszystkiego, co kiedykolwiek brałeś pod uwagę. A gdybyś mógł mieć nieograniczone źródła przychodów? A jeśli umiesz kreować pieniądze w sposób, w jaki nikt inny tego nie potrafi? A gdybyś nie miał żadnego punktu widzenia na temat pieniędzy?

PYTANIA

Jakie są nieograniczone sposoby, w jakie pieniądze mogę mi się teraz pokazać?

Czy jestem gotów odpuścić konieczność wyliczania, definiowania czy kalkulowania jak pojawią się pieniądze i pozwolić im przyjść do mojego życia w niezdefiniowany, magiczny i cudowny sposób?

Nie próbuj wymyślać JAK mają się pojawić pieniądze

Wszechświat manifestuje, ty urzeczywistniasz. *Manifestowanie* jest tym JAK rzeczy się pojawiają, a to nie jest twoje zadanie, żeby to wykombinować. *Urzeczywistnianie* jest proszeniem o to, by coś się pojawiło, pozwalając wszechświatowi wykonać manifestację i będąc gotowym na otrzymanie tego, bez względu na to, jak to się pokaże.

PYTANIA

Co jest wymagane, aby się to pojawiło?

Co jest wymagane, aby się to urzeczywistniło w moim życiu natychmiast?

Bądź cierpliwy

Wszechświat ma nieskończone możliwości oraz zdolność manifestowania i zazwyczaj wybiera znacznie wspanialszy i bardziej magiczny sposób, aby to zrobić, niż ty możesz przewidzieć. Czasami wszechświat musi przestawić pewne rzeczy, aby wykreować to, czego pragniesz.

Nie osądzaj się. Bądź cierpliwy i nie ograniczaj przyszłych możliwości.

Pieniądze to nie tylko gotówka

Jest tyle sposobów, w jaki pieniądze i przepływy finansowe mogą przyjść do twojego życia, ale jeśli nie jesteś gotów ich uznać; jeśli myślisz, że musi to wyglądać w określony sposób, będziesz uważać, że niczego nie zmieniasz, podczas gdy w rzeczywistości właśnie to robisz.

Zacznij uznawać różne sposoby, w jakie pieniądze pojawiają się w twoim życiu. Kiedy przyjaciel kupuje ci kawę albo ktoś ci coś daje. To są pieniądze. To jest otrzymywanie.

PYTANIA

- Gdzie jeszcze otrzymuję pieniądze, których nie uznaję?
- Gdzie jeszcze mogę otrzymać pieniądze, czego nigdy nie uznałem?

POPROŚ, A OTRZYMASZ

Pieniądze nie osądzają

Pieniądze zawsze pojawiają się ludziom, którzy o nie proszą i są gotowi je otrzymać.

Otrzymywanie jest po prostu gotowością na posiadanie nieograniczonych możliwości tego, by coś przychodziło do twojego życia, bez punktu widzenia na temat tego co, gdzie, kiedy, jak i dlaczego się pojawia. Innymi słowy, kiedy stracisz swoje osądy na temat pieniędzy i osądy siebie w odniesieniu do pieniędzy, możesz otrzymać więcej.

- A gdybyś nie potrzebował powodu na to, by prosić o pieniądze?
- A gdybyś mógł je mieć tylko dlatego, że to zabawne?
- A gdybyś mógł po prostu poprosić, aby się pojawiły?

PIENIĄDZE PODĄŻAJĄ ZA RADOŚCIĄ, A NIE ODWROTNIE

Gdyby twoje życie było przyjęciem, czy pieniądze chciałyby na nie przyjść?

Gdybyś spojrzał na swoje obecne życie jak na przyjęcie, jakim zaproszeniem byłoby ono dla pieniędzy?

A gdybyś zaczął żyć tak, jakby życie było taką celebracją, jaką może być już dzisiaj?

A gdybyś nie czekał, aż pojawią się pieniądze?

Co przynosi ci radość?

Energia, którą kreujesz, kiedy dobrze się bawisz, kiedy jesteś całkowicie, szczęśliwie zaangażowany w coś, co kochasz – jest generatywna. Nie ma znaczenia, jak kreujesz tę energię.

> **PYTANIA**
>
> * Co kocham robić?
> * Co przynosi mi radość?

Twoje życie jest twoim biznesem, a twój biznes jest twoim życiem!

Jeśli żyjesz, masz biznes – to się nazywa biznesem życia!

Z jaką energią kierujesz swoim życiem? Czy bawisz się choć trochę?

> **NARZĘDZIE: RÓB CODZIENNIE COŚ, CO LUBISZ.**
>
> ➤ Zacznij robić rzeczy, które cię cieszą; przez jedną godzinę dziennie i jeden dzień w tygodniu.

PRZESTAŃ NADAWAĆ ZNACZENIE PIENIĄDZOM

Kiedy nadajesz czemuś znaczenie, nie możesz tego zmienić

Czemukolwiek nadajesz znaczenie, czynisz to większym od siebie. Zacznij rozpoznawać wszystkie te miejsca, w których nadałeś pieniądzom znaczenie i bądź gotów wyjść z tego punktu widzenia i wykreować dla siebie inną rzeczywistość.

PYTANIA

- Jakie znaczenie przypisuję teraz pieniądzom w moim życiu?
- Gdyby pieniądze nie miały znaczenia, co bym wybrał?

Rozdział drugi: Co zmienia dług?

TWÓJ PUNKT WIDZENIA KREUJE TWOJĄ RZECZYWISTOŚĆ (FINANSOWĄ)

Jaki masz punkt widzenia na temat długu?

Jeśli chcesz zmienić swój dług, zacznij od zmiany swojego punktu widzenia. Punkt widzenia, jaki miałeś do tej pory na temat pieniędzy, wykreował twoją bieżącą sytuację finansową.

Zamiast osądzać dług, który wykreowałeś, dodaj sobie mocy poprzez zadawanie pytań, abyś mógł zmieniać rzeczy.

PYTANIA

- Co jeszcze jest możliwe?®
- Czym mogę się stać i co zrobić, żeby to zmienić?

Czy zdecydowałeś, że solidne, ciężkie rzeczy w życiu są prawdziwe?

O czym zdecydowałeś, że jest lub nie jest dla ciebie rzeczywiste? Dlaczego zdecydowałeś, że jest to rzeczywiste? Bo takie miałeś doświadczenie w przeszłości? Bo „czujesz" to jako rzeczywiste: ciężkie, solidne, materialne i nie do ruszenia? Czy coś, co jest dla ciebie prawdziwe – naprawdę odczuwałbyś jak tonę cegieł, czy raczej sprawiałoby to, że czujesz się lżejszy i szczęśliwszy?

NARZĘDZIE: „INTERESUJĄCY PUNKT WIDZENIA, ŻE MAM TAKI PUNKT WIDZENIA"

> Jak by to było, gdybyś przez trzy kolejne dni, przy każdym pojawiającym się uczuciu i emocji (dotyczącym nie tylko pieniędzy, lecz wszystkiego) mówił sobie: „interesujący punkt widzenia, że mam taki punkt widzenia". Powtarzaj to, dopóki nie poczujesz, że robi się lekko.

NARZĘDZIE: TO, CO JEST LEKKIE, JEST TWOJĄ PRAWDĄ, A TO, CO JEST CIĘŻKIE, JEST KŁAMSTWEM

> Kiedy coś jest dla nas prawdą i uznamy to, wykreuje to poczucie lekkości i poszerzenia w naszym świecie. Kiedy coś nie jest prawdziwe, jak osąd lub konkluzja, do której doszliśmy na jakiś temat – to jest ciężkie i odczuwasz to jako skurczenie, zaciśnięcie lub napięcie.

ODPUSZCZANIE KOMFORTU POSIADANIA DŁUGU

Co kochasz w pozostawaniu w długach i w braku pieniędzy?

Jeśli jesteś gotów zadać kilka pytań, możesz zacząć rozpoznawać, w czym utknąłeś. Jeśli tego nie uznajesz, nie możesz tego zmienić.

Co kocham w pozostawaniu w długach?

Co kocham w braku pieniędzy?

Co kocham nienawidzić w braku pieniędzy?

Co nienawidzę kochać w braku pieniędzy?

Jakiego wyboru mogę dzisiaj dokonać, który może wykreować więcej teraz i w przyszłości?

BĄDŹ GOTÓW MIEĆ PIENIĄDZE

Jest różnica między posiadaniem pieniędzy a ich wydawaniem i oszczędzaniem

Większość ludzi chce pieniędzy tylko po to, aby móc je wydać. Posiadanie pieniędzy jest czymś innym. Posiadanie pieniędzy polega na pozwoleniu, aby były one wkładem do rozwoju twojego życia.

Oszczędzanie pieniędzy polega na odkładaniu ich na czarną godzinę. Oszczędzanie pieniędzy jest czymś innym niż ich posiadanie.

Czy jesteś osobą, która pyta: „Jak mogę zaoszczędzić pieniądze?" Czy w tym pytaniu jest jakaś generatywna energia? Czy wydaje się poszerzać twoje wybory czy ograniczać je? Czy próbujesz gdzieś zaoszczędzić pieniądze? Spróbuj zapytać: „Jeśli wydam te pieniądze, które próbuję zaoszczędzić, czy będzie to kreowało więcej dla dzisiaj i dla przyszłości?"

Jakie są nieograniczone sposoby, w jakie mogę wygenerować więcej pieniędzy?

Jaką energią potrzebuję się stać, żeby kreować z lekkością?

PRZESTAŃ UNIKAĆ I ODMAWIAĆ PIENIĘDZY

Czy żyjesz we „Wszechświecie Braku Wyboru"?

Czy gdziekolwiek w swoim życiu odmawiasz albo unikasz przyjrzenia się swojej sytuacji finansowej? Czy masz naprawdę dobre powody, by unikać robienia prostych i łatwych rzeczy, żeby wykreować więcej pieniędzy? Kiedy unikasz czegoś, odmawiasz lub nie jesteś gotów czegoś mieć, to nie pozwala ci mieć więcej wyborów ani kreować więcej. Musisz być gotów spojrzeć na te wszystkie miejsca, w których kreujesz wszechświat braku wyboru i być gotów to zmienić.

Co najgorszego mogłoby się wydarzyć, gdybyś nie unikał pieniędzy?

Co zdecydowałeś, że jest najgorszą rzeczą, jaka mogłaby się zdarzyć, gdybyś nie unikał pieniędzy lub nie unikał swojego długu? Co mogłoby się zmienić, gdybyś był gotów mieć całkowitą świadomość swojej rzeczywistości finansowej? Czy unikasz robienia nowych rzeczy, które mogłyby przynieść ci pieniądze?

PYTANIA

- Gdybym tego nie unikał, co mógłbym zmienić?
- Jakie mam łatwe sposoby zarabiania pieniędzy, których unikam?

WDZIĘCZNOŚĆ

Bądź wdzięczny za pieniądze!

Kiedy otrzymujesz pieniądze zauważaj, jaki jest twój natychmiastowy punkt widzenia. Czy jesteś wdzięczny za każdą złotówkę, każdy grosik, który przychodzi do twojego życia? Czy może masz tendencję myśleć:

„To nie za dużo", „To pokryje ten rachunek", „Szkoda, że nie mam więcej"?

NARZĘDZIE: ĆWICZ WDZIĘCZNOŚĆ ZA TO, KIEDY PIENIĄDZE PRZYCHODZĄ I ODCHODZĄ.

> Ćwicz mówienie: „Dziękuję, jestem taki wdzięczny za to, że się pojawiłyście! Czy mogę prosić o więcej?"
> Kiedy płacisz rachunek, bądź wdzięczny za to, że go zapłaciłeś i zapytaj: „Co jest wymagane, aby te pieniądze wróciły do mnie pomnożone razy dziesięć?"

Czy jesteś gotów być wdzięczny również za siebie?

Musisz mieć wdzięczność za wszystko, co kreujesz – dobre, złe i brzydkie. Jeśli to osądzasz, nie będziesz w stanie zobaczyć daru, jakim jest twój wybór i nie pozwolisz sobie otrzymać możliwości, które są w związku z tym dostępne. Jeśli masz wdzięczność, otrzymujesz całkowicie inną rzeczywistość. Zamiast osądzać siebie lub cokolwiek, co pojawia się w twoim życiu, szukaj w tym daru, za który możesz być wdzięczny.

PYTANIA

> Co jest w tym dobrego?
> Co jest we mnie właściwego, czego jeszcze nie widzę?

Czy jesteś wdzięczny, kiedy to jest zbyt łatwe?

Czy zdarza ci się umniejszać rzeczy, które pojawiają się w twoim życiu, kiedy przychodzą zbyt lekko? Czy jesteś gotów to zmienić? „Kiedy pieniądze przychodzą lekko, a ty jesteś wdzięczny, wyruszasz w drogę do posiadania przyszłości z większą ilością możliwości." – Gary Douglas.

PYTANIA

* Co jest wymagane, by być wdzięcznym za każdy grosik, który się pojawia?

* Jaką wdzięcznością mogę się stać, co pozwoliłoby pieniądzom przychodzić do mojego życia z lekkością i radością?

Rozdział trzeci: Jak już teraz wykreować nową rzeczywistość finansową?

Walczyć czy nie walczyć?

Wiele osób nie wierzy, że ma wybór bycia smutnym, szczęśliwym, roztrzęsionym, zrelaksowanym. Zewnętrzne okoliczności nie kreują tego, jak czujemy się w obliczu określonych spraw. Pieniądze nie kreują sposobu, w jaki czujemy się w obliczu określonych spraw. To tylko wybór, jakiego dokonujemy.

PYTANIA

* Czy ja udaję, że nie mam tutaj wyboru?
* Jakie wybory rzeczywiście tutaj mam?

BYCIE GOTOWYM, ŻEBY ZROBIĆ WSZYSTKO, CO JEST WYMAGANE

Opowiedzenie się za tym, by nigdy nie rezygnować z siebie

Bycie zaangażowanym w siebie polega na byciu gotowym na przygodę życia i wybór tego, co dla ciebie pracuje, nawet jeśli jest to niekomfortowe lub wymaga dokonania zmian, których nikt inny nie rozumie.

Nie możesz żądać od nikogo ani od niczego poza sobą

Zaczynasz kreować swoje życie, kiedy w końcu zażądasz: „Bez względu na to, co jest do tego wymagane, bez względu na to, jak to wygląda, zamierzam kreować swoje życie. Nie będę żyć według punktów widzenia lub rzeczywistości innych ludzi. Będę kreować własne!"

PYTANIA

> Czy jestem gotów zażądać od siebie, aby kreować to, czego pragnę w swoim życiu, bez względu na wszystko?

Bądź gotów wybierać, tracić, kreować i zmieniać wszystko

Definicja szaleństwa Einsteina mówi o robieniu w kółko tego samego i oczekiwaniu innych rezultatów. Musisz zmienić to, jak obecnie funkcjonujesz, żeby wykreować inny rezultat.

Jeśli próbujesz zmienić coś w swoim życiu i to się nie zmienia, przyjrzyj się temu miejscu, w którym być może robisz tę samą rzecz tylko *trochę inaczej* – zamiast wybrać zrobienie czegoś *zupełnie innego*.

PYTANIA

> Co zdecydowałem, że jest niezmienialne?
>
> Czego nie jestem gotów stracić?
>
> Co jeszcze mógłbym wybrać, gdybym był gotów stracić te rzeczy?
>
> Czym mogę się stać i co zrobić, żeby to zmienić?

ODPUSZCZANIE LOGICZNYCH I SZALONYCH POWODÓW BRAKU PIENIĘDZY

Czy nadszedł już czas, aby odpuścić przemoc finansową względem siebie?

Przemoc finansowa może przybierać różne formy, ale często skutkuje uczuciem, że się nie zasługuje na najbardziej podstawowe rzeczy w życiu. A gdybyś już nie musiał żyć według takiego punktu widzenia?

PYTANIA

- Jakie historie opowiadam sobie o pieniądzach? A jeśli one nie są prawdziwe?
- Czy pozwalam na to, aby przemoc finansowa z przeszłości decydowała o mojej przyszłości?
- Jakie inne wybory mam tutaj dostępne?

Czy używasz wątpliwości, strachu i poczucia winy, by dać się odciągnąć od kreowania pieniędzy?

Zawsze, kiedy wątpisz, boisz się, obwiniasz się lub masz poczucie winy za swoje decyzje dotyczące pieniędzy lub kiedy masz obsesję, fiksację lub wściekasz się na swoją sytuację finansową, odciągasz sam siebie od bycia obecnym z różnymi wyborami i różnymi możliwościami.

NARZĘDZIE: WYELIMINUJ TO SŁOWO ZE SWOJEGO SŁOWNIKA

➤ Wyeliminuj słowo „ponieważ" ze swojego słownika. Każde „ponieważ" jest twoim sposobem na przeszkadzanie sobie przy pomocy wspaniałej historii, dzięki której możesz z siebie zrezygnować. Kiedy złapiesz się na jej opowiadaniu, zapytaj: „Och, to wspaniała historia. Co jeszcze jest możliwe, jeśli nie będę używać tej historii do zatrzymywania siebie?"

- W jaki sposób odciągam się od kreowania pieniędzy?
- Co jeszcze jest możliwe, czego nie wziąłem pod uwagę?

BYCIE BRUTALNIE SZCZERYM ZE SOBĄ

Czy jesteś gotów nie mieć barier?

Nauczono nas wierzyć, że osądy, bariery i ściany, które stawiamy, będą nas broniły, ale prawda jest taka, że one ukrywają nas przed nami samymi.

Kreowanie własnej rzeczywistości finansowej polega na posiadaniu świadomości tego, co istnieje naprawdę, a potem na wyborze tego, co wykreuje więcej dla ciebie. Musisz być gotów nie mieć osądu, nie stawiać barier i być w całkowitym obnażeniu. Z tego miejsca zaczynasz widzieć, co jest dla ciebie możliwe, a co ciągle odmawiasz uznać.

NARZĘDZIE: ZAMIEŃ SWOJĄ SŁABOŚĆ W SIŁĘ

> A jeśli twoja słabość jest tak naprawdę twoją siłą? Wszędzie tam, gdzie myślisz, że jesteś niepoprawny – odmawiasz być silnym. Spójrz na to, o czym zdecydowałeś, że jest w tobie nieprawidłowe. Zapisz to. Spójrz i zapytaj: „Jaka w tym jest moc, siła, której nie uznaję?"

> Ty, będąc sobą, jesteś jedną z najbardziej atrakcyjnych rzeczy na świecie. Kiedy osądzasz siebie, nie jesteś sobą.

- Gdybym był sobą, co bym wybrał?
- Gdybym był sobą, co bym kreował?

KIM TERAZ JESTEM? SOBĄ, CZY KIMŚ INNYM?

Co tak naprawdę chciałbyś mieć?

Częścią bycia w obnażeniu jest również bycie brutalnie szczerym co do tego, czego pragniesz w swoim życiu. Jeśli będziesz to przed sobą ukrywał, trzymał w sekrecie lub udawał, że nie pragniesz tego, czego naprawdę chcesz, nie masz żadnych szans, by wykreować i wybrać coś wspanialszego ani żeby wieść takie życie, jakie naprawdę pragniesz.

NARZĘDZIE: ZAPISZ, CZEGO NAPRAWDĘ PRAGNIESZ W ŻYCIU.

➤ Czy jesteś gotów być ze sobą na tyle szczery, aby przyznać, co naprawdę chciałbyś mieć w życiu, nawet jeśli to nie ma sensu dla nikogo innego? Zapisz listę wszystkiego, co chciałbyś mieć w swoim życiu (użyj poniższych pytań, by sobie pomóc). Gdyby nic nie było niemożliwe, co byś wybrał? Spójrz na swoją listę i zapytaj: „Co jest wymagane, by to wygenerować i wykreować z lekkością?"

PYTANIA

- Co ja bym chciał wykreować w swoim życiu?
- Gdybym mógł mieć, być, robić i kreować wszystko, co chciałbym wybrać?
- Co zdecydowałem, że jest niemożliwe, a naprawdę chciałbym to mieć?
- Jaka jest najbardziej niedorzeczna i niewyobrażalna rzecz, o którą mógłbym poprosić?
- O co chciałbym poprosić wszechświat i zażądać tego od siebie?

ZAUFANIE TEMU, ŻE WIESZ

Zawsze wiedziałeś, nawet kiedy to się nie powiodło

Czy kiedykolwiek wiedziałeś, że coś nie będzie działać w sposób, w jaki byś tego chciał, ale i tak to zrobiłeś?

NARZĘDZIE: UZNAJ SWOJE WIEDZENIE

➤ Zapisz wszystkie te sytuacje, kiedy zrobiłeś coś, o czym wiedziałeś, że nie powinieneś był tego robić i to obróciło się w sposób, w jaki wiedziałeś, że się obróci. Zapisz te wszystkie sytuacje, kiedy coś wyszło, a ty wiedziałeś od samego początku, że tak będzie, bez względu na to, co mówili inni. Uznaj, że bez względu na to, jak to wyszło - ty zawsze wiedziałeś.

PYTANIA

Co wiem o pieniądzach, na uznanie czego, nigdy nie dałem sobie szansy – albo mnie za to osądzono?

Gdyby pieniądze nigdy nie były problemem, co byś wybrał?

Musisz zadawać sobie codziennie pytania, jeśli chcesz zmienić swoje sprawy i jeśli chcesz wykreować przyszłość finansową, która dla ciebie pracuje. Każdy dzień jest nowy i codziennie masz dostępne nowe możliwości. Wszystko, co musisz robić, to zadawać pytania.

PYTANIA

> Gdyby pieniądze nie były problemem, to co bym wybrał?
>
> Co ja bym chciał wykreować na świecie?
>
> Którą z tych rzeczy mógłbym zacząć wdrażać od razu?
>
> Z kim musiałbym porozmawiać?
>
> Co musiałbym zrobić?
>
> Dokąd musiałbym pójść?
>
> Jakich wyborów mógłbym dzisiaj dokonać, żeby zacząć kreować własną rzeczywistość finansową?

CZĘŚĆ DRUGA: MONEY COME, MONEY COME, MONEY COME!
Rozdział czwarty: Dziesięć rzeczy, które sprawią, że pieniądze zaczną przypływać (i przypływać i przypływać)

1. Zadawaj pytania, które zapraszają pieniądze.

2. Wiedz dokładnie, ile pieniędzy potrzebujesz, żeby żyć – z radością.

3. Miej pieniądze.

4. Uznaj siebie.

5. Rób to, co kochasz i co przynosi ci radość.

6. Bądź świadomy tego, co myślisz, mówisz i robisz.

7. Przestań przywiązywać się do określonego rezultatu.

8. Odpuść wiarę w sukces, porażkę, potrzeby i chciejstwo.

9. Miej przyzwolenie.

10. Bądź gotów odpuścić kontrolę.

Rozdział piąty: Zadawaj pytania, które zapraszają pieniądze

Pytania są zaproszeniem do otrzymywania, które pozwala pieniądzom się pojawić. Jeśli nie poprosisz, nie możesz otrzymać.

Jeśli zaczynasz zadawać pytania rozpoczynające się od „Dlaczego" lub „Jak", najczęściej nie zadajesz wtedy pytań. Jeśli szukasz konkretnej odpowiedzi (lub już przewidujesz odpowiedź na to pytanie) – zgadnij co? Nie zadajesz tak naprawdę pytania!

Oto kilka przykładów pytań, które zaproszą pieniądze.

PYTANIA

* Co mogłoby się pojawić, co zapracowałoby wspanialej, niż mógłbym to sobie wyobrazić?
* Krejowanie czego z tym wybrałem i jakie mam tutaj dostępne inne wybory?
* Co jest we mnie poprawnego, czego jeszcze nie widzę?
* Czym mogę się stać lub co mogę zrobić inaczej każdego dnia, aby stać się bardziej świadomym wyborów, możliwości i wkładu, które są dla mnie dostępne w każdej chwili?

Zacznij prosić o pieniądze, teraz!

Priorytetem tutaj jest posiadanie większej lekkość w proszeniu o pieniądze. A gdyby proszenie o pieniądze było dla ciebie zabawne? Ile więcej *zabawy* mógłbyś mieć prosząc, by pieniądze pojawiały się na wszystkie sposoby?

NARZĘDZIE: ĆWICZ PROSZENIE O PIENIĄDZE.

➤ Stań przed lustrem i powiedz: „Poproszę teraz o moje pieniądze". Powtarzaj to w kółko.
➤ Kiedy masz klienta, który ma ci zapłacić lub kiedy ktoś jest ci winien pieniądze za fakturę, zapytaj: „Jak chciałbyś mi za to zapłacić?"

Używaj pytań codziennie, aby zapraszać pieniądze

Nie przestawaj zadawać pytań. Bez względu na to, co się pojawia - proś o więcej, proś o coś wspanialszego. A jeśli zadawanie pytań stanie się dla ciebie tak naturalne, że staniesz się niepowstrzymanym, chodzącym, mówiącym zaproszeniem dla możliwości z pieniędzmi?

PYTANIA

- Co jeszcze jest możliwe?®
- Jak może być jeszcze lepiej?® (Zadawaj to pytanie, kiedy pojawiają się zarówno dobre, jak i złe rzeczy)
- Jaką chciałbym mieć rzeczywistość finansową?
- Czym musiałbym się stać lub co musiałbym zrobić inaczej, aby to wykreować?
- Czym innym mogę się stać lub co mogę zrobić inaczej, by wygenerować więcej pieniędzy natychmiast?
- Na co mogę skierować dzisiaj swoją uwagę, co zwiększy moje wpływy pieniędzy?
- Co mogę dodać do swojego życia dzisiaj, by natychmiast wykreować więcej strumieni przychodów?
- Co lub kto jeszcze mógłby być dla mnie wkładem, bym miał więcej pieniędzy w życiu?
- Gdzie mogę użyć swoich pieniędzy, by wykreowały dla mnie jeszcze więcej pieniędzy?
- Gdyby nie chodziło o pieniądze, to co bym wybrał?
- Gdybym wybierał tylko dla siebie, tylko dla zabawy, to co bym wybrał?
- Kto jeszcze? Co jeszcze? Gdzie jeszcze?
- Czy mogę teraz dostać moje pieniądze?

Rozdział szósty: Wiedz dokładnie, ile pieniędzy potrzebujesz, aby żyć – z radością!

Musisz wiedzieć dokładnie, ile kosztuje cię prowadzenie życia z radością, w przeciwnym wypadku nie będziesz w stanie efektywnie zastosować wszystkich tych wspaniałych narzędzi, ponieważ nie będziesz mieć klarowności, której potrzebujesz, aby iść do przodu.

NARZĘDZIE: ZAPISZ, ILE KOSZTUJE CIĘ PROWADZENIE RADOSNEGO ŻYCIA

> Przyjrzyj się szczegółowo, ile kosztuje prowadzenie twojego życia. Jeśli masz jakiś biznes, zrób to również dla niego:

> Zapisz swoje wydatki. Jeśli masz rachunek zysków i strat lub inny tego rodzaju raport księgowy, użyj go do wyliczenia, ile miesięcznie kosztuje prowadzenie twojego biznesu lub życia.

> Następnie dodaj do siebie bieżące długi. Jeśli masz mniej niż 20.000 dolarów długu, podziel to na 12 i dodaj do wydatków. Jeśli kwota ta przekracza 20.000 dolarów, podziel ją na 24 lub więcej, jeśli chcesz. Po prostu dołącz to do listy.

> Zapisz, ile kosztują rzeczy, które robisz dla zabawy.

> Dodaj wszystko do siebie.

> Dodaj do tej sumy 10% dla siebie na swoje konto 10%.

> A teraz dodaj kolejne 20%, tak dla przyjemności. Bo w życiu chodzi o to, aby mieć zabawę!

> Zobacz, jaką kwotę uzyskałeś. To jest rzeczywista kwota, której potrzebujesz, aby co miesiąc prowadzić swoje życie.

> Zadawaj pytania. Zażądaj, aby pojawiła się taka kwota pieniędzy – i jeszcze więcej.

> Wykonuj to ćwiczenie co pół roku lub co roku, bo wraz ze zmianą twojego życia, zmieniają się twoje wydatki i twoje pragnienia, a wraz z tym zmienią się również twoje wymagania finansowe.

* Co jest wymagane, aby wykreować taką sumę pieniędzy *i jeszcze więcej* z totalną lekkością?
* Co jeszcze mogę dodać do swojego życia?
* Co jeszcze mogę wykreować?

Rozdział siódmy: Miej pieniądze

NARZĘDZIE #1 DO POSIADANIA PIENIĘDZY: KONTO NA 10%

Odkładaj 10 procent wszystkiego, co zarabiasz.

Odkładasz te 10% jako uhonorowanie siebie. Pamiętaj, to nie jest logiczne ani linearne. Energetycznie – wszechświat również zaczyna być dla ciebie wkładem, a tobie pieniądze pojawiają się w najbardziej nieoczekiwanych miejscach.

NARZĘDZIE #2 DO POSIADANIA PIENIĘDZY: NOŚ GOTÓWKĘ

Noś przy sobie taką kwotę pieniędzy, jaką uważasz, że nosiłaby osoba bogata.

Co to dla ciebie kreuje, kiedy widzisz wielką sumę pieniędzy za każdym razem, kiedy otwierasz portfel? Czy daje ci to poczucie bogactwa? Czy to zabawne? Spróbuj i zobacz.

Jeśli masz punkt widzenia na temat noszenia przy sobie dużej ilości pieniędzy, ponieważ myślisz, że je zgubisz lub zostaną ci ukradzione, zapytaj: „Ile pieniędzy musiałbym przy sobie nosić, abym był gotów być ich zawsze świadomy przez cały czas?"

NARZĘDZIE #3 DO POSIADANIA PIENIĘDZY: KUPUJ RZECZY WARTOŚCIOWE

Rzeczy wartościowe zachowują lub zwiększają swoją wartość po zakupie.

Rzeczy takie jak złoto, srebro, platyna, antyki i rzadkie przedmioty mają rzeczywistą wartość.

Rozważ kupowanie płynnych aktywów (rzeczy, które można łatwo spieniężyć), które również mają wartość estetyczną i dodają piękna do twojego życia, które będą wkładem w kreowanie poczucia bogactwa i luksusu w twoim życiu, a jednocześnie będą miały wartość pieniężną.

> **NARZĘDZIE: DOKSZTAŁCAJ SIĘ NA TEMAT WARTOŚCIOWYCH PRZEDMIOTÓW I TEGO, CO DLA CIEBIE KREUJE POCZUCIE BOGACTWA.**

> Dowiedz się więcej o tych wartościowych rzeczach, których posiadanie w życiu byłoby zabawą. Czy jest dla ciebie frajdą posiadanie gotówki oraz płynnych aktywów? Ile gotówki musiałbyś mieć w swoim życiu, aby mieć większe poczucie spokoju i obfitości pieniędzy? Co jeszcze mógłbyś dodać do swojego życia, by wykreować poczucie piękna, obfitości, luksusu i dobrobytu, które poszerzą każdy aspekt twojego życia?

Rozdział ósmy: Uznawaj siebie

Istnieją trzy sposoby na to, aby zacząć uznawać siebie bardziej efektywnie:

1. Uznaj wartość siebie.
2. Uznaj, co jest dla ciebie łatwe, aby tym być i to robić.
3. Uznaj, co kreujesz.

Nie czekaj, aż inni dostrzegą twoją wartość.

Czy czekasz na uznanie przez innych, abyś w końcu wiedział, że to, co masz do zaoferowania jest wartościowe?

A gdybyś tak ty był osobą, która rozpoznaje swoją wartość, bez względu na to, co myślą inni?

NARZĘDZIE: ZAPISZ, ZA CO JESTEŚ SOBIE WDZIĘCZNY.

> Weź notes i zapisz, za co jesteś sobie wdzięczny – dodawaj przynajmniej trzy nowe rzeczy każdego dnia. Zażądaj postrzegania, wiedzenia, bycia i otrzymywania wspaniałości siebie z większą lekkością. Opowiedz się za sobą i wspieraj siebie w tym procesie.

PYTANIA

* Co jest we mnie wspaniałego, czego nigdy nie uznałem?
* Czego odmawiam w sobie uznać, że gdybym to uznał, wykreowałoby to moje życie jako życie pełne lekkości i radości?

Co jest dla ciebie łatwe, czego nigdy nie uznałeś?

Co uważasz za łatwe do robienia? Co uważasz za tak łatwe, że myślisz, że nie ma żadnej wartości?

NARZĘDZIE: ZAPISZ, BYCIE CZYM ROBIENIE CZEGO JEST DLA CIEBIE ŁATWE.

> Zacznij spisywać rzeczy, które są dla ciebie łatwe i naprawdę bądź ich świadomy. Poczuj energię tego, jak to jest, kiedy robisz te rzeczy, które są łatwe. Uznaj, jaki jesteś wspaniały!

> Poproś, aby ta energia pokazała się w tych wszystkich miejscach, o których zdecydowałeś, że nie są zbyt łatwe. Jeśli uznasz tę energię i poprosisz, by urosła w twoim życiu, ona może to zrobić – i zrobi to.

> Co jeszcze mogę w sobie uznać, o czym nie pomyślałem, że ma jakąkolwiek wartość?

Czy uznajesz swoje kreacje czy może je od siebie odsuwasz?

Jak wiele rzeczy tak naprawdę kreujesz w swoim życiu, które potem odrzucasz? A gdybyś mógł być totalnie obecny ze wszystkim, co się pojawia i ze wszystkim, co wykreowałeś w swoim życiu – i otrzymać to wszystko z wdzięcznością? Zwróć uwagę na energię i poczucie możliwości, które zostałyby wykreowane w życiu wraz z uznaniem: „Wykreowałem dzisiaj coś naprawdę wspaniałego."

> Jak by to było, żebym otrzymał te pieniądze w moim życiu i miał totalną wdzięczność – za nie i za siebie?
>
> Gdzie jeszcze mogę uznać swoją umiejętność kreowania?
>
> A gdybym naprawdę cieszył się swoją kreacją?
>
> Ile frajdy mogę z tego mieć i co jeszcze mogę teraz wykreować?

Rozdział dziewiąty: Rób to, co kochasz

Kiedy włączasz więcej tego, co kochasz robić, do swojego życia, wtedy będziesz zapraszał coraz więcej pieniędzy do zabawy.

Co kochasz robić?

Musisz zacząć patrzeć na rzeczy, które kochasz robić.

NARZĘDZIE: ZRÓB LISTĘ WSZYSTKICH RZECZY, KTÓRE KOCHASZ ROBIĆ.

➤ Wyciągnij notes i zacznij zapisywać wszystko, co kochasz robić.

➤ Dodawaj ciągle nowe rzeczy do tej listy przez kilka dni i tygodni.

➤ Potem spójrz – czy robisz wystarczająco dużo tych rzeczy, które kochasz?

➤ Zadaj kilka pytań.

PYTANIA

Które z tych rzeczy mogłyby wykreować strumienie przychodów natychmiast? (Zauważ, czy jedna lub więcej z tych rzeczy zwróci twoją uwagę – a gdybyś tak zaczął od nich?)

Co musiałbym zrobić i z kim musiałbym porozmawiać i dokąd musiałbym pójść, żeby od razu zacząć to kreować jako rzeczywistość?

Ile mogę mieć zabawy z kreowaniem tego?

CO JESZCZE MOŻESZ DODAĆ?

Nie musisz trzymać się jednej wybranej ścieżki. Możesz mieć wiele strumieni lub ścieżek, które wybierasz. A gdybyś mógł wykreować tyle, ile chcesz? Nie ma limitu dla ilości strumieni przychodów, o jakie możesz poprosić. Skąd masz wiedzieć, które z nich będą odpowiednie? Jeśli są dla ciebie zabawne – są trafne.

Dodawanie do swojego życia wykreuje więcej tego, czego pragniesz, eliminowanie ze swojego życia tego nie uczyni.

Jeśli zaczniesz dodawać więcej do swojego życia, zwłaszcza kiedy kreujesz z tym, co kochasz, znudzenie i przytłoczenie zaczną znikać.

NARZĘDZIE: SPÓJRZ NA RZECZY Z LOTU PTAKA.

➤ Ćwicz patrzenie z lotu ptaka na projekty lub części swojego życia, w których masz tendencję do wchodzenia w stan przytłoczenia. Przyjrzyj się im i zapytaj:

➤ „Czy ktoś jeszcze mógłby być do tego wkładem?"

➤ „Czy ktoś jeszcze mógłby coś do tego dodać?"

➤ „Czy ktoś inny zrobiłby to lepiej ode mnie?"

➤ „Co mogę dodać do swojego życia, by zyskać klarowność i lekkość z tym wszystkim i z jeszcze więcej?"

PYTANIA

Jeśli szukasz więcej klientów w swoim biznesie albo nudzi cię twoja praca, zapytaj: Co jeszcze mogę tu dodać?

Jeśli czujesz się przytłoczony, zapytaj: Co mogę dodać? Co jeszcze mogę wykreować?

Czy kreujesz inaczej niż inni ludzie?

Ludzie projektują na ciebie, że powinieneś najpierw skończyć jedno, zanim zaczniesz drugie.

Czy to jest dla ciebie prawdziwe? Gdybyś nie osądzał negatywnie sposobu, w jaki kreujesz, ile więcej zabawy mógłbyś mieć, kreując w swoim życiu jeszcze więcej?

PYTANIA

Co dla mnie pracuje?

Czy to jest bardziej zabawne, żeby mieć więcej różnych rzeczy dziejących się jednocześnie?

Gdybym mógł kreować swoje pieniądze i życie w dowolny sposób w jaki pragnę, to co bym wybrał?

Rozdział dziesiąty: Bądź świadomy tego, co mówisz, myślisz i robisz

Zacznij słuchać wszystkiego, co wychodzi z twoich ust lub przychodzi ci do głowy w związku z pieniędzmi, zwłaszcza tych rzeczy, w które masz tendencję natychmiast wierzyć, że są prawdziwe i których zwykle nie kwestionujesz - a jeśli one wcale nie są prawdziwe?

Myślenie życzeniowe a kreowanie.

Jak często umieszczasz pewne sprawy na liście życzeń, mając nadzieję, że się pokażą – ale nie podejmujesz żadnego działania w celu ich wykreowania?

Zaangażowanie jest gotowością podarowania swojego czasu i energii temu, co żądasz, aby się pojawiło.

NARZĘDZIE: ZAPISZ LISTĘ KREACJI, A NIE LISTĘ ŻYCZEŃ.

➤ Zapisz listę rzeczy, które pragniesz kreować w swoim życiu i w swojej rzeczywistości finansowej zamiast listy życzeń. Zadawaj pytania. I wybieraj.

- Czego sobie życzę zamiast opowiedzenia się za wykreowaniem tego?
- Gdybym miał być ze sobą brutalnie szczery, jak bardzo angażuję się w swoje życie teraz? Na 10% czy mniej? Na 15% czy mniej? 20%?
- Czy jestem gotów zaangażować się w swoje życie na 100%?
- Czy jestem gotów zaangażować się w kreację tych rzeczy, których pragnę?
- Co jest wymagane, aby to wykreować?
- Co muszę uruchomić, by to nastąpiło?

Wybieranie w interwałach co 10 sekund

Wyobraź sobie, że wszystkie twoje wybory tracą swoją ważność po 10 sekundach. Gdybyś chciał się trzymać pewnej ścieżki, wszystko, co musiałbyś zrobić sprowadza się do powtórnego jej wyboru –musisz ją nadal wybierać, ciągle, co każde 10 sekund, więc lepiej upewnij się, że naprawdę tego pragniesz! A gdyby wybór naprawdę mógł być tak prosty? Jeśli wybierasz coś i to nie działa, nie musisz marnować czasu osądzając się i udzielając sobie ciągłej reprymendy za swój ostatni wybór. Musisz tylko wybrać ponownie, inaczej.

NARZĘDZIE: ŻYJ W 10-SEKUNDOWYCH INTERWAŁACH.

- Ćwicz dokonywanie wyborów co 10 sekund.
- Zacznij od małych rzeczy (stanie, siedzenie, zrobienie sobie herbaty, zerwanie kwiatka, itp.)
- Bądź w pełni obecny z każdym wyborem. Ciesz się każdym z nich. Nie czyń żadnego z wyborów ważnym, właściwym, niewłaściwym czy znaczącym.
- Zauważ, jak się czuje twoje ciało, co się u ciebie pojawia?
- Za każdym razem, kiedy wybierasz – jak by to było, gdybyś

mógł dać sobie dar wiedzenia, że ten wybór nie jest wyryty w kamieniu?

Rozdział jedenasty: Przestań przywiązywać się do rezultatu

Kiedy przychodzi do dokonywania życiowych wyborów – jak często przywiązujesz się do rezultatu, zanim jeszcze zaczniesz? A gdyby wszystko to, o czym zdecydowałeś, że musi się jakoś pojawić, było ograniczeniem? Przestań trzymać się wyniku i poproś o świadomość, który z wyborów poszerzy twoje życie. Po prostu pozwól sobie odczuć *energię* tego, co by ten wybór wykreował. Idź za energetycznym odczuciem tego, co jest bardziej ekspansywne, nawet jeśli to nie ma dla ciebie większego logicznego albo kognitywnego sensu.

NARZĘDZIE: POPROŚ O OTRZYMANIE ENERGII TEGO, CO TWÓJ WYBÓR WYKREUJE.

➤ Kiedy patrzysz na to, jakiego dokonać wyboru, zadawaj te dwa pytania:

➤ Jeżeli to wybiorę, jakie będzie moje życie za pięć lat?

➤ Jeżeli tego nie wybiorę, jakie będzie moje życie za pięć lat?

Zanurz się w tym.

Zanurzyć się w czymś oznacza: „oddać się temu, ulec lub poddać się przyjemności tego."

Za każdym razem, kiedy rozważasz jakiś wybór i nie masz pewności, czy na pewno chcesz to wybrać, jak by to było, gdybyś dał sobie czas, aby się w tym zanurzyć?

NARZĘDZIE: ZANURZAJ SIĘ W RÓŻNYCH WYBORACH.

➤ Przyjrzyj się czemuś, co do czego nie masz pewności, czy chcesz to wybrać. Przez kolejne 3 dni zanurzaj się w wyborze tego. Kiedy się w czymś zanurzasz, masz o wiele więcej świadomości energii, która mogłaby zostać wykreowana lub wygenerowana poprzez ten wybór. Przez kolejne 3 dni zanurz się w nie-wyborze tego. Co jest dla ciebie lżejsze?

PYTANIA

Gdybym nie miał żadnych zasad, regulacji ani punktów odniesienia, co bym wykreował?

Rozdział dwunasty: Odpuść wiarę w sukces, porażkę, potrzeby i zachcianki

Już odniosłeś sukces, a jeśli chcesz zmieniać rzeczy w swoim życiu, możesz je po prostu zmienić. Gdzie już stałeś się sukcesem, a jeszcze tego nie uznałeś?

Upadek a porażka

Porażka nie istnieje. To tylko twój punkt widzenia. Wybór, który nie doprowadził cię do zaplanowanego rezultatu – nie jest porażką ani niepoprawnością. Rezultat jest po prostu inny, niż myślałeś, że będzie.

NARZĘDZIE: WYBIERAJ DLA ŚWIADOMOŚCI I NIE PRÓBUJ ZROBIĆ TEGO PRAWIDŁOWO.

➤ Ćwicz wybieranie kreowania świadomości w swoim świecie. Nie sprowadzaj tego do poprawności lub niepoprawności robienia tego. Co chciałbyś wybrać?

Co, zdecydowałeś, że musisz zrobić właściwie?

Czy zdecydowałeś, że twój biznes / związek / świat finansowy – musi być właściwy?

Czy zdecydowałeś, że musisz podjąć właściwą decyzję?

Czy zdecydowałeś, że musisz unikać niewłaściwych decyzji albo unikać upadku i porażki?

A gdybyś wiedział, że twój wybór kreuje świadomość?

Jakim wkładem ten wybór mógłby być dla ciebie, którego jeszcze nie jesteś świadomy?

A jeśli nadszedł już czas, by być tak innym, jakim naprawdę jesteś?

A jeśli ty nie jesteś porażką ani niepoprawnością, a po prostu jesteś inny?

NARZĘDZIE: OTRZYMAJ WKŁAD OD SWOICH „PORAŻEK".

➤ Napisz, co uważasz za swoje życiowe porażki. Kiedy je zapiszesz, spójrz na nie i do każdej zadaj pytanie: „Gdybym nie osądzał tego jako porażki, jaki wkład bym z tego otrzymał?" i „Jaką świadomość wykreowało to w moim życiu, której w przeciwnym razie bym nie otrzymał?" Zapisz, co pojawia się w twojej głowie. Przestań osądzać swój wybór i stań się świadomym wkładu, zmiany i świadomości tego, co to dla ciebie wykreowało.

➤ Zapisz, co uważasz za swoje „osobiste słabości". Przyjrzyj się tej liście słabości, za które się osądzasz. Zapytaj: „Gdybym rozpuścił swój osąd na temat tej rzeczy, jaką siłą by ona naprawdę była?"

Nie potrzebuję ani nie chcę pieniędzy – i ty też nie!

Czy wiedziałeś, że w każdym słowniku sprzed 1946 roku dla pierwotnego znaczenia słowa „chcieć" (ang. *want*) podawano 27 definicji, które oznaczały „brakować" i tylko jedną, która oznaczała „pragnąć"? Za każdym razem, kiedy mówisz „chcę" („*I want*"), mówisz „brakuje mi"!

NARZĘDZIE: "I DON'T WANT MONEY".

Codziennie ćwicz mówienie: „*I don't want money*" (Nie chcę pieniędzy), na głos, przynajmniej dziesięć razy z rzędu. Widzisz, jak wiele lekkości to wprowadza? Ta lekkość, którą odczuwasz, jest uznaniem tego, co jest dla ciebie prawdą. Ponieważ tak naprawdę nie brakuje ci niczego.

Konieczność i wybór

Uwielbiamy wierzyć, że potrzebujemy pewnych rzeczy. A jeśli wszystko jest tylko wyborem?

PYTANIA

- Co zdecydowałem, że jest koniecznością?
- Czy to naprawdę jest konieczność? Czy może jest to wybór?
- Które z konieczności mogę teraz uznać, że są wyborem?
- Co jeśli to wybór, którego mogę teraz dokonać z radością?
- Co ja chciałbym wykreować?

Rozdział trzynasty: Miej i bądź przyzwoleniem

Przyzwolenie jest byciem jak kamień w strumieniu. Wszystkie punkty widzenia tego świata na temat pieniędzy opływają cię dookoła, jednak nie zabierają ze sobą. Przyzwolenie nie jest akceptacją. Ono nie polega na wierze, że wszystko jest w porządku. Możesz wyznaczyć swoją granicę. Ty wybierasz to, co dla ciebie pracuje.

Kiedy ludzie osądzają – nie chodzi wcale o ciebie, chodzi o osądy, które mają na swój temat i na temat tego, czego oni nie są gotowi wykreować.

NARZĘDZIE: JAKI JEST TWÓJ OSĄD O SOBIE?

> Jeśli zauważysz, że zaczynasz kogoś lub coś osądzać, zapytaj siebie, jakie osądy masz na swój temat w odniesieniu do tej osoby lub rzeczy. Zobacz, czy zaczyna się robić lżej. Osąd nie jest prawdziwy, a przyzwolenie kreuje możliwości.

PYTANIA

- Jak by to było być gotowym na otrzymanie osądów (dobrych i złych), które inni ludzie mają na mój temat?
- A gdybym był gotów otrzymać je wszystkie z łatwością?

Czy jesteś gotów być w przyzwoleniu na siebie?

Większość osądów, które mamy na swój temat, jakieś 99% z nich – przejęliśmy od innych ludzi. One nie muszą być rzeczywiste ani prawdziwe.

NARZĘDZIE: NIE OSĄDZAJ SWOICH OSĄDÓW, CIESZ SIĘ NIMI, A POTEM WYBIERZ JESZCZE RAZ!

> Kiedy osądzasz siebie, uznaj: „W tym momencie wybieram się osądzać. Będę się tym cieszyć przez minutę, a potem wybiorę, aby przestać się osądzać."
> Możesz wybrać, aby się osądzać i możesz wybrać, aby przestać się osądzać.
> Kiedy będziesz gotów, żeby przestać się osądzać, zadaj pytania.

- Co jest we mnie poprawnego, czego jeszcze nie widzę?
- A jeśli nigdy nie byłem, ani nie zrobiłem niczego niewłaściwego?
- Co jeśli nic nie jest ze mną nie tak?
- Jakim darem dla mojego życia byłoby całkowite przyzwolenie na wszystko, czym naprawdę jestem?
- Jaką życzliwością mogę być dla siebie poprzez nieosądzanie się dzisiaj?

Nie próbuj zmieniać ludzi.

Jedyną osobą, którą możesz zmienić jesteś ty sam, nikt inny. Jeśli próbujesz nakłonić innych, żeby wybierali to, co ty chcesz, by wybrali, kończy się to na tym, że stawiają ci opór i nienawidzą cię właśnie za to. Pozwól innym wybierać to, co wybierają i nie przestawaj wybierać tego, co ty wybierasz.

- Czy osądzam wybory mojego partnera / rodziny / przyjaciół?
- Jakie przyzwolenie mogę mieć dla nich oraz dla ich wyborów?
- Co chciałbym wybrać dla siebie teraz, czego jeszcze nie wybrałem?

Rozdział czternasty: Bądź gotów być poza kontrolą

Jak bardzo umniejszyłeś pieniądze w swoim życiu, by móc je kontrolować?

A gdybyś mógł kreować swoje życie, biznes i różne przychody finansowe rozszerzając swoją świadomość i *puszczając* wszystko to, co usiłowałeś kontrolować?

A gdybyś mógł genialnie kreować z przestrzeni chaosu?

Pamiętasz, jak kreowanie pieniędzy jest nielinearne? Ty również nie jesteś linearny! A gdybyś mógł wykreować wszystko, jakkolwiek pragniesz i wymagasz kreować, nawet jeśli innym wydaje się to całkowicie chaotyczne? A gdybyś przestał próbować kontrolować swoje życie i zaczął je po prostu kreować? Pamiętaj, nie jesteś sam we wszechświecie, wszechświat będzie wkładem do twojej kreacji wszystkiego, czego pragniesz, zatem proś o więcej.

NARZĘDZIE: PRZESTAŃ KONTROLOWAĆ I PUŚĆ TO.

> Przez następny tydzień spróbuj popuścić cugle wszystkiego, co tak kurczowo trzymałeś. Pozwól odejść rzeczom, które próbujesz kontrolować i zobacz, czy nie pojawi się coś nowego. Zadawaj wiele pytań.

PYTANIA

- Jakie pytania muszę zadać, by wykreować to wszystko z łatwością?
- Kogo lub co jeszcze mogę dodać do swojego biznesu i życia?
- Jak by to było, żeby stało się to łatwe?
- Co dzisiaj wymaga mojej uwagi?
- Nad czym muszę teraz popracować, żeby to wykreować?

A jeśli kreowanie przepływów finansowych naprawdę polega na bawieniu się możliwościami?

NARZĘDZIE: ZWRACAJ UWAGĘ NA SWOJE PRZEPŁYWY FINANSOWE I ZADAWAJ WIĘCEJ PYTAŃ.

➤ Spójrz na przepływy finansowe, które obecnie generujesz lub nie generujesz. Poświęć im swoją uwagę i zadawaj więcej pytań codziennie. Zacznij uczyć się o pieniądzach.

PYTANIA

* Co jest wymagane, żeby mieć ciągłą płynność finansową w swoim życiu?
* Jak wiele strumieni przychodów i kreacji mogę wykreować?
* Z czym chcę się bawić?
* Co przynosi mi radość?
* Czego jestem ciekaw?
* Co jeszcze istnieje na świecie w odniesieniu do pieniędzy, czego odkrycie byłoby dla mnie frajdą?

DWA DODATKOWE NARZĘDZIA ACCESS CONSCIOUSNESS, KTÓRE MOŻESZ DODAĆ, ABY POMNOŻYĆ WSZYSTKO

Zmiana, którą w moim życiu wykreował Access Consciousness jest naprawdę dynamiczna.

Access Consciousness jest wielkim zestawem narzędzi do kreowania zmiany w życiu, do całkowitej zmiany sposobu, w jaki funkcjonujesz, by nic nie było już ograniczone i żeby pojawiała się coraz większa przestrzeń wyboru wszystkiego, czego pragniesz.

Access Consciousness oferuje coś więcej niż tylko narzędzia, które są pytaniami, koncepcjami i działaniami pozwalającymi zmieniać rzeczy – one pozwalają również zmienić *energię*, która znajduje się u podstawy wszystkich punktów widzenia, konkluzji i osądów, które trzymają nas w pułapce i nie pozwalają na zmianę. Gdybyśmy mogli te wszystkie sprawy rozwiązać przy pomocy naszego logicznego umysłu, to mielibyśmy wszystko, czego kiedykolwiek pragnęliśmy – to te chore punkty widzenia nas blokują. Oświadczenie odkreowujące pozwala na zmianę ich wszystkich – i na jeszcze więcej.

Istnieją dwa narzędzia, oczyszczające i zmieniające tę energię leżącą u podstaw, które bardzo polecam używać w połączeniu z pozostałymi narzędziami z tej książki: Oświadczenie odkreowujące Access Consciousness® i Access Bars®.

Oświadczenie odkreowujące jest narzędziem werbalnym, które możesz dodawać do pytań, które oczyszcza energię tego, w czym czujesz, że się właśnie zakleszczyłeś lub utknąłeś. Access Bars jest procesem na ciało, który pozwala na rozpuszczenie zablokowanego komponentu myśli, uczuć i emocji, które zablokowały się w twoim ciele i w twoich punktach widzenia (twoim życiu).

Wiele lat temu przeczytałam mnóstwo książek, w których szukałam sposobu zmiany jakiegoś obszaru mojego życia, a kiedy trafiałam w nich na historie ludzi, czułam się sfrustrowana, myślałam: „Cóż, to wspaniale, ale jak to zrobić? Jak mam to zmienić?" Ta książka jest inna. Masz w niej moje historie, masz pytania i narzędzia – masz również odkreowania do powtarzania z oświadczeniem odkreowującym. To zmieniło u mnie wszystko. To jest moje pragnienie, żebyś wiedział, że te narzędzia istnieją i że możesz nimi zmienić każdy obszar swojego życia, który według ciebie nie pracuje. Wybór należy do ciebie.

OŚWIADCZENIE ODKREOWUJĄCE ACCESS CONSCIOUSNESS®

Oświadczenie odkreowujące jest jednym z podstawowych narzędzi Access Consciousness, które określiłabym mianem pojawiającej się „magii". Tu wszystko sprowadza się do energii. Kiedy zadajesz pytanie, a potem wypowiadasz oświadczenie odkreowujące, zmieniasz, niszczysz i odkreowujesz wszystkie te miejsca, w których wykreowałeś punkt widzenia, powstrzymujący cię przed posiadaniem, byciem lub wybieraniem czegoś innego.

Oświadczenie odkreowujące zaprojektowano w taki sposób, by zmieniało wszystkie te miejsca, w których masz myśli, uczucia, emocje, ograniczenia, osądy i konkluzje, które nie powinny istnieć, i aby kreowało więcej poczucia zabawy i radości oraz powodowało, że pojawi się coś innego – by kreowało więcej świadomości i dostępnych możliwości dla ciebie.

Całe oświadczenie odkreowujące brzmi następująco: Zgoda, niezgoda, dobrze, źle, POC i POD, wszystkie dziewięć, w skrócie, ponad, nuklearne sfery™ .

Jest to skrócona forma dla różnego rodzaju energii, które oczyszczasz. Piękno oświadczenia odkreowującego polega na tym, że nie musisz rozumieć, ani nawet pamiętać całego oświadczenia. Możesz po prostu powiedzieć „POD i POC", „tamto coś" lub nawet „ta energia z tej dziwnej książki, którą właśnie przeczytałem". Ponieważ tu chodzi o energię, a nie o słowa, więc to i tak będzie działać.

Poniżej znajdziesz krótkie wyjaśnienie słów oświadczenia odkreowującego. Jeśli chcesz uzyskać więcej informacji, możesz przejść na stronę www.theclearingstatememnt.com.

ZGODA, NIEZGODA, DOBRZE, ŹLE

Ta część oświadczenia odkreowującego jest skróconą formą: „O czym zdecydowałem, że jest w tym słuszne, dobre, perfekcyjne i poprawne? O czym zdecydowałem, że jest w tym nieprawidłowe, wstrętne, straszne, złe, obrzydliwe i okropne?"

POD i POC

POD (*Point of Destruction*) oznacza punkt destrukcji myśli, uczuć i emocji bezpośrednio poprzedzający decyzję o zablokowaniu tego osądu, punktu widzenia lub energii w miejscu oraz wszystkie sposoby, w jakie niszczysz siebie, aby utrzymać je w egzystencji. POC (*Point of Creation*) oznacza punkt tworzenia myśli, uczuć i emocji bezpośrednio poprzedzający twoją decyzję o zablokowaniu tej energii.

"POD i POC" jest również skrótem dla całego oświadczenia odkreowującego.

Używając „POD i POC" wyciągasz spodnią kartę z misternie ustawionego domku z kart. Cała konstrukcja się rozpada.

Wszystkie 9

„Wszystkie 9" oznacza dziewięć różnych sposobów, w jakie wykreowałeś tę rzecz jako ograniczenie w swoim życiu. Warstwy myśli, uczuć, emocji i punktów widzenia kreują niezniszczalność i prawdziwość tego ograniczenia.

W skrócie

„W skrócie" jest skróconą wersją znacznie dłuższej serii pytań, które obejmują następujące aspekty: Co jest w tym znaczące? Co jest w tym bez znaczenia? Jaka jest za to kara? Jaka jest za to nagroda?

Nuklearne sfery

Mamy taki punkt widzenia, że jeśli będziemy obierać warstwy cebuli, w końcu dojdziemy do rdzenia problemu; jednak jak często okazuje się, że nigdy nie jesteśmy w stanie tam dotrzeć? „Nuklearne sfery" oznaczają strukturę energetyczną, którą błędnie identyfikujemy jako cebulę, którą powinniśmy obrać. Nuklearne sfery są jak bańki mydlane wychodzące z dziecięcej rurki do robienia baniek. Próbujemy przebijać je po kolei myśląc, że radzimy sobie z jakimś problemem, ale to tak, jakby dziecko dalej dmuchało w tę rurkę, kreując coraz więcej baniek. Usuń rurkę, a bańki przestaną lecieć. To jest ta energia kolektywnie zwana „nuklearnymi sferami".

Ponad

To wszystkie uczucia lub wrażenia, które masz w momencie, kiedy staje ci serce, wstrzymujesz oddech lub tracisz gotowość przyglądania się możliwościom. „Ponad" jest czymś, co się pojawia, kiedy jesteś w szoku – jak wtedy, kiedy niespodziewanie otrzymujesz ogromny rachunek telefoniczny. To zazwyczaj uczucia i wrażenia – rzadko emocje, nigdy myśli.

JAK DZIAŁA OŚWIADCZENIE ODKREOWUJĄCE

Po raz pierwszy usłyszałam oświadczenie odkreowujące na spotkaniu otwartym Access Consciousness i kiedy facylitator wygłosił oświadczenie, pomyślałam: "O czym on, do cholery, mówi? Nie mam pojęcia, co to jest!" Zauważyłam jednak, że następnego ranka, kiedy się obudziłam, rzeczy się dla mnie zmieniły.

Wcześniej wiodłam uporządkowane życie: wstawałam o 6:30, na siłowni byłam przed 7:00 (i musiałam iść na siłownię, inaczej cały dzień się za to osądzałam), w biurze byłam przed 9:00, zarządzałam swoim biznesem od poniedziałku do piątku i zostawałam po godzinach, robiąc to i tamto.

Wszystko musiało wyglądać w określony sposób. I myślałam, że zawsze już tak będzie.

Rano po spotkaniu otwartym, kiedy siedziałam na łóżku, zdałam sobie sprawę: „Och, nie poszłam na siłownię" i poczułam przy tym przestrzeń, ciągle nie wiedząc, co się właściwie stało.

Facilitator spotkania otwartego zadzwonił do mnie: „Hej, dzwonię, żeby się spytać, jak się miewasz", a ja odpowiedziałam: „Co ty mi, do cholery, zrobiłeś wczoraj wieczorem?" Zapytał: „Co masz na myśli?" Wyjaśniłam, że czuję się tak, jakby całe moje życie się właśnie zmieniło. Wszystko, o czym kiedyś zdecydowałam, że muszę to robić, przestało mieć jakiekolwiek znaczenie. To było tak, jakby stała się wtedy dostępna jakaś inna możliwość i nie miałam pojęcia, czym to było. Ale radość z tego była taka, że *nie czułam, że muszę to rozgryźć*. W moim świecie zaistniało poczucie zabawy, którego nie doświadczałam, od kiedy przestałam być dzieckiem.

Jednego byłam pewna: o czymkolwiek ten facylitator mówił na spotkaniu otwartym Access, to działało. I zapragnęłam tego więcej. Natychmiast zapytałam: „Co robimy dalej? Kiedy będzie następna klasa?" Facilitator powiedział mi, jaka będzie kolejna klasa, ale że zbliżały się Święta, to nikt nie chciałby w niej uczestniczyć o tej porze roku. Zapytałam: „Ilu ludzi potrzebujesz, żeby ją zrobić?", a on odpowiedział: „Czterech." Powiedziałam: „Zrobione." W ciągu trzech dni miałam cztery osoby gotowe przyjść na klasę i odbyła się ona między Świętami Bożego Narodzenia a Nowym Rokiem.

Takie było żądanie w moim świecie: mieć tego więcej, czymkolwiek to jest, *teraz*. Szukałam przez tyle lat – przez ścieżki duchowe, przez narkotyki, przez podróże po całym świecie – szukałam czegoś więcej. W każdym aspekcie życia szukałam tego czegoś, czymkolwiek to jest. Później zdałam sobie sprawę, że to coś pokazywało mi – *mnie*. Zawsze szukałam tego gdzieś indziej, poza sobą, jako źródła zmiany i zdałam sobie sprawę, że to ja jestem źródłem zmiany.

JAK UŻYWAĆ OŚWIADCZENIA ODKREOWUJĄCEGO

Aby użyć oświadczenia odkreowującego, najpierw zadaj pytanie. Zadanie pytania przywołuje energię. Może to nawet przywołać określone myśli, uczucia lub emocje – ale nie musi. Wówczas prosisz o oczyszczenie tej energii, która się ukazała – powtarzając oświadczenie odkreowujące. Na przykład:

„Jakie mam osądy na temat kreowania pieniędzy?" Wszystko, czym to jest (czyli całą energię, która została przywołana) teraz w całości niszczę i odkreowuję. *Zgoda, niezgoda, dobrze, źle, POC i POD, wszystkie dziewięć, w skrócie, ponad, nuklearne sfery."*

Na klasie facylitator zadaje ci pytanie, a potem prosi: „Wszystko, co tu się ukazuje, czy zechcesz teraz zniszczyć i odkreować?" A potem powtarza oświadczenie odkreowujące. Robimy to w ten sposób, ponieważ to zależy od ciebie, ile z tego zechcesz odpuścić i zmienić. Oświadczenie odkreowujące nie wyczyści niczego, co dla ciebie pracuje albo tego, czego nie masz życzenia zmienić. Ono oczyści tylko to, co jesteś gotów i pragniesz puścić.

Na końcu tego rozdziału zawarłam listę odkreowań (pytań z oświadczeniem odkreowującym), które możesz powtarzać. Możesz je ciągle powtarzać, żeby oczyszczać coraz więcej energii i zyskać więcej lekkości, przestrzeni i wyboru w tym obszarze.

ACCESS BARS®

Access Bars to 32 punkty na głowie które, kiedy są delikatnie dotykane, zaczynają rozpraszać i uwalniać myśli, uczucia i emocje, które masz na temat uzdrawiania, smutku, radości, seksualności, ciała, starzenia się, kreatywności, kontroli, pieniędzy – to tylko kilka z nich. Jestem pewna, że nie masz na te tematy żadnych punktów widzenia, prawda? ☺

Naprawdę sugeruję, abyś podarował sobie sesję Bars. Ona pozwoli twojemu ciału włączyć się w zmianę, jaką kreujesz. A im bardziej włączysz swoje ciało w proces zmiany swojego życia, tym będzie ono lżejsze i radośniejsze.

Moja pierwsza sesja Bars wykreowała dla mnie przestrzeń, w której wydawałam się nie mieć mocnego, stałego punktu widzenia na żaden temat. Miałam większy dostęp do wyboru czegoś innego. Im więcej otrzymasz sesji Bars, tym większa stanie się ta przestrzeń.

Innym sposobem, w jaki możesz używać sesji Bars do wspomagania zmiany w twojej sytuacji finansowej jest mówienie o pieniądzach i o tym, co się u ciebie pojawia w temacie pieniędzy w czasie, kiedy masz uruchomiony punkt „pieniądze". To działa tak, jak wciśnięcie klawisza (delete) usuwania decyzji, które podjąłeś na temat tego, czym są pieniądze, wszystkich punktów widzenia, jakie kupiłeś na temat pieniędzy, wszystkich punktów widzenia pochodzących od twojej rodziny przyjaciół, kultury, w której się urodziłeś i tak dalej, aż będziesz mógł zacząć kreować własną rzeczywistość finansową.

Znajdź praktyka Bars, albo nawet weź udział w klasie. Możesz nauczyć się Access Bars na jednodniowym warsztacie, na którym otrzymasz i wykonasz dwie sesje. Wyjdziesz stamtąd czując się całkowicie inaczej.

Więcej informacji znajdziesz na www.bars.accessconsciousness.com

ODKREOWANIA ACCESS CONSCIOUSNESS DOTYCZĄCE PIENIĘDZY

Poniższa lista odkreowań dotyczących pieniędzy może posłużyć ci do oczyszczenia tej energii, która powstrzymuje się przed posiadaniem wspanialszych możliwości. Im częściej powtarzasz te odkreowania, tym większą zmianę osiągasz. Nagranie tych odkreowań jest dostępne do pobrania za darmo ze strony http://www.gettingoutofdebtjoyfully.com/ bookgift.html i możesz je odtwarzać w pętli na swoim odtwarzaczu mp3 lub na telefonie. Możesz je odtwarzać praktycznie bezgłośnie, kiedy śpisz. Będą działać jeszcze bardziej dynamicznie, kiedy twój kognitywny umysł zejdzie im z drogi. Baw się dobrze! Pamiętaj: Radosne wychodzenie z długów!

Co znaczą dla ciebie pieniądze? Wszystko, co się tu ukazuje, razy Bóg wie, ile razy, czy zechcesz to zniszczyć i odkreować? Zgoda, niezgoda, dobrze, źle, POC i POD, wszystkie dziewięć, w skrócie, ponad, nuklearne sfery.®

Co zdecydowałeś i wywnioskowałeś, że jest poprawne w pieniądzach? Wszystko, co się tu ukazuje, razy Bóg wie, ile razy, czy zechcesz to zniszczyć i odkreować? Zgoda, niezgoda, dobrze, źle, POC i POD, wszystkie dziewięć, w skrócie, ponad, nuklearne sfery. ®

Co zdecydowałeś i wywnioskowałeś, że jest niepoprawne w pieniądzach? Wszystko, co się tu ukazuje, razy Bóg wie, ile razy, czy zechcesz to zniszczyć i odkreować? Zgoda, niezgoda, dobrze, źle, POC i POD, wszystkie dziewięć, w skrócie, ponad, nuklearne sfery. ®

Złap energię pieniędzy, które obecnie zarabiasz i pomnóż ją razy 2, postrzegaj teraz energię tej kwoty. Wszystko, co nie pozwala się temu ukazać - czy zechcesz to zniszczyć i odkreować? Zgoda, niezgoda, dobrze, źle, POC i POD, wszystkie dziewięć, w skrócie, ponad, nuklearne sfery. ®

Złap energię pieniędzy, które obecnie zarabiasz i pomnóż ją razy 5, postrzegaj teraz energię tej kwoty. Wszystko, co nie pozwala się temu ukazać - czy zechcesz to zniszczyć i odkreować? Zgoda, niezgoda, dobrze, źle, POC i POD, wszystkie dziewięć, w skrócie, ponad, nuklearne sfery. ®

Teraz pomnóż ją razy 10. Wszystko, co się tu ukazuje, razy Bóg wie, ile razy, czy zechcesz to zniszczyć i odkreować? Zgoda, niezgoda, dobrze, źle, POC i POD, wszystkie dziewięć, w skrócie, ponad, nuklearne sfery. ®

Teraz pomnóż to razy 50. Teraz zarabiaj 50 razy tyle, ile obecnie zarabiasz. Czy wszystkie osądy, projekcje, separacje, wszystko, o czym zdecydowałeś i skonkludowałeś, że mogłoby się wtedy pojawić, czy zechcesz to teraz zniszczyć i odkreować? Zgoda, niezgoda, dobrze, źle, POC i POD, wszystkie dziewięć, w skrócie, ponad, nuklearne sfery. ®

Teraz pomnóż to razy 100. Wszystko, co się tu ukazuje, razy Bóg wie, ile razy, czy zechcesz to zniszczyć i odkreować? Zgoda, niezgoda, dobrze, źle, POC i POD, wszystkie dziewięć, w skrócie, ponad, nuklearne sfery. ®

Jaką energią muszę dziś być lub zrobić, aby wygenerować więcej pieniędzy natychmiast? Wszystko, co się tu ukazuje, razy Bóg wie, ile razy, czy zechcesz to zniszczyć i odkreować? Zgoda, niezgoda, dobrze, źle, POC i POD, wszystkie dziewięć, w skrócie, ponad, nuklearne sfery. ®

Gdzie ograniczasz siebie i to, co możesz wykreować, ponieważ sprowadziłeś wszystko do pieniędzy zamiast do radości z nich? Wszystko, co się tu ukazuje, razy Bóg wie, ile razy, czy zechcesz to zniszczyć i odkreować? Zgoda, niezgoda, dobrze, źle, POC i POD, wszystkie dziewięć, w skrócie, ponad, nuklearne sfery. ®

Jaką generatywną energią, przestrzenią i świadomością mogę się stać ja i moje ciało, co pozwoliłoby na to, by każdy dzień był celebracją życia? Wszystko, co się tu ukazuje, razy Bóg wie, ile razy, czy zechcesz to zniszczyć i odkreować? Zgoda, niezgoda, dobrze, źle, POC i POD, wszystkie dziewięć, w skrócie, ponad, nuklearne sfery. ®

Co udowadniasz pieniędzmi? Co udowadniasz brakiem pieniędzy? Wszystko, co się tu ukazuje, razy Bóg wie, ile razy, czy zechcesz to zniszczyć i odkreować? Zgoda, niezgoda, dobrze, źle, POC i POD, wszystkie dziewięć, w skrócie, ponad, nuklearne sfery. ®

Jakiej kreacji pieniędzy używasz, aby potwierdzić rzeczywistości innych ludzi i unieważnić swoją, którą wybierasz? Wszystko, co się tu ukazuje, razy Bóg wie, ile razy, czy zechcesz to zniszczyć i odkreować? Zgoda, niezgoda, dobrze, źle, POC i POD, wszystkie dziewięć, w skrócie, ponad, nuklearne sfery. ®

Co zadecydowałeś na temat pieniędzy, że gdybyś tego nie zdecydował, wykreowałoby to całkiem inną rzeczywistość i przepływy finansowe? Wszystko, co się tu ukazuje, razy Bóg wie, ile razy, czy zechcesz to zniszczyć i odkreować? Zgoda, niezgoda, dobrze, źle, POC i POD, wszystkie dziewięć, w skrócie, ponad, nuklearne sfery. ®

Co kochasz w nienawidzeniu pieniędzy? Czego nienawidzisz w kochaniu pieniędzy? Wszystko, co się tu ukazuje, razy Bóg wie, ile razy, czy zechcesz to zniszczyć i odkreować? Zgoda, niezgoda, dobrze, źle, POC i POD, wszystkie dziewięć, w skrócie, ponad, nuklearne sfery. ®

Co masz przeciwko byciu bogatym i życiu w dobrobycie? Wszystko, co się tu ukazuje, razy Bóg wie, ile razy, czy zechcesz to zniszczyć i odkreować? Zgoda, niezgoda, dobrze, źle, POC i POD, wszystkie dziewięć, w skrócie, ponad, nuklearne sfery. ®

Czym zdecydowałeś, że są pieniądze, a one tym nie są, co powstrzymuje cię przed zarabianiem wielkich pieniędzy? Wszystko, co się tu ukazuje, razy Bóg wie, ile razy, czy zechcesz to zniszczyć i odkreować? Zgoda, niezgoda, dobrze, źle, POC i POD, wszystkie dziewięć, w skrócie, ponad, nuklearne sfery. ®

Jakie masz sekrety związane z pieniędzmi? Jakie są twoje ciemne, głęboko schowane sekrety? Wszystko, co się tu ukazuje, razy Bóg wie, ile razy, czy zechcesz to zniszczyć i odkreować? Zgoda, niezgoda, dobrze, źle, POC i POD, wszystkie dziewięć, w skrócie, ponad, nuklearne sfery. ®

Czy jesteś gotów wystarczająco ciężko pracować, by stać się miliarderem? Wszystko, co się tu ukazuje, razy Bóg wie, ile razy, czy zechcesz to zniszczyć i odkreować? Zgoda, niezgoda, dobrze, źle, POC i POD, wszystkie dziewięć, w skrócie, ponad, nuklearne sfery. ®

Jakie masz osądy na temat pieniędzy, zysków, biznesu i sukcesu? Wszystko, co się tu ukazuje, razy Bóg wie, ile razy, czy zechcesz to zniszczyć i odkreować? Zgoda, niezgoda, dobrze, źle, POC i POD, wszystkie dziewięć, w skrócie, ponad, nuklearne sfery. ®

Wszędzie, gdzie zadecydowałeś, że góry pieniędzy są nieogarnięte, czy zechcesz to teraz zniszczyć i odkreować? Wszystko, co się tu ukazuje, razy Bóg wie, ile razy, czy zechcesz zniszczyć i odkreować? Zgoda, niezgoda, dobrze, źle, POC i POD, wszystkie dziewięć, w skrócie, ponad, nuklearne sfery. ®

Jaką energią, przestrzenią i świadomością możesz stać się ty i twoje ciało, co pozwoliłoby ci mieć zbyt dużo pieniędzy i nigdy nie dość? Wszystko, co się tu ukazuje, razy Bóg wie, ile razy, czy zechcesz to zniszczyć i odkreować? Zgoda, niezgoda, dobrze, źle, POC i POD, wszystkie dziewięć, w skrócie, ponad, nuklearne sfery. ®

Ilu z was kreuje w oparciu o brak pieniędzy? Czy czynisz z pieniędzy źródło kreacji zamiast SAM stać się źródłem kreacji? Wszystko, co się tu ukazuje, razy Bóg wie, ile razy, czy zechcesz to zniszczyć i odkreować? Zgoda, niezgoda, dobrze, źle, POC i POD, wszystkie dziewięć, w skrócie, ponad, nuklearne sfery. ®

Co wiesz o inwestowaniu, a odmawiasz uznania tego, a gdybyś to uznał, wykreowałoby to dla ciebie więcej pieniędzy niż kiedykolwiek byłeś w stanie sobie wyobrazić? Wszystko, co się tu ukazuje, razy Bóg wie, ile razy, czy zechcesz to zniszczyć i odkreować? Zgoda, niezgoda, dobrze, źle, POC i POD, wszystkie dziewięć, w skrócie, ponad, nuklearne sfery. ®

Ile różnych strumieni finansowych możesz wykreować? Z jakimi innymi strumieniami przychodów możesz się bawić? Gdzie nie pozwoliłeś pojawić się losowym strumieniom przychodów, które mogłyby wykreować więcej pieniędzy niż kiedykolwiek uznałeś za możliwe? Wszystko, co się tu ukazuje, razy Bóg wie, ile razy, czy zechcesz to zniszczyć i odkreować? Zgoda, niezgoda, dobrze, źle, POC i POD, wszystkie dziewięć, w skrócie, ponad, nuklearne sfery. ®

Co masz, a nie chcesz tego użyć do kreowania pieniędzy, przepływów finansowych i strumieni przychodów? Wszystko, co się tu ukazuje, razy Bóg wie, ile razy, czy zechcesz to zniszczyć i odkreować? Zgoda, niezgoda, dobrze, źle, POC i POD, wszystkie dziewięć, w skrócie, ponad, nuklearne sfery. ®

Gdzie się poddajesz i rezygnujesz, żeby kreować brak pieniędzy, który wybierasz? Wszystko, co się tu ukazuje, czy zechcesz to zniszczyć i odkreować? Zgoda, niezgoda, dobrze, źle, POC i POD, wszystkie dziewięć, w skrócie, ponad, nuklearne sfery. ®

Co uczyniłeś tak ważnym w nigdy, przenigdy, nieposiadaniu pieniędzy, co podtrzymuje spójność braku zmiany, braku kreacji, braku zabawy i braku szczęścia? Wszystko, co się tu ukazuje, razy Bóg wie, ile razy, czy zechcesz to zniszczyć i odkreować? Zgoda, niezgoda, dobrze, źle, POC i POD, wszystkie dziewięć, w skrócie, ponad, nuklearne sfery. ®

Jakiego entuzjazmu sobie odmawiasz, który prawdziwie mógłbyś wybierać, że gdybyś go wybrał, wykreowałbyś więcej pieniędzy, niż kiedykolwiek uznałeś, że jest to możliwe? Wszystko, co się tu ukazuje, razy Bóg wie, ile razy, czy zechcesz to zniszczyć i odkreować? Zgoda, niezgoda, dobrze, źle, POC i POD, wszystkie dziewięć, w skrócie, ponad, nuklearne sfery. ®

Kogo lub czego odmawiasz utracić, że gdybyś to utracił, pozwoliłoby ci to mieć zbyt dużo pieniędzy? Wszystko, co się tu ukazuje, razy Bóg wie, ile razy, czy zechcesz to zniszczyć i odkreować? Zgoda, niezgoda, dobrze, źle, POC i POD, wszystkie dziewięć, w skrócie, ponad, nuklearne sfery. ®

Czym odmawiasz się stać, a mógłbyś się tym stać, że gdybyś się stał, zmieniłbyś całą swoją finansową rzeczywistość? Wszystko, co się tu ukazuje, razy Bóg wie, ile razy, czy zechcesz to zniszczyć i odkreować?

Zgoda, niezgoda, dobrze, źle, POC i POD, wszystkie dziewięć, w skrócie, ponad, nuklearne sfery. ®

Jakiego poziomu entuzjazmu i radości życia odmawiasz, że gdybyś tego nie odmawiał, zmieniłoby to całą twoją rzeczywistość finansową? Wszystko, co się tu ukazuje, razy Bóg wie, ile razy, czy zechcesz to zniszczyć i odkreować? Zgoda, niezgoda, dobrze, źle, POC i POD, wszystkie dziewięć, w skrócie, ponad, nuklearne sfery. ®

Czego nie jesteś gotów otrzymać, a gdybyś to otrzymał, zmieniłoby to całkowicie przepływy finansowe i gotówkowe, na które wiesz, że zasługujesz? Wszystko, co nie pozwala się temu ukazać - czy zechcesz to zniszczyć i odkreować? Zgoda, niezgoda, dobrze, źle, POC i POD, wszystkie dziewięć, w skrócie, ponad, nuklearne sfery. ®

Ilu wątpliwości używasz, by kreować brak pieniędzy, które wybierasz? Wszystko, co się tu ukazuje, razy Bóg wie, ile razy, czy zechcesz to zniszczyć i odkreować? Zgoda, niezgoda, dobrze, źle, POC i POD, wszystkie dziewięć, w skrócie, ponad, nuklearne sfery. ®

Co już wykreowałeś jako swoje życie i nie jesteś gotów tego uznać, że gdybyś to uznał, wykreowałbyś znacznie więcej? Wszystko, co się tu ukazuje, razy Bóg wie, ile razy, czy zechcesz to zniszczyć i odkreować? Zgoda, niezgoda, dobrze, źle, POC i POD, wszystkie dziewięć, w skrócie, ponad, nuklearne sfery. ®

Co teraz jesteś w stanie wykreować, a czego nie byłeś gotów postrzegać, wiedzieć, być i otrzymać, *że* gdybyś to wybrał, urzeczywistniłoby się to jako mniej pracy, więcej pieniędzy i wspanialsza zmiana na świecie? Wszystko, co się tu ukazuje, razy Bóg wie, ile razy, czy zechcesz to zniszczyć i odkreować? Zgoda, niezgoda, dobrze, źle, POC i POD, wszystkie dziewięć, w skrócie, ponad, nuklearne sfery. ®

Simone Milasas

Część Czwarta

Historie Zmian

HISTORIE ZMIAN

Czasami, kiedy czytasz o tym, jak jakaś osoba zmieniła swoją rzeczywistość finansową, łatwo możesz pomyśleć: „Och, u nich było inaczej, im było jakoś łatwiej, u mnie to raczej nie zadziała."

To naprawdę nie ma znaczenia skąd jesteś, czy jesteś młody czy stary, czy masz jakieś pieniądze, czy masz dużo pieniędzy czy nie masz ich wcale – twoja sytuacja finansowa nie musi wyglądać tak, jak kiedyś, ani nawet tak, jak dzisiaj; ona może się zmieniać i poszerzać.

Mam wokół siebie mnóstwo ludzi; znam wspaniałych, cudownych ludzi, o których wiem, że nie zawsze mieli taką sytuację finansową, jaką mają dzisiaj – i byłam bardzo podekscytowana, mogąc przeprowadzić z nimi wywiady, którymi dzielę się z tobą w tej książce.

Wszyscy ci ludzie albo wyrośli, albo żyli w okolicznościach, w których musieli walczyć o pieniądze i mieli na ich temat ograniczające punkty widzenia – i zmienili to. Mam nadzieję, że ich historie zainspirują cię i będą wkładem dla twojego wiedzenia, że zmiana długu oraz punktów widzenia wokół pieniędzy nie musi mieć wielkiego znaczenia – że to jest coś w twoim życiu, co po prostu możesz zmienić.

Uwaga: Poniższe wywiady są edytowaną transkrypcją. Pełne wywiady zostały wyemitowane w audycji radiowej The Joy of Business (Radość z Biznesu). Możesz wysłuchać nagrań tych audycji w naszym archiwum: http://accessjoyofbusiness. com/radio-show/

WYWIAD Z CHRISTOPHEREM HUGHESEM

Zaczerpnięty z audycji w radiu internetowym Joy of Business: „Getting Out of Debt Joyfully with Christopher Hughes" (Radosne wychodzenie z długów z Christopherem Hughesem) wyemitowanej 27 lipca 2016.

Jakie było twoje życie, kiedy byłeś w długach? Jak funkcjonowałeś, kiedy nie miałeś pieniędzy? Jakie były twoje główne punkty widzenia?

Wtedy funkcjonowałem z poziomu – i miałem punkt widzenia – że to zbyt trudne, że nie mam takich szans, jakie mają inni ludzie, albo że nie ma wystarczająco dużo zasobów, które mógłbym uruchomić.

Myślałem, że nie ma wystarczającej ilości pieniędzy ani wystarczająco dużo ludzi, którzy mogliby mi pomóc w tym, co chciałem robić, ani tych, którzy byli wystarczająco zainteresowani moimi produktami i usługami, albo wiesz, powód x, y, z.

Czy to wiązało się ściśle z tymi obszarami, w których nie byłeś gotów zobaczyć swojej wartości lub wartości pieniędzy?

Cóż… tak i nie. Tu chodziło o moją wartość, ale również ja sam uczyniłem swoją sytuację powodem, dla którego nie miałem pieniędzy, których wymagałem. A czasami było to wręcz nierealne, jak mało posiadałem. Nie tylko był ten dług, ale również mówiłem: „Zbiornik paliwa jest prawie pusty, a ja mam tylko 50 centów. Hmm. Może będę jechał trochę wolniej, bo w ten sposób zużyję mniej paliwa. Gdybym tylko mógł zagwarantować sobie, że dojadę do domu."

Mówiłem: „Co interesującego mogę dziś wieczorem zrobić z puszką tuńczyka?" - gdybym tylko było mnie stać na tuńczyka! Ale to wszystko polegało na projektowaniu przyczyn na moją sytuację. To takie zabawne, bo w życiu nigdy wcześniej niczego takiego z niczym nie robiłem. Prawdopodobnie miałem większą tendencję do oskarżania się za różne rzeczy, ale z jakiegoś powodu z pieniędzmi – zawsze mówiłem o scenariuszu, jaki realizuję, sytuacji, w jakiej się znajduję, otaczających mnie okolicznościach. To był mój szczególny obiektyw, przez który wówczas patrzyłem.

Zatem – to nie była twoja wina? To zawsze była wina kogoś innego, że nie miałeś pieniędzy, o to chodzi? Czy może tak cię wychowano?

Dokładnie. Musiałem mieć naprawdę dosyć, być naprawdę sfrustrowany i naprawdę wkurzony brakiem pieniędzy, by powiedzieć: „Zaraz, zaraz. Dlaczego *ja* to wybieram? Dlaczego obwiniam o to scenariusz i sytuację?" Zdałem sobie sprawę – uczestnicząc w klasach Access Consciousness i przyglądając się dokładnie scenariuszowi – „Och, to w ten sposób żyła mama, która mnie wychowywała." Ona również miała wszystkie powody świata, aby je obwiniać. Wyszła za mąż, kiedy miała 16 lat, ponieważ zaszła w ciążę, a kiedy skończyła 25 lat, miała już trójkę dzieci. Najstarsze z nich miało 9 lat. Matka skończyła tylko ogólniak, nie miała innego wykształcenia a mój ojciec był naprawdę agresywnym człowiekiem. Pamiętam, że kiedyś odebrała mnie ostatniego dnia z przedszkola i pojechaliśmy do innego miasta, aby się przed nim ukryć, ponieważ był tak agresywny. W ciągu dnia pracowała w sklepach 7/11, natomiast w nocy uczyła się do szkoły, stopniowo się rozwijając. Ale miała mnóstwo punktów widzenia. Wychowano mnie w scenariuszu i w sytuacji, w której życie jest walką i ciągłym zmaganiem się, życie jest ciężkie - z tym musiałeś sobie radzić, a nie z tym, co kreowałeś.

Czy jest coś szczególnego, co wyraźnie pamiętasz, gdzie kreowałeś energię unikania lub ignorancji, czy może zawsze zmierzało to do utrzymania długu?

Miałem taką schizę, że zawsze podróżowałem; byłem podróżnikiem. Urodziłem się w Kanadzie, w małym miasteczku, ale wyjechałem stamtąd tak szybko, jak tylko mogłem, ponieważ tak się robiło, chyba, że się zaszło w ciążę - tak jak moja matka. Zatem zacząłem dużo podróżować i ciągle wymyślałem siebie na nowo, jechałem na drugi koniec kraju na cztery lata, a potem do Azji na kilka lat, przeprowadzałem się to tu, to tam. I nigdy nigdzie nie osiadłem na stałe, nie zaczynałem budować życia w miejscu, w którym przebywałem. Tak, przychodziło wiele listów ze słowami: „Odetniemy tę usługę" lub „Nie dopełnił Pan obowiązku" i nigdy do mnie nie dotarło, że to wywiera wpływ na moje życie, ponieważ tak naprawdę nigdy się w to życie nie zaangażowałem, powtarzałem tylko: „No cóż." Zamieniałem jeden szemrany samochód na następny, tylko na tyle mogłem sobie pozwolić, a były to największe graty, jakie w życiu widziałaś.

Pamiętam, że kiedyś jeden z nich mi się rozkraczył na drodze, powiedziałem wtedy: „Och" i sięgnąłem po drobne znajdujące się w uchwycie na kubek, wrzuciłem je do kieszeni i zostawiłem ten samochód na skraju drogi i po prostu odszedłem. Bo to było tylko tyle. Nie byłem tak naprawdę gotów na tyle zaangażować się w swoje życie, by zatroszczyć się o siebie i zadbać o te rzeczy - pokryć wszystkie te wydatki i uhonorować siebie nie tylko poprzez pokrycie tych wydatków, ale również poprzez zrobienie czegoś dla siebie.

Tak naprawdę to było zabawne; muszę opowiedzieć resztę tej historii, kiedy zostawiłem tego grata na drodze. To nie polegało tylko na zabraniu ze sobą drobnych z konsoli samochodu i odejściu. Zabrałem je, ale mieszkałem wtedy na Słonecznym Wybrzeżu w Queensland, które znajduje się około 2 godziny od Brisbane, gdzie rozkraczył się mój samochód; byłem wtedy w Brisbane i miałem ze sobą prezent na Święta dla Brendona, partnera Simone. Wziąłem go ze sobą, tak jak te drobne – to był zestaw garnków i patelni, bo on wtedy zaczynał interesować się gotowaniem – i ja wziąłem te drobne i kupiłem za nie bilet z Brisbane z powrotem na Słoneczne Wybrzeże i pamiętam, że nie miałem nic, kiedy dotarłem do celu. Dworzec kolejowy znajdował się 35-45 minut od miejsca, w którym mieszkałem, i wtedy pomyślałem: „Właściwie to nie wiem, jak dostać się do domu." Nie miałem pieniędzy.

To jak dojechałeś do domu?

„Miałem tak mało pieniędzy, że musiałem zadzwonić do wszystkich, których znałem, aby znaleźć kogoś, kto podwiózłby mnie te ostatnie 30 minut do domu."

Ostatnio po raz pierwszy przejechałeś się Teslą. Kiedy z niej wysiadłeś, powiedziałeś: „Okej, myślę, że chciałbym kupić nowy samochód. Chyba nadszedł czas na coś lepszego." Obecnie Tesla kosztuje około 220 000

dolarów australijskich. Kiedy dzisiaj patrzysz na coś takiego w swoim życiu... gdzie znajdowałaby się taka rzecz w twoim wszechświecie lata temu? Jaki był twój punkt widzenia? A jaki jest twój punkt widzenia teraz?

Lata temu, właściwie nie tak znowu wiele lat temu, powiedziałbym: „O mój Boże. Nawet o tym nie myśl." Ale zrobiłbym to samo z samochodem za 50 000 dolarów. Po prostu samochód za 220 000 dolarów byłby niezłym żartem i absurdem... i dlaczego w ogóle miałbyś o nim myśleć, nawet nie patrz na taki samochód, nawet koło niego nie przechodź. Teraz jest inaczej. Powiedziałbym: „Okej. Wykreowanie czegoś takiego dla siebie wymaga trochę negocjacji i pracy wokół tego i musiałbym się przyjrzeć, co mogę tu zrobić finansowo, ale prawdopodobnie dałbym radę."

Ostatnio poszedłem do sklepu i kupiłem trzy takie piękne koszule, z których każda kosztowała około 500 dolarów, przy których kiedyś, będąc w długach, powiedziałbym: „Hej, co ty robisz?" Ale kupiłem je wszystkie, które były w moim rozmiarze. Gdyby mieli więcej, kupiłbym i pozostałe. A to całkiem nowy punkt widzenia i paradygmat. Powiedziałem: „Tak. Dlaczego nie?" To jedna z największych rzeczy, jakie zauważyłem, kiedy przestałem tkwić w długach, że istnieje w moim życiu wielki obszar, w którym nie funkcjonuję już z ograniczenia.

Jakie obszary życia zmieniłeś, żeby to wykreować? Czego musiałeś zażądać? Jakich narzędzi użyłeś, aby to zmienić i już więcej nie funkcjonować z ograniczenia?

Było kilka rzeczy. Jest takie narzędzie Access Consciousness, które pokazał mi Gary Douglas, które nazywa się konto na 10%. Miejsce, w którym odkładasz 10% z każdego dolara, który przychodzi do twojego życia po to, aby uhonorować siebie; nigdy ich nie wydajesz, nie używasz do zapłacenia rachunków, nie wydajesz ich na nic. Dla mnie to było podstępne. Nigdy nie mogłem sobie ułożyć tego w głowie - dlaczego, gdy dostaję czerwoną kopertę mówiącą: „Odetniemy ci elektryczność", nie mogę użyć na to moich 10%. Zacząłem więc stosować trik, aby nadal mieć te pieniądze: zacząłem kupować srebro.

Srebro na giełdzie jest towarem łatwo zbywalnym. Codziennie ustalana jest aktualna cena rynkowa srebra. To waluta. Kupowałem więc te rzeczy, które są wartościowe za moje 10%, ale nie mogłem użyć ich do zapłacenia rachunków. To znaczy – mogłem wymienić je na gotówkę czy coś innego, ale mogłem na tym stracić lub zyskać pieniądze, a to było bardzo niedogodne. I ten mały bufor między tym, ile czasu zajmuje mi upłynnienie ich po to, by zapłacić za rachunek, zawsze dawał mi wystarczającą chwilę, aby dojść do wniosku: „Nie, czekaj. Naprawdę chciałbym mieć to w swoim życiu." I fajne jest w tym jeszcze to, że czasami za moje 10% kupię łyżeczkę za 40 dolarów, a czasami kilogram srebra, które dzisiaj jest warte około 900 dolarów australijskich. I po jakimś czasie te mniejsze i większe kroki zaczęły się sumować. Pamiętam, kiedy starałem się o hipotekę, rok czy dwa lata temu – nie miałem pojęcia czy zakwalifikuję się jako kredytobiorca – czy bank zechce pożyczyć mi jakieś pieniądze. I chodziłem po domu dodając całe srebro i złoto i tego rodzaju rzeczy – okazało się, że w samym srebrze mam blisko 150 000 dolarów.

Na tej podstawie bank stwierdził: „Tak, pożyczymy panu pieniądze. Ma pan spory majątek." A ja odpowiedziałem: „Och. To coś nowego." Konto na 10% okazało się dla mnie jednym z kluczowych narzędzi, aby przechytrzyć siebie i posiadać pieniądze, ponieważ w swoim życiu zawsze dobrze je kreowałem, ale nie byłem zbyt dobry w ich posiadaniu.

Czy uruchomiłeś swoje konto na 10% od razu – jaki był początkowo twój punkt widzenia na ten temat?

Nie, nie zacząłem od razu, jeśli mam być szczery. Uczestniczę w klasach Access Consciousness już około, powiedzmy, dziesięciu lat i miałem spore punkty widzenia na temat tych 10%, mówiłem: „Jakkolwiek." Ponieważ dostawałem jakiś rachunek i stwierdzałem: „Nie ma mowy, żeby to, iż będę trzymał te pieniądze na rachunku bankowym wykreowało więcej w takim momencie, kiedy przychodzi taki wysoki rachunek, i nie wiem, jak mam go zapłacić."

Gary Douglas wtedy mówił: „Proś, a otrzymasz. Poproś, żeby pieniądze się pojawiły. Nie wydawaj swoich 10%. To na uhonorowanie ciebie. Poproś, żeby pieniądze się pojawiły." I ja ciągle chowałem się za rachunkiem, uznawałem rachunek za ważniejszy i płaciłem go najpierw. A kiedy zacząłem kupować te „instrumenty finansowe" – srebro, antyki, itp. – jak je nazywam, których nie można było upłynnić natychmiast, trudniej było je wydawać i miałem tę energię bogactwa, która powoli wpływała i zagnieżdżała się w moim życiu. A teraz patrzę na swój dom i mówię: „Hmm. Wszystko jest supercenne i wartościowe."

Mój mąż i ja przyglądaliśmy się któregoś dnia na aukcji u pewnej damy różnym rzeczom: obrazom, srebrom, biżuterii i meblom, które zgromadziła w ciągu całego swojego życia. I spojrzeliśmy na własną kolekcję i stwierdziliśmy: „My przed czterdziestką posiadamy lepsze rzeczy!" Bardziej wartościowe. Nie był to osąd, ale świadomość: „Wow. Naprawdę szybko gromadzimy majątek!" I tu nie chodzi o oszczędzanie i nie chodzi o pieniądze, tu chodzi o radość, którą to nam przynosi. I to się zaczęło od konta na 10%.

Z każdego dolara, który przychodzi do twojego życia, którego zarobisz, bierzesz 10% i odkładasz na uhonorowanie siebie. Jeśli chcesz kupować złoto i srebro i rzeczy, o których wiesz, że nie stracą na wartości, wspaniale. Rób to. Ewentualnie, jeśli jesteś trochę bardziej zdyscyplinowany niż ja kiedyś, po prostu je miej, na koncie, odłożone, lub w szufladzie, lub gdziekolwiek je trzymasz, *miej* pieniądze. Ponieważ to było dla mnie najtrudniejsze.

Kiedy opowiadasz te historie o tym, jak przeszedłeś od braku pieniędzy do ich posiadania – od pozostawienia samochodu na skraju drogi z garścią drobnych w kieszeni do stu pięćdziesięciu tysięcy dolarów w srebrze w swoim domu… to w sumie nie upłynęło aż tak dużo czasu od tego, kiedy „dotykała cię bieda".

Gdyby policzyć, prawdopodobnie było to 4 lata temu. Przez 4 lata przejść od biedy do przeglądania zawartości swojego domu; nie tylko mam dom, tak, jest na kredyt, ale mamy dom i dwa samochody i trzymamy cenne antyki, pudełko nieosadzonych kamieni szlachetnych i stos sreber, kilka sztuk złota – i to jest całkiem inny świat.

Co sprawiło, że zechciałeś wyjść z długów?

W pewnym momencie okazało się, że mając długi i nie pozwalając sobie mieć pieniędzy, bardzo ograniczałem to, co mogłem wykreować na świecie. Zmiana, którą byłem w stanie zainspirować innych ludzi, i nie mam tu na myśli posiadania fajnego samochodu, wyszukanego domu i stylu życia, bardziej chodziło o to, by zdać sobie sprawę z tego, że możesz wpływać na świat i go zmieniać, jeśli masz na to zasoby.

Czy ktoś był dla ciebie inspiracją do wykreowania takiej zmiany?

Ty, Simone, byłaś ogromną inspiracją dla mnie do wykreowania tej zmiany. Byłaś moją przyjaciółką przez 10 lat. Hojność, którą jesteś z ludźmi, nie z poziomu wyższości, żeby „sprawić, by mnie lubili" czy „jestem od ciebie lepsza, zajmę się tobą", ale z energii „królestwa nas", w którym wszyscy posiadają i są wkładem dla siebie nawzajem i dla tego, co próbują zbudować. Nie chcę używać słowa „wsparcie", ale widzę, że ty to robisz, pieniądze nigdy nie były dla ciebie tanią motywacją; tak, to zabawa, ale to, co ty z tym potrafisz zrobić jest naprawdę inspirujące.

Mam również dobre relacje z Garym Douglasem, a to są wszystko ludzie, którzy nie funkcjonują z pieniędzmi w sposób, w który każe ci się funkcjonować; wiesz, w filmach, w mediach, w sposób, w jaki ta rzeczywistość każe ci z nimi funkcjonować. Dojrzałem inną możliwość z pieniędzmi, co sprawiło, że powiedziałem: „Ha! Chcę tego." Tu nie chodzi o posiadanie wielkich pierścieni na palcach, tu chodzi o to, co mogę wykreować.

Teraz, kiedy już masz pieniądze, jaki jest twój punkt widzenia na ich temat?

Do głowy natychmiast przychodzi mi kilka rzeczy. Pieniądze sprawiają mi teraz frajdę. Pieniądze są jak – wow, kiedy mówię te rzeczy, wyczuwam, że ludzie, którzy słuchają, myślą: „Ech, to jest takie łatwe dla ciebie!"

Pamiętam, byłem kiedyś na zajęciach z jogi, a nie jestem z natury elastyczną osobą. I pamiętam, kiedy podszedłem do nauczycielki jogi mówiąc: „Ja nie jestem w stanie wykonać tego ruchu. Nie zegnę się tak." A ona mi odpowiedziała: „To jest napięcie. Powinieneś pozwolić mu odejść." I miałem ochotę walnąć ją pięścią w twarz, albo udusić ją tą lycrą, którą miała na sobie, przepraszam za tę wizję. Ale, czym są teraz pieniądze... Zdałem sobie sprawę, że tak naprawdę to tylko punkt widzenia, który kreuje ich posiadanie lub ich brak, w pewnym sensie jak to, czy pragniesz związku, a go nie masz. Kiedy wreszcie masz związek, zdajesz sobie sprawę: „Och, poczekaj. To w gruncie rzeczy nie jest niemożliwość i fantazja i marzenie, jakie z niego zrobiłem." Kiedy masz pieniądze, to nie polega na tym, że nie musisz już nigdy więcej spojrzeć w twarz żadnym problemom albo że ich już więcej w życiu nie zaznasz.

W każdym razie, twoje życie staje się większe, jeśli jesteś gotów na to, by stało się większe; opcje, możliwości, drzwi, które możesz otworzyć, kiedy masz tę gotowość, mogą urosnąć, jeśli to jest twój wybór. Teraz zdaję sobie sprawę, że pieniądze nigdy nie były odpowiedzią. Jest tyle osób bez pieniędzy lub tonących w długach, mówiących: „Gdybym tylko miał pieniądze i partnera i, i, i..." Zbudowałeś tę listę rzeczy, które chciałbyś mieć, jak gdyby one były odpowiedzią i miały w pełni kreować twoje życie. Ale to nie to. Pieniądze są tylko paliwem, to tylko narzędzie, które przenosi cię tam, dokąd idziesz. Tak to teraz widzę i im mniej mam punktów widzenia na ich temat, a im bardziej sprowadzam ich kreowanie do zabawy, tym staje się to **łatwiejsze**.

Co jeszcze powiedziałbyś, że najbardziej zmieniło się w twoich punktach widzenia na temat pieniędzy? Co to za energia, którą ludzie mogliby zmienić, albo jakie jest narzędzie, którego ludzie mogą użyć, aby sobie pomóc w zmianie punktu widzenia o pieniądzach?

Radosne wychodzenie z długów

Najprawdopodobniej najlepszą radą lub narzędziem, jakie mógłbym dać jest ten fakt, że problem nigdy nie leży w pieniądzach, to nie pieniądze same w sobie kreują problem, brak lub dramat, który masz w swoim życiu. Pieniędzy jest całe mnóstwo. To jak jeden z twoich ulubionych filmów; jednym z moich jest *Cioteczka Mame* z Rosalind Russell, która mówi: „Wszechświat jest bankietem, ale większość z tych biednych frajerów umiera na nim z głodu."

To tam jest. We wszechświecie istnieje nieskończona ilość pieniędzy. Zajmuję się antykami, a to branża, w której większość ludzi funkcjonuje z braku. Mają taki punkt widzenia, że branża umiera; ludzie już nie pragną mieć tego, co my mamy.

Zajmuję się meblami i biżuterią antyczną, srebrem, obrazami, sztuką chińska, afrykańską, i tak dalej. A kiedy po raz pierwszy u mojego progu pojawiła się ta możliwość, powiedziałem: „O mój Boże. Nie mogę wymyślić niczego mniej nudnego!" I, o Boże, to jest czymś zupełnie innym, niż mi się wydawało. W tej branży pracuję z wieloma handlarzami antyków, właściwie w całej Australii. Wielu z nich funkcjonuje z poziomu tego niewiarygodnego braku; że nie ma dość pieniędzy, że ludzie nie są zainteresowani, że pracuje się za ciężko, że domy aukcyjne odbierają detalistom i sprawiają, że nie mogą uzyskać cen, jakich by sobie życzyli. To wszystko jest tak naprawdę punktem widzenia.

Jeśli chcesz mieć narzędzie do zmiany swojej sytuacji: twój punkt widzenia kreuje twoją rzeczywistość. Zadaj sobie pytanie i dobrze się temu przyjrzyj: „Jaki *jest* mój punkt widzenia na temat pieniędzy?" Jaki masz punkt widzenia o *sobie* w odniesieniu do pieniędzy? Przyjrzyj się niektórym z tych rzeczy, zacznij zadawać pytania i pracuj z tym. Jest taka wspaniała książka w Access Consciousness pod tytułem *Jak stać się pieniędzmi*. Myślę, że kosztuje jakieś trzydzieści dolarów, chyba że zmieniono cenę, ale to wspaniała książka, w której pokazano, jak zadawać sobie te pytania, dzięki którym możesz całkowicie, o 180 stopni, obrócić swoją sytuację finansową poprzez inwestycję w tę książkę. Dlaczego nie? To znaczy myślę, że co najwyżej ci pomoże.

Kiedy chciałbyś coś zrobić lub mieć coś, na co nie masz wystarczająco dużo pieniędzy, co robisz? Jakich narzędzi używasz, aby to wykreować? Jak podchodzisz do tej sytuacji?

Aha. Dobre pytanie. Podoba mi się to pytanie, bo bez względu na to, ile masz lub nie masz pieniędzy, ciągle możesz prosić i szukać więcej. To nie sprowadza się tylko do tego, czy jesteś w długach, czy że nie masz wystarczająco dużo. Dla mnie na przykład, kupno samochodu Tesla, o którym mówiliśmy wcześniej, za 220 000 dolarów, wymagałoby pewnej żonglerki i pewnego przearanżowania niektórych rzeczy lub jakiejś kreacji po mojej stronie, aby to się zadziało. Jeżeli chodzi o narzędzia, których bym do tego użył, jedną z najwspanialszych rad, jaką kiedykolwiek otrzymałem w kwestii pieniędzy i finansów jest ta, by naprawdę dowiedzieć się, ile kosztuje prowadzenie swojego życia. Usiądź z kartką papieru i długopisem i zapisz, jakie są twoje wydatki, na co idą twoje pieniądze. Płacisz czynsz, rachunek za telefon, wychodzisz „na drinka" – nie same niezbędne rzeczy, ale wszystko to, co naprawdę chciałbyś mieć w swoim życiu.

Zrobiłem to raz w firmie i poprosiłem księgową, by przyniosła mi kopię rachunku zysków i strat, usiadłem z nią i przeszliśmy przez to wszystko, zobaczyłem dokładnie, dokąd idą wszystkie pieniądze w organizacji. I to wykreowało dla mnie wspaniałą świadomość sytuacji finansowej w mojej firmie. Jaką masz klarowność w swojej własnej sytuacji finansowej? Prowadzę warsztaty na temat sprzedaży i marketingu i byłem raz tutaj, w Kopenhadze, z tobą Simone, prowadząc jeden taki warsztat, i on był dla mnie wspaniałym darem, ale na nim również poradziłem uczestnikom, aby uzyskali klarowność na temat swojego położenia finansowego w biznesie i w życiu.

W marketingu funkcjonuje takie stare powiedzenie: „Połowa mojego budżetu na reklamę idzie na marne. Nie jestem tylko pewien, która to połowa." W finansach jest tak samo. To zaskakujące, jak wielu ludzi nie ma pojęcia, ile miesięcznie zarabia i ile wydaje. Zatem, gdybym chciał wykreować pieniądze, aby się tam dostać, ustanowić kawałek gruntu i wiedzieć, gdzie jestem i czego bym potrzebował, aby się tam dostać... tu nie chodzi o liniowe kroki a, b, c, d, ale o wiedzę o tym, gdzie teraz jestem i jaki jest mój priorytet. Dla mnie posiadanie priorytetu jest bardzo pomocne. Powiedzmy, że mam jakieś konkretne cele – jak przykładowo otwarcie drugiej filii jest teraz jedną z rzeczy, którym się przyglądam w moim biznesie – kombinuję, ile to będzie kosztować i proszę, żeby ta suma mi się pokazała, a potem idę za energią, która pozwoli temu zaistnieć. Jeszcze raz – tu nie chodzi o liniowe kroki, jak mam to zrobić i jak wiele muszę zarobić i jak bardzo wymuszać na moich pracownikach, żeby każdy z nich wypracował plany sprzedażowe. Tu bardziej chodzi o powiedzenie: „Okej, teraz mam tę świadomość... co jest wymagane, by to wykreować?"

Christopher, czy możesz mi trochę więcej opowiedzieć o tym, gdzie ludzie mogą cię znaleźć i co robisz? Bo wiem, że robisz takie wspaniałe warsztaty o nazwie Elegancja życia.

Facylituję grupę klas pod nazwą *Elegancja życia*, na których uczę różnych aspektów dobrobytu i życia z czymś, co lubię nazywać pułapkami pieniędzy; mimo, iż „pułapka" wydaje się być bardzo naładowanym słowem, to ciągle uważam, że jest to trochę zabawne. I uczenie się więcej na temat antyków i sztuki oraz tego, w jaki sposób mogą one dodać coś więcej do twojego życia i do twojego dobrobytu. Mój partner i ja zaczęliśmy się tym zajmować, ponieważ wzięliśmy pieniądze z naszego słoiczka na drobne w domu i mieliśmy tam 500 dolarów, poszliśmy więc na aukcję i kupiliśmy parę rzeczy i zaczęliśmy je sprzedawać, szybko te nasze 500 dolarów zamieniło się w 3000, a te 3000 dolarów w 9000 dolarów; taka ekonomia w skali mikro, którą uruchomiliśmy, urosła w coś wielkiego. Uczę tego na warsztatach *Elegancja życia*, na których również przekazuję wiedzę o sprzedaży, marketingu, właściwie facylituję bardziej niż uczę. Mam stronę internetową theeleganceofliving.com i theantiqueguild.com.au, jeśli chcesz się ze mną skontaktować i zadać mi jakieś pytania.

Czy istnieje jeszcze jakieś narzędzie lub pytanie lub coś takiego, co chciałbyś zaoferować ludziom, aby mogli już dzisiaj zacząć zmieniać swoją rzeczywistość finansową?

Dla wielu osób, jeśli są choć trochę podobne do mnie, problemem jest to, że istnieje coś w pieniądzach lub w wiedzy o pieniądzach, czego unikają. Dla mnie tak właśnie było. I jeśli to z tobą rezonuje, zacząłbym pytać siebie: „Co takiego jest w pieniądzach, czego unikam?" „Co takiego wiem o pieniądzach, czego unikam wiedzieć?" Bo wszędzie tam, gdzie wkładałem głowę w piasek i stanowiłem wspaniałą personifikację strusia, ograniczałem swoje życie wokół pieniędzy. To jest pytanie, od zadawania którego bym zaczął: „Czego w tym unikam?" Kiedyś, kiedy byłem w długach i słyszałem ciebie Simone, i innych ludzi, mówiących to samo, strasznie się wściekałem: mówiłaś, „O wiele trudniej jest nie zarabiać pieniędzy niż je zarabiać." I w końcu mnie olśniło, że jeśli sobie utrudniam, najpewniej unikam czegoś, co mam przed samym nosem! Czyli – czego w posiadaniu i zarabianiu pieniędzy unikasz? Zapytaj siebie. Tu nie chodzi o to, czy masz rację. Po prostu zapytaj siebie. Nie ma nic złego w tym, gdzie się teraz znajdujesz.

WYWIAD Z CHUTISĄ I STEVEM BOWMANAMI

Zaczerpnięty z audycji w radiu internetowym Joy of Business: „Getting Out of Debt Joyfully with Chutisa & Steve Bowman" (Radosne wychodzenie z długów z Chutisą i Stevem Bowmanami) wyemitowanej 22 sierpnia 2016.

Steve, chciałabym, abyś opowiedział nam pokrótce, w jakim podejściu do pieniędzy cię wychowywano kiedy dorastałeś. Czym one były dla ciebie? Czy edukowałeś siebie na temat pieniędzy? Czy uczono cię o pieniądzach? Czy one były ukrywane? Ignorowane? Czy były czymś, o czym się mówiło otwarcie?

Steve:

Wiesz, to jest pierwszy raz, kiedy ktoś mnie o to zapytał. Po raz pierwszy odpowiadam na to pytanie. Kiedy dorastałem, moja mama była matką samotnie wychowującą trójkę dzieci i mieliśmy dosyć agresywnego ojca, który nas ganiał przez jakieś piętnaście, dwadzieścia lat. Pieniądze nigdy, przenigdy się nie pojawiały. Ale nigdy się nie pojawiały ani w pozytywie, ani w negatywie. Nigdy się nie pojawiały w osądzie ani w możliwości. One dosłownie się nie pojawiały. Zatem, jak sądzę, kiedy myślę o tym teraz, wyrosłem nie wiedząc, jakie były cudze punkty widzenia na temat pieniędzy.

Zatem, kiedy zacząłem się przyglądać różnym sprawom... zawsze wiedziałem, od bardzo młodego wieku, nawet zanim poznałem Chutisę, a poznaliśmy się, kiedy mieliśmy po szesnaście lat. Byłem jej pierwszym chłopakiem, a ona moją pierwszą dziewczyną i jesteśmy małżeństwem od ponad czterdziestu lat. Rzecz w tym, że zawsze mieliśmy inny punkt widzenia na temat pieniędzy. Nie wiedzieliśmy, jakie inni ludzie mieli punkty widzenia na temat pieniędzy, ponieważ nie dorastaliśmy, czy raczej – ja nie dorastałem z żadnymi punktami widzenia na ich temat. Dla mnie było interesujące to, że kiedy teraz patrzę na pieniądze, jestem gotów zmienić swój punkt widzenia na ich temat, ponieważ nigdy z żadnym się nie zżyłem.

Skoro nie istniały punkty widzenia na temat pieniędzy, ani pozytywne. ani negatywne, to czy rzeczy były dla was finansowo dostępne, czy mówiono: „Możesz to dostać tylko na Gwiazdkę albo na urodziny", albo czy były dostępne jakieś przepływy gotówkowe?

Steve:

To interesujące, ponieważ kiedy patrzę na swoją rodzinę, na przykład moja siostra kupiła punkt widzenia, że pieniądze są zawsze problemem kogoś innego, nigdy jej. Wyrośliśmy w tej samej rodzinie, ale zawsze widzi się i słyszy rzeczy inaczej. Powiedziałbym, że przez lata nauczyłem

Simone Milasas

się, że znaczenie ma twój własny punkt widzenia. Niczyj więcej. Możesz obwiniać swoich rodziców, możesz obwiniać społeczeństwo, ale to tylko twoja wymówka, aby nie zmieniać swojego punktu widzenia na temat pieniędzy. Odkryliśmy, na przykład, że wyrosłem bez pieniędzy. A kiedy poznałem Chutisę, rzeczy zaczęły się zmieniać, bo zaczęliśmy kreować nasze życie razem. I, na przykład, pojechaliśmy do USA i zostaliśmy tam. Mieszkaliśmy tam przez dwa lata i żyliśmy za 2 dolary dziennie. Jak się mówi na te TV Dinners? Obiady kinowe? Obiady telewizyjne! Wieczór za dwa dolary, gotowe obiady telewizyjne. Żyliśmy tak przez około rok, może półtora. Ale zawsze wiedzieliśmy, że możemy wykreować pieniądze i robiliśmy to będąc tam. To dało nam wiedzenie, że tak naprawdę możemy to zrobić, potrafimy kreować. Pieniądze się na to nie złożyły. Fakt, że mogliśmy kreować się na to złożył.

Powiedziałeś, że kiedy poznałeś Chutisę – otrzymałeś więcej świadomości, że możesz kreować. Czy widzisz to w ten sposób, że chodziło o to, że miałeś koło siebie drugą osobę, która nie miała punktu widzenia na temat tego, czym jest kreacja – czy o to – jak to wygląda dla ciebie, kiedy kreujesz z drugą osobą?

Steve:

Jeszcze raz, kolejne pytanie, którego nikt mi jeszcze nigdy nie zadał! Jedną ze wspaniałych rzeczy w byciu z kimś, kto zawsze jest kreatywny – nie, że robi rzeczy kreatywne, ona po prostu jest kreatywna – jest to, że wyzwala tę kreatywność w tobie, we mnie, wydobywa ją ze mnie. Zawsze kreowaliśmy nasze życie z perspektywy tego, jak chcieliśmy, by wyglądało nasze życie, a interesujące w tym jest to, że to obejmowało również pieniądze. Powiem teraz jedną rzecz, że jednym z najwspanialszych darów, którym każdy może obdarować swoje życie, i nauczyliśmy się tego w ciągu kilku ostatnich lat, jest to, że nigdy nie jest za późno. Nigdy nie jest za późno, by kreować życie, nigdy nie jest za późno, aby kreować zmianę, nigdy nie jest za późno, żeby tak naprawdę zmienić swoją rzeczywistość finansową. Co roku przyglądamy się temu, co jeszcze możemy zmienić, co jeszcze możemy zmienić, co jeszcze możemy zmienić? Nawet trzy tygodnie temu całkowicie zmieniliśmy naszą rzeczywistość finansową na wszelkie możliwe sposoby. Kluczową rzeczą jest to, że gdybyśmy mieli punkt widzenia na temat tego, czym powinny być pieniądze albo czym nie powinny być, wówczas nie bylibyśmy w stanie tego zmienić. Okazuje się, że kiedy zaczynamy przyglądać się jakiemukolwiek punktowi widzenia na temat pieniędzy albo na temat długów, jeśli jesteśmy gotowi go zmienić, wszystko się zmienia. Dochodzimy do tego co roku. To nie jest jednorazowa rzecz, to zdarza się cały czas.

Pamiętam, że kiedy mieszkałam w Londynie i prawie nie miałam pieniędzy to miałam przynajmniej pięćdziesiąt przepisów na posiłki, które mógłbyś przygotować z makaronu błyskawicznego. Nie miałam punktu widzenia, że byłam biedna. Nie miałam punktu widzenia, że mi czegoś brakowało. Byłam gotowa być świadomą tego, że jeśli nie będę wydawała pieniędzy na kupowanie różnego rodzaju jedzenia lub drogiego jedzenia, będę miała więcej pieniędzy na podróże. Bo w tamtym czasie podróże zdecydowanie były dla mnie priorytetem. Mam zatem pytanie, kiedy żyliście za 2 dolary dziennie na swoich gotowych obiadach telewizyjnych, jaka była wasza mentalność? Jaki mieliście punkt widzenia?

Steve:

Punkt widzenia dla nas był taki, że zrobilibyśmy wszystko, co było wymagane, aby wykreować więcej. Ja robiłem dwa fakultety w Waszyngtonie, a Chutisa – tak z niczego – wykreowała lukratywny biznes projektowania mody, o którym mówiło się w Nowym Jorku, podczas gdy żyliśmy na gotowych obiadach telewizyjnych za 2 dolary dziennie i to dlatego, że nigdy nie postrzegaliśmy siebie jako biednych; wiedzieliśmy po prostu, że to kreowało. Musieliśmy kreować. A ona była absolutnie wspaniała podczas tych dwóch lat, kiedy tam byliśmy. Pracowała 23 godziny dziennie, aby kreować i właściwie wykreowała bardzo udany biznes projektowania mody, co rzadko się zdarza. A ja jednocześnie robiłem dwa fakultety, co jest również niesłychane, ale my o tym nie myśleliśmy inaczej niż że w ten sposób wybieramy kreować nasze życie.

Chutisa, chciałabym się dowiedzieć, jakie ty kupiłaś punkty widzenia na temat pieniędzy? Czy uczyłaś się o pieniądzach? Czy uczono cię czegoś na ich temat, czy były ignorowane, czy nie wolno ci było o nich mówić? Jaka była ogólna wibracja w twojej rodzinie? Czy wychowałaś się w Tajlandii?

Chutisa:

Tak. Wychowałam się w rodzinie, którą można by zaklasyfikować jako arystokratyczną, więc rozmowa o pieniądzach oznaczała, że albo się przechwalasz, albo jesteś nieznośny, więc nie wolno ci było mówić zbyt dużo o pieniądzach. Ale mój ojciec jest kimś, kogo można nazwać czarną owcą w rodzinie, zrobiłby wszystko, czego nie powinno się robić w arystokratycznej rodzinie, więc był surowo osądzany. Uważał się za przedsiębiorcę, a w tym czasie, mówimy tu o czasach sprzed sześćdziesięciu, siedemdziesięciu lat, nie było przedsiębiorców. Osądzano go za podejmowanie ryzyka i robienie strasznych rzeczy z pieniędzmi. Ja miałam zatem doświadczenie w radzeniu sobie z osądem, który na niego projektowano i, oczywiście, na całą naszą rodzinę, bo mieliśmy ojca, który robił rzeczy wbrew normom społecznym i kulturowym, według których powinien pracować, zarabiać pieniądze i robić właściwe rzeczy. On jednak próbował kreować biznes, który niestety nie odnosił wielkich sukcesów. Lęk o pieniądze był obecny w moim życiu. Mimo, iż mieliśmy pieniądze, niepokój i strach o nie był wielki.

Kiedy mówisz „straszne rzeczy" - czy to tylko osąd, bo ojciec jest inny niż wszyscy? W jakie rzeczy się angażował, o których ty się uczyłaś, dorastając?

Chutisa:

Był jedną z tych osób, które miały wielkie wizje. Wiesz, jeśli niektóre osoby chcą prowadzić biznes detaliczny, mój ojciec już by kombinował, jak wybudować całą galerię handlową. Jeśli ktoś inny myślał o robieniu czegoś, wiesz, wybudowaniu garażu – on budował lotnisko, to właśnie robił. Miał przy tym umiejętność namawiania ludzi do inwestowania w te projekty. I zdałam sobie sprawę, że są to dwie różne rzeczy: jedna to umiejętność mówienia o pieniądzach i inspirowania ludzi do dawania; inwestowania. Ale musimy również mieć umiejętność generowania, które ma coś wspólnego z robieniem. Musisz być w stanie sprawić, że to zaistnieje. Wyczuwam, że to jest ta ścieżka, której potrzebował, aby odnieść sukces.

Wiem, że Steve chciał tutaj dodać coś jeszcze, o ojcu swojej cudownej żony, jaki był i jaki wydaje się być. Steve?

Steve:

To jest interesujące. Kiedy masz tyle osób, które coś osądzają, ponieważ to nie mieści się w ich rzeczywistości, to nie mieści się w rzeczywistości rodziny arystokratycznej. Był brutalnie osądzany przez większość członków swojej rodziny. I na jego pogrzebie - byliśmy tam wtedy, kiedy odszedł – pojawili się bardzo wysoko postawieni przedstawiciele rządu i jakieś inne, tajemnicze postaci. I pojawili się na pogrzebie, by oddać ostatnią posługę, ponieważ kreował z nimi różne rzeczy i jednocześnie chronił ich. Był człowiekiem, którego historię poznamy tylko częściowo. Ale ponieważ był tak siarczyście osądzany przez swoją rodzinę, to tylko od dziesięciu czy piętnastu lat mieliśmy świadomość, że może tak naprawdę robił rzeczy, o których nawet nie wiedzieliśmy, a które kreowały wielką zmianę. Widzimy, że w tej sytuacji osąd zabijał całą tę możliwość.

Simone Milasas

Chutisa:

I ten osąd jest dla mnie bardzo prawdziwy, bo ja nie byłam jego świadoma dopóki Gary Douglas, założyciel Access Consciousness, nie ułatwił mi zobaczenia tego, że jestem bardzo ostrożna i bardzo zwlekam z podejmowaniem ryzyka finansowego, i teraz widzę związek między faktem, że mój ojciec śmiało podejmował ryzyko i nie był zbyt ostrożny z pieniędzmi, a tym, że wybierałam wszystko, co było odwrotnością tego, co było wielkie i ogromne. Nie wybrałabym niczego, co było tak wielkie lub ogromne, ponieważ miałam to połączenie, że to duża nieodpowiedzialność finansowa, dopóki Gary nie pokazał mi, że tak nie robi osoba podejmująca ryzyko, a wtedy wszystko się zmieniło w naszym wszechświecie. Teraz jestem gotowa przyglądać się większym projektom.

To bardzo interesujące, Chutisa, że ty nie podejmujesz ryzyka. Kiedy patrzę na tę historię, którą właśnie opowiedział Steve o waszym pobycie w Nowym Jorku, życiu na gotowych obiadach telewizyjnych za 2 dolary dziennie i uruchomieniu tej wielkiej marki odzieżowej z praktycznie niczego... dla mnie to w dużym stopniu ryzyko. Więc, jak to jest?

Chutisa:

Ryzykant z pieniędzmi. Szczególnie z cudzymi pieniędzmi; ja nigdy nie ryzykuję pieniędzy innych ludzi. Rozmawiając tu teraz z tobą zdałam sobie sprawę, że ryzykuję swoje pieniądze; nie zaryzykowałabym pieniędzy kogokolwiek innego. A to wszystko jest powiązane z osądem..., kiedy jesteś dużym przedsiębiorcą i chcesz kreować wielki sukces, musisz być w stanie użyć cudzych pieniędzy, prawda? Zatem, jeśli ktoś nie może podjąć ryzyka związanego z pieniędzmi innych ludzi, wtedy zawsze będzie ostrożny. Wtedy będzie się tylko umniejszać.

Co byś doradził ludziom [w odniesieniu do podejmowania ryzyka w sprawie cudzych pieniędzy]? Jaką masz tu jeszcze dodatkową informację?

Steve:

Jednym z założeń tej rozmowy jest to, by wyjść z długów i jak to zrobić z radością. I doszliśmy do tego, że mamy inwestorów w biznesie, a biznes zdecydował, że się zwija, więc spłaciliśmy wszystkich inwestorów, mimo iż nie musieliśmy tego robić. Za tym posunięciem stoi to, że jesteśmy gotowi zaryzykować wszystko. My, Chutisa i ja, jesteśmy gotowi zaryzykować wszystko. Ale nie jesteśmy gotowi ryzykować w imieniu innych ludzi. A to jest ciągle ograniczeniem. To nie jest ani dobre, ani złe, ale jest ograniczeniem. Jednak widzieliśmy też ludzi, którzy mieli to gdzieś; nie dbali o to, co dali im inni ludzie i co zamierzali z tym zrobić. Myślę, że w tym wszystkim chodzi o to, by być świadomym tego, kiedy inni ludzie są gotowi zainwestować w twój biznes – być świadomym i być gotowym obrócić w dobro to, co się pojawia. Mam na myśli, że to jest tylko nasz punkt widzenia. Dla nas sprawę ułatwia to, że wiemy, że potrafimy wykreować pieniądze praktycznie z niczego, ciągle to robimy. Wiedząc to – jak możesz wpaść w długi?

Powiedz nam o tym trochę więcej, o kreowaniu pieniędzy z niczego, ciągle?

Steve:

Cóż, istnieje wiele sposobów, w jakie możesz kreować dobrobyt. I to jest temat na inną rozmowę – różnica pomiędzy dobrobytem a bogactwem. Nauczyliśmy się w życiu, nawet ostatnio, kilka tygodni temu, bo ciągle mamy te momenty olśnienia… nie zapominaj, nigdy nie jest za późno! Kreowanie pieniędzy z niczego jest tylko sposobem patrzenia - na świecie jest tyle pieniędzy, tyle możliwości. Krzyczą do nas, abyśmy na nie spojrzeli, ale my nie chcemy ich widzieć przez większość czasu. Odkryliśmy, że w naszym życiu robimy teraz tyle różnych rzeczy, których robienia odmawialiśmy przez pięć, dziesięć lub piętnaście lat. A teraz je robimy, w momencie, kiedy odpuściliśmy sobie nasze punkty widzenia, wtedy nagle nasze biznesy się powiększyły. Mam wielki biznes konsultingowy, biznes doradczy. Miałem punkt widzenia, że jestem wartościowym produktem, okej? Dwie rzeczy są nieprawidłowe w tej historii. Po pierwsze: wartościowy. Po drugie: produkt. Jak tylko Chutisa i ja zaczęliśmy to badać i mówić: „Cóż, a gdybyśmy kreowali ten biznes w inny sposób, abym ja nie był wartościowym produktem w tym konkretnym biznesie? Jak by to było?" I ciągle robię rzeczy, które kocham robić. A to często kreowało inne biznesy. Teraz jesteśmy online. Mamy szereg innych rzeczy. Angażujemy innych ludzi. Kiedy tylko pozbyłem się punktu widzenia, że miałem wystarczająco liczny personel, w pewnym momencie zatrudniałem trzysta osób. Już wystarczająco. Kiedy pozbyłem się tego punktu widzenia, że nie chcę zatrudniać większej liczby ludzi, biznes urósł ponownie. Kiedy pozbyłem się punktu widzenia, że potrzebuję personelu, biznes urósł ponownie.

Czyli podstawą tutaj było pozbywanie się punktów widzenia?

Steve:

Tak. To był właśnie ten "haczyk".

Gdzie ludzie mogą się dowiedzieć więcej o tym, co kreujecie?

Steve:

Jest kilka sposobów. Mamy stronę internetową: **www. consciousgovernance.com**. Jest jeszcze jedna: www.befrabjous.com, na której mieści się blog z różnymi wspaniałymi rzeczami.

Słowo *frabjous* pochodzi z książki *Alicja po drugiej stronie lustra*. To wyrażenie Lewisa Carolla, oznaczające coś wspaniale radosnego. Bądź tym! Znajdziesz tam parę wspaniałych rzeczy autorstwa Chutisy. Mamy też www.luxproject.com. Mamy www.nomorebusinessasusual.com. Mamy również www.strategicawareness.com. Jeśli masz wątpliwości, wpisz w Google „Chutisa Bowman", wtedy znajdziesz wszystkie te strony; jej nazwisko łatwiej znaleźć w Google niż „Steven Bowman".

Steve, wspomniałeś o tym, jak wciąż uczycie się o pieniądzach. I wspomniałeś o różnicy między dobrobytem a bogactwem. Czy możesz powiedzieć coś więcej o tej różnicy?

Steve:

My ciągle patrzymy na nasze punkty widzenia na każdy temat. Ja przez wiele lat miałem taki punkt widzenia, który do pewnego momentu nam pracował, że przepływami gotówki było to, co dawał nam nasz biznes konsultingowy i dopiero z tymi przepływami możemy generować i kreować inne inwestycje. Niestety to, co robił ten punkt widzenia, zauważyłem dopiero około trzy lub cztery tygodnie temu: powstrzymywał mnie od szukania innych generatywnych źródeł dobrobytu, ponieważ koncentrowałem się na przepływach gotówkowych. I byłem przekonany, że mam rację, przez około trzy czy cztery lata, z tymi przepływami gotówkowymi. I jak tylko Chutisa i ja przeprowadziliśmy tę rozmowę: „A jeśli w dobrobycie jest coś więcej poza samymi przepływami gotówkowymi? A jeśli są różne sposoby patrzenia na przepływy gotówkowe? A jeśli istnieją rzeczy, które można wykreować, a które kreują przepływy gotówkowe w taki sposób, że to nie są przepływy gotówkowe, abyśmy mogli mieć przepływy gotówkowe, o których nie musielibyśmy decydować, że są przepływami gotówkowymi?" I to całkowicie zmieniło wszystko... i od tamtej chwili, trzy tygodnie temu, wykreowaliśmy dwa nowe biznesy, które zaczęły kreować inne przepływy pieniężne, ponieważ nie nazywam już tego przepływem gotówkowym.

Jak byś teraz opisał różnicę między przepływem gotówkowym, bogactwem a dobrobytem?

Steve:

Po pierwsze: one są punktami widzenia. Dobrobyt dla nas, w tym momencie – i to się zmienia cały czas – jest gotowością do kreowania i generowania z tej kreacji. Teraz na chwilę zaprośmy do rozmowy Chutisę, ponieważ ona jest erudytką, kiedy przychodzi do patrzenia na dobrobyt. Przepływy gotówkowe mogą być bardzo kuszące, ale mogą również oderwać twój wzrok od tej kreatywnej gry. Tak, to może być ważne, ale to nie jest wszystkim. I myślę, że źle zidentyfikowałem przepływy gotówkowe jako koniec rozgrywki w grze.

Chutisa, jak ty widzisz różnicę między dobrobytem, bogactwem, przepływem gotówkowym, itp.?

Chutisa:

Już samo wyrażenie „przepływ gotówki" ma w sobie dla mnie taką dziwną energię. Dopiero jakieś trzy tygodnie temu dotarło to do mnie, kiedy powiedziałam do niego: „Przepływ gotówkowy nie kreuje prawie żadnego wyboru. Kiedy przestaniesz pracować lub robić to wszystko, zatrzymujesz przepływ gotówki. Jak by to było, gdybyśmy szukali sposobów budowania aktywów jako kreatywnego, generatywnego przychodu, generatywnego zysku?" A kiedy mówisz o generatywnym zysku, on nie przestaje generować więcej zysku, prawda? To jest zatem inna energia niż „przepływ gotówkowy". Bo przepływ gotówkowy łączę z linearnością. Jesteśmy dziećmi wyżu demograficznego. Większość ludzi tamtej ery, nasi koledzy, odchodzi na emeryturę, a Steve często mawia: „Ja nigdy nie przejdę na emeryturę. Zawsze będę pracował." Czy możesz to poczuć? On się już nastawia, że zawsze będzie pracował, prawda? Ja powiedziałam: „Cóż, to tylko inny wybór niż 'mamy tyle generatywnego dobrobytu, że wybieramy wykonywanie pracy, aby zawsze być wkładem do czynienia ze świata lepszego miejsca' to coś innego niż 'Zawsze będę pracować, aby mieć przepływy gotówkowe'".

Przepływy gotówkowe... w tym nie ma za dużo wyboru: „musisz mieć przepływy gotówkowe". Ale jeśli masz generatywny dobrobyt, który sam się generuje...

Steve:

Jednym ze wspaniałych rozwiązań jest uczenie się o wszystkich tych możliwościach. Teraz, jak tylko powiem, abyś uczył się tych możliwości, słyszę, jak z wszechświatów ludzi dobiega takie „Eek!" Uczenie się może być tak proste, jak wejście na Google i wyszukanie na YouTube sposobu na zrobienie czegokolwiek, co wymyślisz. Nawet jeśli wpiszesz w Google coś takiego jak „czym jest dobrobyt", „jak bogaci ludzie stają się bogaci?" i czytasz to filtrując poprzez własne punkty widzenia i wybierasz jedną lub dwie rzeczy, które mają dla ciebie sens, uczysz się. Bo to jest przynajmniej początek. Odkryliśmy trzy tygodnie temu, że istnieją obszary dobrobytu, których nigdy wcześniej nie braliśmy pod uwagę, a one zawsze tam były, krzycząc do nas, ale my odmawialiśmy ich zobaczenia. I jak tylko zdaliśmy sobie sprawę, czym one były, zaczęliśmy je wdrażać i nagle zarabiamy 1000 dolarów dziennie, 2000 dolarów dziennie w obszarach, w których zawsze mogliśmy to robić, ale nigdy wcześniej o tym nie pomyśleliśmy. I to są rzeczy ponad tym wszystkim, co robiliśmy do tej pory.

Chutisa, co możesz dodać w kwestii edukowania siebie w temacie pieniędzy? Co byś zaproponowała ludziom na początek?

Chutisa:

Kluczową kwestią, kiedy słyszysz słowa o „uczeniu się", jest to, żeby wiedzieć, że nie chodzi tu o planowanie finansowe 101 czy coś takiego albo o uzyskanie zawodu księgowego. Bardziej chodzi tu o znalezienie tego, co cię bawi i nauczenie się jak najwięcej o *tej* szczególnej rzeczy. Na przykład o biżuterii. Jeśli ci się to podoba, ucz się o biżuterii. To mogą być antyki, to może być złoto, srebro – po prostu zacznij z jedną rzeczą dla zabawy i ucz się tyle, ile możesz i bądź w pytaniu, jak by to było zarabiać na tym pieniądze? Możesz kupować i sprzedawać, albo możesz projektować. Możesz robić różne rzeczy. To może być dla ciebie dużym szkoleniem finansowym – przebywanie z tą jedną rzeczą, do której wyrywa się twoje serce i uczenie się jej. Ucz się, a potem dodawaj więcej. Ciągle dodawaj więcej.

Zastanawiałam się, czy mogłabyś powiedzieć coś o tym, jak widzisz różnicę między długiem a demistyfikacją osądu, który ma większość ludzi wokół długu i bycia w długach?

Chutisa:

Rzeczą, którą ludzie nazywają złym długiem, jest używaniem pieniędzy innych ludzi, na przykład pieniędzy banku i kupowanie dóbr konsumpcyjnych, które nie poszerzają twoich pieniędzy i nie sprawiają, że one dla ciebie rosną. Możesz wykreować dobry dług biorąc pieniądze, pożyczkę z banku na powiedzmy 5%, i używając ich do wygenerowania z nich 20-25% zysku. To lepszy sposób użycia długu, to dobry dług.

Steve:

Rzecz z długiem jest zawsze taka, że jeśli używasz pieniędzy innych ludzi, co jest w zasadzie definicją długu, aby wykreować aktywa, które następnie wykreują dla ciebie przychody, dlaczego to w ogóle nazywać długiem? Jeśli używasz długu, czyli pieniędzy, które jesteś winien innym ludziom, aby wykreować coś, co zamierzasz skonsumować i to nie jest aktywem, który wykreuje dla ciebie pieniądze, wówczas jest to dług, od którego należy trzymać się z daleka. Więc, jeszcze raz, rzecz w tym, pozbądź się wszystkich rzeczy, które konsumujesz używając do tego celu pieniędzy innych ludzi, ale szukaj sposobów na użycie pieniędzy innych ludzi do wykreowania aktywów, które wykreują nowe pieniądze.

A ludziom, którzy myślą: „Jak to się odnosi do mnie? Mam do spłacenia rolujący kredyt za studia" – co możesz rekomendować? Jakie pytania, podstawowe narzędzia dla ludzi rozpoczynających tę zmianę, rozpoczynających wychodzenie z tego dołującego myślenia, że to jest ich życie, że nic nie może tego zmienić, zarekomendujesz?

Steve:

Nigdy nie jest za późno, aby zmienić którąkolwiek z tych rzeczy. Nigdy nie jest za późno, bez względu na to, czy masz 20, 30, 40, 50, 60, 70 czy 80 lat. To nie ma znaczenia. Bo za każdym razem, kiedy ty się zmieniasz, zmienia się również twoje życie. Praktyczna porada na ten temat, przy okazji, to nie jest porada finansowa - to jest porada praktyczna: spójrz na sposoby, w jakie możesz zredukować ilość swojego długu konsumpcyjnego, rzeczy, które zamierzasz konsumować. Przyjrzyj się swoim kartom kredytowym jako sposobom zakupu aktywów, które będą kreować przychód. Jakie są aktywa, które kreują przychód? Użyj Google, aby wyszukać „aktywa, które kreują przychód" i zacznij przyglądać się tym, które będą sprawiać ci frajdę. I zacznij przyglądać się temu, jak możesz użyć swoich pieniędzy, które kreujesz w inny sposób, aby później wygenerować te aktywa, nawet jeśli to tylko 1000 czy 500 dolarów miesięcznie. To i tak więcej niż u kogoś, kto nie zarabia 500 dolarów miesięcznie. I zaczynasz, po prostu zaczynasz i to jest absolutnie najlepszy sposób, aby zacząć – po prostu zaczynając.

Myślę, że przykład ze srebrną łyżeczką jest błyskotliwy. Jeśli chcesz kupić srebrną łyżeczkę, naucz się, jaka jest cena srebra. Kup ją poniżej tej ceny i wtedy, jeśli zechcesz, zawsze możesz przetopić srebro i zarobić więcej pieniędzy niż za nią zapłaciłeś.

Jedną z rzeczy, która naprawdę nas zadziwiła przez te dziesięciolecia jest to, że jeśli edukujesz się na jakiś temat, to oznacza, że będziesz wiedział o tym więcej niż 99,99% ludzi. Widzisz, ludzie wiedzą tylko to, co wiedzą, a jeśli ty wiesz trochę więcej na jakiś temat, wówczas natychmiast widzisz wartość w rzeczach, w których inni jej nie zobaczą. Na przykładzie srebrnej łyżeczki. Poczytaj trochę o srebrze. Wejdź w to. Zrób mały, półgodziny kurs na YouTube, za darmochę, o tym „Jak wyceniać srebro?". Potem wyszukaj „Gdzie kupić srebrną łyżeczkę?". Kup łyżeczkę poniżej wartości stopu. Potem wyszukaj „Gdzie mogę przetopić srebro?" Przetop ją. Wówczas masz 20% więcej niż miałeś wcześniej. Teraz, jeśli zrobiłbyś to trzy razy w tygodniu – tylko sobie wyobraź!

Czy to źle, że pomyślałam: „Och, nie przetapiaj pięknego srebra"? Steve, jestem osobą, która je od ciebie odkupi, abyś ty go nie przetopił; zawsze gdzieś jest klient!

Wiele słyszałam, jak opowiadasz o zyskach, o maksymalizacji zysków.

Steve:

Cóż, zawsze się tak dzieje, że znajdujesz mnóstwo ludzi, którzy wolą mieć 100% niczego niż 20% czegoś. I jeśli masz punkt widzenia, że chcesz maksymalizować zysk na tym, co robisz – nie będzie tak, bo zawsze będziesz szukać *najlepszego* momentu na sprzedaż, za *najlepszą* cenę, za największe pieniądze, czymkolwiek to jest. A gdybyś tak miał komfort wiedząc, że wykreowałeś 25% więcej niż to, co miałeś, kiedy po raz pierwszy w to wszedłeś? I gdybyś robił to ciągle, ciągle, i ciągle? Ile myślisz, że mógłbyś wygenerować w ciągu roku, jeśli byłbyś w stanie później sprzedać wszystko, czego dotkniesz, powiedzmy o 25% drożej niż kupiłeś? Nie 300% więcej, nie 500% - ale 25%? Większość ludzi raczej zaczeka 3 lata i sprzeda coś za dwukrotność ceny zamiast sprzedać coś za 25% więcej, 10 razy w roku.

Steve, czy jest coś jeszcze, co chciałbyś zaoferować wszystkim?

Steve:

Chciałbym zaprosić wszystkich, którzy tego słuchają/czytają, aby poszli i rozpoczęli poszukiwania tego, co jest łatwo dostępne – na temat kreowania i generowania dobrobytu. I wybrali jedną rzecz. Gdybyś wybrał jedną rzecz, to wyprzedzisz 99% populacji. A to jest jednym z największych darów wychodzenia z długów: zmiana swojego punktu widzenia. To wszystko dotyczy wychodzenia z długów. A jeśli nie chodzi o wychodzenie z długów? A jeśli chodzi o generowanie aktywów?

Chutisa, czy chciałabyś coś tutaj dodać?

Chutisa:

Odkładaj procent ze swoich przychodów lub zysków. Bez względu na to, jakie są małe, będą się kumulować. I używaj tych pieniędzy, aby kupować aktywa, które wygenerują więcej dla ciebie, więcej zysku lub więcej przychodów. Zacznij od małych rzeczy. Zachowaj je. Odkładaj i używaj tych pieniędzy, aby kupować aktywa generatywne. Jeśli lubisz srebrne łyżeczki, odkładaj pieniądze i kup jedną srebrną łyżeczkę, kiedy możesz sobie pozwolić na srebrną łyżeczkę. I to samo w sobie będzie bardziej generatywne dla ciebie i twojego życia.

WYWIAD Z BRENDONEM WATTEM

Zaczerpnięty z audycji w radiu internetowym Joy of Business: „Getting Out of Debt Joyfully with Brendon Watt" (Radosne wychodzenie z długów z Brendonem Wattem) wyemitowanej 29 sierpnia 2016.

Jaki był twój stosunek do pieniędzy, kiedy dorastałeś? Jak twoja rodzina postępowała z pieniędzmi? Czy rozmawialiście o nich, nie rozmawialiście, czy to było ukrywane, jawne, mieliście je, nie mieliście ich? Czym one były dla ciebie?

Pamiętam, że kiedy dorastałem, miałem w zwyczaju pytać rodziców: „Ile to kosztowało?", a oni odpowiadali: „To nie twój interes." A potem ja znowu pytałem: „Ile to kosztowało?" Za każdym razem, kiedy pytałem o pieniądze, ich odpowiedź brzmiała: „To nie twój interes. Nie musisz o tym wiedzieć." Dorastając wykombinowałem, że pieniądze są czymś, czego unikasz, czymś, co nie istnieje, a we wczesnych latach dorosłości było to coś, co ukazywało się bardzo często. Pamiętam, że dostawałem pocztą listy z energetyki lub telekomunikacji, albo z innych miejsc, i nie otwierałem ich, bo wydawało mi się, że jeśli ich nie otworzę, wówczas nie zobaczę, że mam rachunek do zapłacenia. Mogłem tego unikać.

Albo kiedy na moim telefonie komórkowym wyświetlał się numer prywatny, jeśli go nie odebrałem, wówczas zdecydowanie nie byłem winien nikomu pieniędzy, ponieważ nic o tym nie wiedziałem. Unikałem tego, unikałem i unikałem, aż doszedłem do punktu, w którym byłem winien tak dużo, byłem w takim długu, że nadszedł najwyższy czas, aby się temu przyjrzeć.

Czy możesz mi powiedzieć, co to dla ciebie wykreowało? Czego jesteś teraz świadomy, a nie byłeś tego świadomy wtedy?

Pamiętam taką sytuację, kiedy współdzieliłem z kumplem mieszkanie. Kumpel wyjechał w czasie, kiedy musiał przyjść rachunek za prąd, ale ja oczywiście nie otwierałem poczty i prąd się skończył, więc poprowadziłem kabel z jednego z punktów na zewnątrz; to był blok mieszkalny, mieli punkty dostępowe na zewnątrz, które nie miały nic wspólnego z mieszkaniem. Poprowadziłem kabel do rozdzielnika i wszystko podłączyłem. Nie myślałem, że to jakiś problem, pomyślałem po prostu: „Super, mam znowu prąd." Kumpel wrócił z wyjazdu, spojrzał na mnie i zapytał: „Co ty wyprawiasz?", a ja mu odpowiedziałem: „Cóż, skończył się prąd, a ja nie mam pieniędzy na zapłacenie rachunku." I myślałem, że to całkiem normalne. Jak to, że wyrosłem w biedzie i bieda była dla mnie prawdziwą rzeczą. To nie było niewłaściwe, to nie było właściwe czy niewłaściwe, to było po prostu tym, że: „Nie mam pieniędzy, więc co jeszcze mam zrobić? Oczywiście, że poprowadzę kabel z zewnątrz." Tym to właśnie dla mnie było.

Więc, w zasadzie to stałeś się kreatywny.

Tak. Cóż, potrzebowałem prądu. Potrzebowałem jakiegoś sposobu, aby utrzymać chłód w lodówce i móc zapalać światło. Było to dla mnie takim czymś. Nie zauważyłem nawet, że byłem w długach, nie miałem nawet takiego pojęcia o pieniądzach. Dług dla mnie nie istniał. Mówiłem po prostu: „Nie mam pieniędzy". Ale pamiętam sytuację, kiedy my... Simone i ja, wprowadziliśmy się do pierwszego wspólnego domu i pewnego dnia, kiedy rozmawialiśmy, powiedziałem: „Och, tak przy okazji, mam

200 000 dolarów długu w urzędzie skarbowym". I ona powiedziała: „Co? To dość duża rzecz", i nawet wtedy się zdziwiłem: „Naprawdę? To duża rzecz, że mam dług?" Ale jeszcze raz, nie zdawałem sobie sprawy, że dług był czymś złym czy jakkolwiek - to były tylko pieniądze, a one nic nie znaczyły. Nigdy się o nich nie uczyłem, więc nie miałem dla nich respektu.

Tak, pamiętam tę naszą rozmowę, powiedziałam: „Kupiliśmy razem dom, mieszkamy razem, czy to nie jest coś, o czym powinieneś komuś powiedzieć, zanim zrobisz coś takiego, że masz taki duży dług?" A ty powiedziałeś: „Och." Potraktowałeś to tak lekko. Pośmialiśmy się z tego.

Tak, ale tym właśnie były dla mnie pieniądze: „Och, zapomniałem o tym." Tak dobrze nauczyłem się ich unikać, że trzymałem się od nich z dala w stopniu, w jakim niewielu ludzi potrafi to zrobić; byłem w tym dobry!

Jakiś czas temu powiedziałeś mi, że kiedy dorastałeś, ludzie wokół ciebie walczyli o pieniądze. Pamiętam, że powiedziałeś, że nigdy nie chciałeś mieć pieniędzy, nie chciałeś mieć z nimi nic wspólnego, ponieważ to równało by się określonemu poziomowi przemocy i wykorzystywania. Czy możemy chwilę o tym pomówić?

Tak, dokładnie. Wiesz, widzę to u wielu ludzi. Jeśli chodzi na przykład o związki, jeśli ktoś wyrastał w rodzinie, w której była przemoc, to albo wchodzi w taki sam związek, aby to rozgryźć i spróbować zrobić to lepiej niż rodzice albo, jeśli chodzi na przykład o pieniądze, jeśli rodzice walczyli o pieniądze – dlaczego wówczas miałbyś chcieć je mieć? Wiesz, dla mnie, ja bardzo się starałem uszczęśliwić moich rodziców. Zawsze byłem w pytaniu, co mogę zrobić, aby ich uszczęśliwić? A oni walczyli o pieniądze przez cały czas, więc oczywiście ja nie mogłem nic zrobić w tej sprawie, żeby ich uszczęśliwić, ale to nie była kognitywna rzecz. To było coś, o czym zdecydowałem, gdzieś na linii stwierdzenia: „Jeśli tak czuje się pieniądze i tym one są, po co bym miał chcieć je mieć?"

Wspomniałeś również o szczęściu. U dorastającego dziecka, czy szczęście równało się pieniądzom, czy pieniądze równały się szczęściu? Czy może to było bez znaczenia? Jak to działa?

Cóż, szczęście nie miało dla mnie nic wspólnego z pieniędzmi. Ja definiowałem szczęście samodzielnością i robieniem tego, co mnie uszczęśliwia. Czy widzisz gdzieś jakieś dzieciaki, które kreują swoje życie na pieniądzach, kreują swoje szczęście na pieniądzach? Nie mówią: „Zarobiłem dzisiaj 10 dolców, więc jestem szczęśliwy." Mówią: „Miałem dziś wspaniały dzień, więc jestem szczęśliwy". Ale jako dorośli wydajemy się zmieniać front: „Nic dzisiaj nie zarobiłem, więc jestem głupi" lub „Miałem gówniany dzień" lub „Nie mogę być szczęśliwy z powodu pieniędzy". Ilu ludzi zdecydowało, że pieniądze równają się szczęściu? To nie jest prawda. Mam na myśli, że ja tak myślałem. Powtórzę, że we wczesnej młodości myślałem: "Gdybym mógł zarobić więcej pieniędzy, mógłbym być bardziej szczęśliwy", ale zdałem sobie sprawę, kiedy już zacząłem zarabiać pieniądze, że one nie mają znaczenia. Szczęście było wyborem, którego musiałem dokonać i to nie miało nic wspólnego z pieniędzmi, w ogóle.

Czy był jakiś szczególny moment w twoim życiu, który dał ci tę świadomość?

Cóż, spotkałem ciebie i Gary'ego i Daina i poznałem mnóstwo innych bliskich przyjaciół, których teraz mam i wielu z nich wykreowało sporo pieniędzy i to nie jest tak, że to wykreowało szczęście dla nich, czy teraz dla mnie, tu po prostu chodzi o więcej wyborów, jakie masz w życiu. Jak dla nas, na przykład, ja uwielbiam latać klasą biznes i uwielbiam nosić ładne ubrania i jeść pyszne jedzenie i uwielbiam wszystkie te rzeczy, to mnie uszczęśliwia i uszczęśliwia moje ciało, ale jest to również wybór, którego muszę dokonać, żeby to mieć. To nie tak, że gdybym miał teraz 1 000 dolarów, byłbym szczęśliwszy. Bo, jeśli dasz mi teraz 1 000 dolarów, to nie wykreowałoby szczęścia. To by wykreowało: „Och, mam teraz 1 000 dolarów. Wspaniale."

Wspomniałeś o wyborze, o tym, że pieniądze dają ci więcej wyboru. Na przykład, podróżujesz w klasie ekonomicznej, podróżujesz w klasie biznes lub...

Cóż, czy to cię uszczęśliwi? Klasa ekonomiczna czy klasa biznes?

Co bardziej uszczęśliwi twoje ciało? Zdecydowanie klasa biznes lub pierwsza klasa!

Albo prywatny odrzutowiec.

Albo prywatny odrzutowiec; przez ostatnie kilka miesięcy polataliśmy trochę paroma prywatnymi odrzutowcami, co było dużą zabawą. Mówimy o wyborze. Czy czułeś, że miałeś wybór z pieniędzmi, kiedy dorastałeś, czy że go nie miałeś? Czym one były dla ciebie?

Na początek: nie wiedziałem, czym był wybór. Dla mnie, kiedy dorastałem, wybór polegał na sprawdzeniu, co wybierają inni i pomyśleniu: „Okej, czy to powinienem wybrać? Czy to powinienem wybrać? Czy to powinienem wybrać?" Zamiast: „Co mogę wybrać i jakie mam tutaj dostępne teraz wybory?" Nigdy nie chodziło o coś takiego. Patrzyło się na to, co można było wybrać dla kogoś innego albo przeciwko komuś. Uczenie się wybierania było prawdopodobnie jednym z pierwszych kroków do umiejętności kreowania innej rzeczywistości z pieniędzmi. I jeszcze ten dług. Musiałem się mu przyjrzeć i powiedzieć: „Okej, jestem w długach. Same nie odejdą." Spędziłem ostatnie trzydzieści-czterdzieści lat uciekając przed nimi. Teraz stały u progu i pukały. I ciągle pukają. I ciągle pukają. Muszę otworzyć drzwi i spojrzeć im w twarz. I zrobiłem to; i stało się to zaledwie dwa lata temu. Dwa lata temu zacząłem zdawać sobie sprawę, ile długów zgromadziłem i zapytałem: „Okej, jakich wyborów potrzebuję dokonać, żeby z tego wyjść?"

Jak to było, kiedy po raz pierwszy zająłeś się swoim życiem finansowym i dowiedziałeś się, że to ty jesteś tą osobą, która musi to odmienić; że ty jesteś tą osobą, która musi dokonać więcej wyborów?

Miałem szczęście mieć obok siebie wielu dobrych przyjaciół, aby móc skonfrontować się z tą sytuacją i powiedzieć: „Oto, gdzie teraz jestem." Ale byłem również otoczony ludźmi, którzy mieli pieniądze, więc się uczyłem. Myślałem: „Jeśli mam się z tego wydostać…", pierwszą rzeczą, która się pojawiała było: „Będę się uczyć o pieniądzach". Dla mnie było to spędzanie czasu z ludźmi, którzy już coś wiedzą o pieniądzach. To mogło być, wiesz, oglądanie kanałów finansowych. To mogło być czytanie tego, co ma coś wspólnego z ludźmi, którzy wykreowali edukację wokół pieniędzy i którzy są wykształceni w aspekcie pieniędzy. I to było moją edukacją, wtedy mogłem przyjrzeć się: „Jeżeli chcę wyjść z długów, muszę zrobić to, to i to. Jaki mam tutaj wybór? Co potrzebuję tutaj wybrać?" A następnie: „Co jest najlżejsze?" I idź za tym. I ja to zrobiłem, to było kilka lat temu i wszystko się całkowicie obróciło. Mam na myśli to, że nie mam teraz żadnych długów, oprócz hipoteki i rzeczy, które przynoszą mi pieniądze.

Powiedz mi coś o różnicy między tym, kiedy pierwszy raz skorzystałeś z usług księgowych i tym, jak to wygląda teraz. Nigdy nie czułeś się dobrze na takich spotkaniach, a teraz uwielbiasz spotkania finansowe i spotkania w sprawie planowania podatków z naszą księgową. Jaka jest różnica w tej kreacji?

Różnica jest taka, że nie ma już unikania pieniędzy. Gdybym miał punkt widzenia, że powinienem unikać długów i unikać pieniędzy to jak wówczas mógłbym rozmawiać z księgową? To nie takie proste rozmawiać z księgową, kiedy masz punkt widzenia, że pieniądze śmierdzą, a ja musiałem przezwyciężyć i zmienić ten punkt widzenia, który miałem na temat pieniędzy. Teraz, kiedy spotykamy się z księgową, mówię: „Co teraz robimy? Co możemy z tym zrobić? Co możemy z tym zrobić? I jak to umieścić tutaj? Jak oszczędzić podatek tutaj?" To jest ekscytujące, bo kreacja jest znów ekscytująca i nie polega na kreowaniu większego długu. Teraz polega na kreowaniu przyszłości i dobrobytu.

W jaki sposób zmieniłeś swój punkt widzenia, Brendon? Czy mógłbyś dać nam, powiedzmy, trzy narzędzia lub pytania?

Radosne wychodzenie z długów

Moim narzędziem numer jeden jest konto na 10%. Po prostu. Numer jeden. Jeśli możesz to robić, wyjdziesz z długów. A powodem dla tego jest to, że jeśli możesz odkładać 10% ze wszystkiego, co zarabiasz, po prostu, jeśli na początku zarabiasz 1000 dolarów tygodniowo i płacisz rachunki czy cokolwiek, odkładasz 100 dolarów na oddzielny rachunek bankowy lub trzymasz je w gotówce w szufladzie lub w sejfie i nie dotykasz ich. Jeśli zarabiasz 1000 dolarów tygodniowo, a to jest 100 dolarów, to za trzy lata – ile masz pieniędzy? Będziesz miał 15 600 dolarów. Zatem, jeśli masz 15 600 dolarów na oddzielnym rachunku, będziesz czuł się tak, jakbyś miał pieniądze, czy jakbyś ich nie miał? Czy będziesz się czuł tak, jakbyś umiał kreować pieniądze, czy nie umiał? Dla mnie, ja zaczynałem może pięć razy, zgromadziłem jakieś dwa, trzy tysiące i znów je wydawałem. Wtedy powiedziałem do ciebie, Simone: „To nie działa. Naprawdę chcę to zrobić. Naprawdę chcę zmienić swoją sytuację finansową." Ale również zażądałem: „Czy możesz trzymać dla mnie te pieniądze? Czy możesz przechowywać moje 10%?"

I powiedziałeś: „Nie oddawaj mi ich, nawet jeśli o to poproszę."

I myślę, że poprosiłem o to kilka razy.

Tak zrobiłeś. A ja powiedziałam wtedy: „Nie." A ty się zdziwiłeś: „Co?"

Powiedziałem: „Cholera!" To było prawdopodobnie ze dwa lub trzy lata temu i nie dotknąłem ich od tamtego czasu. Budowałem i budowałem i budowałem i budowałem. A teraz mam określoną kwotę pieniędzy w banku, więc nie czuję się, jakbym nie miał pieniędzy.

Czy mogę cię zapytać, jakiej kwoty pieniędzy potrzebowałeś na swoim koncie na 10%, aby poczuć, że masz pieniądze?

Na początku było to jakieś 10 000 dolarów. A potem ta kwota wynosiła 30 000 dolarów. A potem wzrosła do 50 000 dolarów. Ale kiedy dochodzisz już do pewnych kwot, to się zmienia w: „Och, wow. Mam pieniądze. Teraz, co jeszcze?" Także to była moja pierwsza rzecz. I to by była moja porada numer jeden do wychodzenia z długów. Drugą rzeczą byłoby spisanie wszystkich wydatków, wszystkich. Mam na myśli, że my to robimy na nowo, co kilka miesięcy, wpisujemy na listę prezenty świąteczne; rozpisane miesięcznie. Wiemy, że kiedy przyjdą Święta, możemy wydać tysiąc, dwa, trzy tysiące na prezenty świąteczne lub kolację wigilijną czy zaprosić rodzinę, wiesz, tego rodzaju wydatki.

Pamiętam, że pewnego roku doliczyliśmy się, że wydaliśmy na Święta 8 000 dolarów. Zamiast powiedzieć: „Och, osiem tysięcy na Święta", podzieliliśmy to na dwanaście...

I umieściliśmy w naszych comiesięcznych wydatkach.

Czy możesz powiedzieć więcej o tym, jak wyliczasz wydatki miesięczne?

Okej, jeśli jesteś starej szkoły, bierzesz kartkę papieru. Jeśli jesteś nowej szkoły, bierzesz arkusz Excela, którego ja nienawidzę, ponieważ nie umiem go używać. Simone jest po prostu... mistrzynią kopiuj i wklej, jak nikt inny! Ale zrób listę i zapisz: „Samochód: rejestracja, benzyna", cokolwiek. „Dom: wynajem lub rata kredytowa". Potem masz wodę, elektryczność, dzieciaki, szkołę, ciuchy. A potem masz siebie. Masz ciuchy, masz to wszystko, czymkolwiek to jest, zapisuj tam każdą pojedynczą rzecz, na którą wydajesz pieniądze, bo tak prowadzisz swoje życie. To jest tym, czego wymaga twoje ciało. Zapisz to wszystko, jako wydatek comiesięczny lub cotygodniowy, obojętnie jak będziesz to liczył, a potem przyjrzyj się temu i na przykład, jeśli zarabiasz 1 000 dolarów tygodniowo, podsumuj wydatki i jeśli wychodzi ci 1 500 dolarów – niby jak ma ci to pracować? Jesteś 500 dolarów w plecy. Zamiast świrować i mówić: „Okej, to teraz muszę obciąć swoje wydatki. Muszę zredukować sposób, w jaki prowadzę swoje życie. Muszę przestać tak dobrze się bawić. Nie mogę już więcej wychodzić na kolację.", popatrz na: „Okej, co muszę dodać do swojego życia teraz, aby wykreować te 500 dolarów i jeszcze więcej?" Spójrz na to, co możesz dodać do swojego życia, zamiast na to, co z niego usunąć.

Radosne wychodzenie z długów

Kiedy pierwszy raz to zrobiłeś, czy pamiętasz, jaka wyszła ci kwota?

Nie pamiętam. Nie mam pojęcia. Ale myślę, że to było... Nie mogę tego w tej chwili powiedzieć, szczerze mówiąc, to nie było wiele. Pamiętam, że ta kwota zdecydowanie przekraczała to, co zarabiałem; oj, zdecydowanie to przekraczała. To właśnie było miejsce, z którego pochodził mój dług, ponieważ nie miałem klarowności, ile kosztuje prowadzenie mojego życia. Używając przykładu z 1 000 dolarów, jeśli zarabiałem tysiaka tygodniowo, a potem podsumowałem wydatki i wyszło mi 2 500 dolarów, i brnąłem w dług coraz bardziej, ale nie wiedziałem, dlaczego. Myślałem, że to złe zarządzanie, albo wszechświat... Bóg mnie nienawidził: „Boże. Dlaczego mnie nie kochasz?!" Ale nie miałem tu żadnego wykształcenia, więc kiedy podsumowałem to wszystko, powiedziałem: „Och. To dlatego wpadłem w długi. To dlatego, że nie zarabiam dość pieniędzy, aby pokryć moje wydatki." To wykreowało dla mnie całkowitą klarowność. Powiedziałem: „Okej, dobra. Jestem tysiąc lub półtora tysiąca w plecy co tydzień na tym, ile powinienem zarabiać." Masz wybór. Możesz albo wyciąć ze swojego życia te wszystkie rzeczy, które kochasz robić, albo powiedzieć: „Okej, co muszę dodać do swojego życia dzisiaj, abym mógł zarobić więcej pieniędzy? Co jeszcze mogę wykreować? Jakie są inne strumienie finansowe?"

Jakich innych narzędzi i pytań użyłeś, aby zmienić swój dług i wygenerować pieniądze?

Pytania są cenną rzeczą. Musisz zadawać pytania, bo wszechświat to dostarczy. To nie jest rzecz linearna. Dla mnie, ja wyrosłem z tym jak z czymś linearnym, ale zacząłem zadawać pytania i zdałem sobie sprawę, że mogę o coś poprosić i to zacznie się pojawiać. Musisz w pewnym stopniu wcielać to, o czym mówisz. Zapytaj: „Co jest wymagane, aby to się pojawiło?" I zaufaj, że to się pojawi. Zaufaj wszechświatowi, że tak będzie. Bo tak właśnie było u mnie. Wiedziałem, że moje życie się zmieni i wiedziałem, że jeśli będę zadawać pytania i zacznę dokonywać innych wyborów, tak się stanie. Nie wiedziałem jak, ale tak się stało.

Pytaj również: „Czego nienawidzę w pieniądzach?" „Co kocham w braku pieniędzy?" To może być konfrontujące, bo powiesz: „Ale ja nie nienawidzę pieniędzy. Kocham je, tylko że ich nie mam." Jeśli nie masz pieniędzy, to ich nie kochasz. I z tą rzeczą musiałem stanąć twarzą w twarz i szczerze powiedzieć: „Aha, jest tutaj coś, czego nie kocham w posiadaniu pieniędzy." Zapytaj siebie o to i bądź gotów się temu przyjrzeć i uznać: „Wow. To dziwny punkt widzenia. Co jest wymagane, aby go zmienić?"

Innym pytaniem, jakie możesz zadać jest: „Czego nie jestem gotów zrobić dla pieniędzy?", ponieważ wielu ludzi ma te rzeczy, które mogą robić dla pieniędzy, ale jeśli naprawdę pragniesz mieć wszystkie pieniądze świata i kreować wszystko i mieć wszystko, czego pragniesz, musisz być gotów zrobić wszystko, co jest wymagane. I to była jedna z tych rzeczy, które otrzymałem. I jeszcze jedna rzecz, której się przyjrzałem, to by mieć taką ilość żądania w swoim świecie. Jeśli mam tak bardzo zmienić swoje życie i mieć pieniądze w ten sposób i mieć wszystko, czego pragnę, naprawdę muszę zrobić wszystko, co jest wymagane. Widzę, że wiele osób nie jest gotowych zrobić tego, co jest wymagane.

Mówiąc o robieniu tego, co jest wymagane, aby coś wykreować... Za pierwszym razem do Ameryki poleciałeś klasą ekonomiczną. Za pierwszym razem poleciałeś z Australii do Włoch, co jest całkiem długą podróżą, również klasą ekonomiczną. A teraz podróżujesz prywatnym odrzutowcem. Czy kiedykolwiek przypuszczałeś, że to będzie możliwe?

Zawsze wiedziałem, że to jest możliwe. Ale zabawne w tym jest to, że pierwszy raz poleciałem do Ameryki na wydarzenie 7-dniowe w Kostaryce. Miałem w banku 10 000 dolarów, oszczędziłem. I mówiłem: „Lecę do Ameryki i będę podróżował klasą biznes i przejdę do tej klasy" i patrzyłem na bilety klasy biznes i one kosztowały 6 000 dolarów w dwie strony, więc miałem dosyć, aby to zrobić. I pomyślałem: „Dobra." A potem popatrzyłem na to raz jeszcze i powiedziałem: „Dlaczego to wybieram? Mam teraz 10 000 dolarów. Mógłbym polecieć klasą ekonomiczną za 1 000 dolarów, wziąć udział w klasie i ciągle miałbym

5 000 dolarów, aby zrobić coś więcej, wykreować więcej lub mieć trochę więcej wolności z pieniędzmi." Ponieważ rzeczą, którą wiem o pieniądzach jest to, że kiedy je masz, masz również więcej wolności, aby wykreować więcej. Mogę wykreować więcej z nimi niż bez nich. Popatrzyłem na to i powiedziałem: „Wow. To jest szalone!" Miałem ten dziwny punkt widzenia, że jeśli mogłem wyglądać na osobę, która ma pieniądze, wówczas wykreuję więcej pieniędzy lub jeśli mógłbym lecieć klasą biznes, wówczas mógłbym działać z poziomu dobrobytu podczas 13-godzinnego lotu, czy czymkolwiek to było. Kiedy na to patrzyłem, stwierdziłem: „Okej, muszę być tutaj trochę bardziej pragmatyczny z a) sposobem, w jaki patrzę na pieniądze i b) sposobem, w jaki je wydaję."

Właściwie to miałeś tu wybór. Mogłeś wybrać wydanie całych swoich pieniędzy i zrobić to, ale wybrałeś inaczej.

Na początku długo latałem klasą ekonomiczną. Wiedziałem, że chcę podróżować klasą biznes, wsiadałem do samolotów i widziałem ludzi w klasie biznes i nie mówiłem: „Popatrzcie tylko na nich, wiecie, tych bogaczy." To nie byłbym ja. Wsiadałem do samolotu i mówiłem: „Będę to miał. Bez względu na to, co jest wymagane. Co jest wymagane, abym to miał?" Szedłem i siadałem na swoim miejscu. Cieszyłem się lotem. Zacząłem zbierać mile w różnych liniach i dostawałem bonusy. A potem dostałem bonus w postaci klasy biznes i powiedziałem: „To wspaniałe! Tak chciałbym, aby wyglądało moje życie. Co jest do tego wymagane?" Podsumowując, to było to, zażądałem tego i zadawałem pytania i tak to zaczęło się pojawiać.

Jak ty to widzisz, skąd przychodzą pieniądze? I jak postrzegasz, że one się pojawiają? Co się zmieniło dla ciebie w ciągu kilku ostatnich lat, od kiedy zmieniłeś swój punkt widzenia o pieniądzach?

Cóż, najważniejszą rzeczą, tak jak mówisz, jest zmiana punktów widzenia na temat pieniędzy. Ponieważ twój punkt widzenia kreuje Twoją rzeczywistość. Po prostu. To wszystko. Jeśli masz punkt widzenia, że zarabiasz 20 dolarów na godzinę i pracujesz 40 godzin w tygodniu, to daje 800 dolarów i tylko tyle dostaniesz. To wszystko. Jeśli mówisz, że to wszystko, co masz, że tyle zarabiasz - wówczas to rzeczywiście wszystko. Bo kiedy dojdziesz do wniosku, że tylko tyle zarabiasz, właśnie to zaczyna się pojawiać w twoim życiu. Ale jeśli powiesz: „Okej, dobra. Mam czterdziestogodzinny tydzień pracy. Zarabiam 20 dolarów na godzinę. To daje 800 dolarów tygodniowo. To świetnie. To na mój chleb z masłem. To pokrywa mój czynsz, moje jedzenie, moje – cokolwiek. Co teraz jeszcze jest możliwe? Co jeszcze mogę wykreować? Jakie mogę mieć jeszcze inne strumienie dochodów?" I, jeszcze raz, to jest pytanie. Cały czas. Jeśli zaczniesz zadawać pytania, jeśli pierwszą rzeczą z rana, kiedy wstajesz, będzie zmiana punktu widzenia i zamiast: „Muszę iść do pracy", będziesz funkcjonować z poziomu: „Wspaniale. Idę do pracy - i co jeszcze jest możliwe?" Gwarantuję ci, że jeżeli będziesz szczery z tym pytaniem i jeżeli będziesz szczery z punktem widzenia, który masz wokół „kreujesz swoje życie inaczej i będziesz kreować swoje przepływy finansowe inaczej, bez względu na to, co jest do tego wymagane", gwarantuję ci, że w ciągu sześciu miesięcy będziesz miał inną rzeczywistość finansową, gwarantuję ci to!

Kiedy pierwszy raz się spotkaliśmy, byłeś glazurnikiem – rzemieślnikiem, jak to mówimy w Australii i prowadziłeś z kimś biznes. Czy możesz nam trochę opowiedzieć o tym, jak to się stało, że wykreowałeś tyle dodatkowych strumieni przychodów? Kiedy przyglądam się temu, co kreujesz w swoim życiu – nie ma temu końca; nie ma finału ilości strumieni finansowych, które posiadasz. Czy możesz coś o tym powiedzieć?

Cóż, pierwszą rzeczą, której się przyjrzałem było to, że kiedyś pracowałem naprawdę ciężko, pięć dni w tygodniu, a właściwie pięć i pół, albo sześć, a potem mówiłem: „Super, mamy niedzielę", i kładłem się do łóżka i oglądałem telewizję, piłem piwo lub robiłem cokolwiek. Pamiętam, że kiedy ciebie poznałem, robiłem to samo, ale doszedłem do miejsca, w którym przyjrzałem się temu i zacząłem patrzeć na swoje życie i patrzeć na to czy miałem w nim wystarczająco dużo i czy byłem naprawdę szczęśliwy z tym, co kreowałem i zdałem sobie sprawę, że nie – nie byłem. Byłem znudzony do potęgi. Przyjrzałem się temu: „Okej, co jeszcze mogę dodać do swojego życia?" i to, na co patrzę teraz, czy naprawdę pragnę iść i ...? Mamy pieniądze. Mógłbym wrócić do domu i się zrelaksować. Mógłbym wrócić do domu i jeździć na nartach wodnych i odpoczywać. Czy to by dla mnie pracowało? Nie, nawet za milion lat. Potrzebuję robić wiele rzeczy. Jeśli kreuję swoje życie, jestem szczęśliwy. Jeśli siedzę na tyłku, nie jestem. To wspaniałe, móc iść i jeździć na nartach wodnych czy robić cokolwiek, ale to mi nie wystarcza. Wiedziałem, że praca od dziewiątej do piątej mi nie wystarczała. Wiedziałem, że siedzenie i picie piwa w niedzielę mi nie wystarcza. Nie chcę powiedzieć, że to nie może być dla ciebie, ale jeśli nie jest, wtedy musisz się temu przyjrzeć. Pierwsze pytanie jest takie: „Co jeszcze mogę dodać do swojego życia?" Temu się przyglądam codziennie: „Co jeszcze mogę dzisiaj dodać do swojego życia?", zamiast: „Jestem zbyt zajęty" lub „Nie umiem robić niczego innego." To kłamstwo. Idź do przodu. A kiedy już zaczniesz, zamiast: „Cóż, jestem zbyt zajęty" lub „Nie chcę tego robić", zapytaj: „Czy to naprawdę jest mój punkt widzenia? Czy on należy do kogoś innego?"

Jedną rzeczą, którą dodaliśmy do naszego życia był portfel giełdowy. Jaki był twój punkt widzenia na początku i co musiałeś zmienić, aby wykreować dochodowy, bardzo dochodowy portfel giełdowy?

Giełda mnie ekscytuje, bo w tak szybkim zarabianiu pieniędzy jest coś, co kręci mnie jak cholera. Pamiętam, kiedy pojechaliśmy do TAB, kiedy miałem 11 lub 12 lat, to jest takie miejsce hazardu w Australii, w którym możesz postawić pieniądze na konie. Mój ojciec dał mi 1 000 dolarów w gotówce i listę koni, na które chciał, abym postawił. Miałem iść tam, postawić pieniądze, a potem wrócić po jego wygraną. Cóż, albo by stracił wszystkie pieniądze, a wtedy stałby się tym agresywnym dupkiem, albo zamiast tego, wysłałby mnie tam z powrotem, abym odebrał trzy lub cztery tysie i mówiłby wtedy: „Och, to było łatwe." Szybkie zarabianie pieniędzy było dla mnie zabawne. I tak samo jest na giełdzie: „Wow, możesz tak szybko zarabiać pieniądze poprzez, dosłownie, używanie swojej świadomości?" I to kocham w giełdzie, że to jest tak: „Jeśli to kupimy, czy to przyniesie nam pieniądze? Tak? Nie? Tak? Tak? Okej, kupmy to."

Cóż, mieliśmy ten portfel, który dobrze zarabiał, a na koniec sprzedaliśmy trochę udziałów i kupiliśmy dom nad rzeką Noosa, w Queensland, który nie był tani.

Kupiliśmy akcje, kiedy były bardzo tanie. To były akcje za grosz i kupiliśmy ich wiele. Faktycznie, kupiliśmy je, kiedy były drogie i kupiliśmy, kiedy były tanie, ale kupiliśmy ich dużo, kiedy były tanie, a ostatnio bardzo poszły w górę, bo wiedzieliśmy, że pójdą. Dokupowaliśmy i dokupowaliśmy je. Wszyscy nam mówili: „Jesteście szaleni. Jesteście szaleni. Jesteście szaleni." Nasi księgowi nam to mówili. Nasi przyjaciele nam to mówili. Rodzina nam to mówiła. „Nie róbcie tego. Stawiacie wszystko na jedną kartę." Co zrobiliśmy? Ciągle kupowaliśmy więcej. Dlaczego? Bo wiedzieliśmy, że pójdą w górę. Mój punkt widzenia jest taki: a gdybyś tak szedł za tym, co ty wiesz, że wykreuje twoją rzeczywistość finansową, a nie za tym, co mówią ci inni ludzie?

Na przykład idziesz do księgowej, a ona mówi: „Powinniśmy zrobić to, bo to jest bezpieczne", albo nie powinieneś robić tego czy tamtego. Co ty wiesz o pieniądzach, czego nie wie nikt inny? Albo – co wiesz o pieniądzach, czego nie chcesz uznać? A gdybyś tak pytał siebie: „Co ja wiem o pieniądzach, czego nie jestem gotów uznać?" i „Okej, co teraz potrzebuję zrobić, aby to uruchomić?" To jak: „Wspaniale! Wszechświecie, dałeś mi świadomość tego, co potrzebuję wiedzieć o pieniądzach, co teraz?" Zapytaj: „Co jest wymagane, by to się pojawiło?" „Co potrzebuję zrobić?" „Z kim potrzebuję porozmawiać?" „Co potrzebuję wdrożyć, aby to zaowocowało?" Musisz zażądać tego od siebie. To jest to, co potrzebujesz zrobić, jeśli chcesz zmienić swoje życie.

Jedną z rzeczy, których nauczył mnie Access jest to, że ja wiem różne rzeczy. Nie myślę o nich, aby je wiedzieć. Nie czytam o nich książek, aby je wiedzieć. Ja po prostu je wiem. Kiedy zadaję pytania i pytam: „Okej, co ja o tym wiem?", a potem coś mi się pojawia, mówię: „Okej, super" i idę w tym kierunku. Zamiast mówić: „Ona mi tak powiedziała, więc ja tak zrobię. Oni kazali to tak zrobić, więc ja tak to zrobię." Nie. Zadawaj ludziom pytania, aby zdobyć informacje, a nie odpowiedzi.

Brendon, jestem bardzo, bardzo wdzięczna za to, że dołączyłeś do nas dzisiaj. Czy chciałbyś coś dodać, zanim skończymy?

Jedna rzecz, którą chciałbym wam jeszcze zostawić to: Pieniądze podążają za radością. Radość nie podąża za pieniędzmi. Jeśli jesteś gotów mieć radość w swoim życiu w odniesieniu do wszystkiego, łącznie z pieniędzmi, pieniądze pójdą za tym. Jeśli wydajesz przyjęcie i zapraszasz na nie pieniądze i mówisz, że nie będzie drinków, nie będzie tańców, nie będzie śmiechu, nie będzie wolno się bawić, czy myślisz, że pieniądze będą chciały przyjść na takie przyjęcie? A gdybyś zaczął zapraszać pieniądze w taki sposób: „Hej, zabawmy się razem." Jeśli pieniądze są energią, a ty byłbyś gotów zapraszać je do zabawy, czy miałbyś więcej w swoim życiu czy mniej?

WYWIAD Z GARYM DOUGLASEM

Zaczerpnięty z audycji w radiu internetowym Joy of Business: „Getting Out of Debt Joyfully with Gary Douglas" (Radosne wychodzenie z długów z Garym Douglasem) wyemitowanej 5 września 2016.

Gary, jesteś jednym z najbardziej inspirujących ludzi, jakich spotkałam w życiu, z tym swoim spojrzeniem na pieniądze, z punktem widzenia, jaki miałeś na pieniądze, punktem widzenia, jaki masz teraz na temat pieniędzy, miejscem, w którym zawsze jesteś gotów je zmieniać i, oczywiście, jesteś założycielem Access Consciousness. Wszystkie te narzędzia, o których tutaj mówimy, pochodzą od ciebie; wsparłeś nie tylko mnie, ale setki tysięcy osób w prawdziwej zmianie swoich punktów widzenia na temat pieniędzy. Dziękuję ci za to.

Dziękuję. I - ja musiałem zmienić swoje punkty widzenia na temat pieniędzy, aby je zdobyć.

Czy możesz opowiedzieć nam trochę o tym, jak dorastałeś? Jak wyglądało twoje życie rodzinne? Jak twoja rodzina postępowała z pieniędzmi? Czy mieliście pieniądze; czy byliście wykształceni? Czym one były dla ciebie?

Wyrosłem w erze serialu „Leave it to Beaver" („Wiercipięta"), a to nie była era „daj się często przelecieć". To znaczy, mówiło się dużo o różnych rzeczach, ale ich się potem nie robiło. Wyrosłem w rodzinie z klasy średniej, średniej, średniej, średniej, średniej, średniej, w której, kiedy meble się zużywały, pozbywano się danego egzemplarza i kupowano nowy, aby go zastąpić w dokładnie tym samym miejscu i nic się nigdy nie zmieniało, zawsze było takie samo. Używano dywanów tak długo, aż było widać osnowę i dopiero wtedy wymieniano na nowe. I nawet ich nie odwracano ani nie zmieniano, nic z nimi nie robiono; wszystko szło w to samo miejsce i w nim pozostawało. I kiedy dorastałem, w pewnym momencie moja matka powiedziała mi, powiedziała to w mojej obecności rozmawiając z kimś innym: „Myślę, że Gary nigdy nie będzie miał pieniędzy, ponieważ rozda wszystko swoim przyjaciołom." Bo brałem pięćdziesiąt centów mojego kieszonkowego i kupowałem ciasto i colę moim przyjaciołom; wtedy te rzeczy były naprawdę tanie. Można było kupić komiks za pięć centów. To daje wam pojęcie, jaka jest różnica. Pięćdziesiąt centów wtedy to było dużo pieniędzy. Dostawałem pięćdziesiąt centów i wydawałem je na ciasto i colę dla moich przyjaciół i dla siebie i byłem zainteresowany tym, aby dobrze się bawić. A moja mama mówiła: „Nigdy nie będziesz miał więcej pieniędzy, jeśli nie będziesz traktował ich poważnie i ciągle będziesz je wydawał na innych ludzi". Mówiłem: „Ale to jest zabawa!"

Czego usiłowała cię nauczyć w tym czasie? Czy chodziło jej bardziej o oszczędzanie pieniędzy?

Chodziło o oszczędzanie na czarną godzinę. Ona i mój ojciec wyrośli w czasach kryzysu i depresji, więc z ich punktu widzenia nie możesz wydawać pieniędzy, musisz dbać o to, ile masz pieniędzy i zawsze musisz maksymalnie ciąć koszty i nigdy nie wychodzić poza granice niczego, nigdy nie wybierać niczego wspanialszego. Zabawne w tym wszystkim jest to, że mój ojciec był trochę hazardzistą, więc w 1942, kiedy ja się urodziłem, mieszkaliśmy w Pacific Beach w San Diego, a trochę dalej znajdowała się mała wioska o nazwie La Hoyer, która teraz jest jedną z najdroższych dzielnic San Diego. Mój ojciec miał szansę kupić działkę w miejscu, które dzisiaj jest centrum La Hoyer za 600 dolarów; mieli wówczas 600 dolarów oszczędności, ale matka mu na to nie pozwoliła. Moja matka zawsze mówiła: „Nie, nie. Musisz poczekać, aż będziemy mieli więcej pieniędzy." I zawsze wszystko sprowadzało się do czekania, na wszystko. Ona wierzyła, **że trzeba czekać zanim zacznie się** kreować.

Jak wyglądała typowa kolacja w domu Douglasów: czy przy stole wolno było rozmawiać o pieniądzach?

Nie, nie. Nie możesz rozmawiać o pieniądzach. To prostactwo! Nie rozmawia się o pieniądzach. Zabawne w tym jest to, że ludzie, którzy mają pieniądze mają punkt widzenia: „Nie możesz rozmawiać o pieniądzach, bo to grubiaństwo", prawda? Dlaczego ma to być prostactwem, jeśli jesteś biedny i grubiaństwem, jeśli jesteś bogaty? Nie pojmuję tego. Żadne z nich nie jest dobre. To było bardzo interesujące obserwować, jak moja rodzina to robi. Moja matka robiła dla nas sałatki… Wkładała kawałek sałaty na spód talerza, a potem kładła na nim krążek ananasa, ale wykrawała z każdego krążka kawałek i ściskała je ze sobą, a potem kładła na tym odrobinę majonezu i to była nasza sałatka. I kupowała małą puszkę, która zawierała trzy plasterki ananasa i robiła z nich cztery sałatki wycinając po kawałku z trzech plasterków, abyśmy mieli cztery sałatki i abyśmy mieli coś do jedzenia. Ciągle pytałem: „Dlaczego?" A potem dawała mi rzeczy takie jak brokuły, a ja mówiłem: „Ale ja tego nie chcę." A ona odpowiadała: „Dzieci w Chinach głodują. Zjesz każdy kęs." A ja pytałem: „A czy możemy im to wysłać?" Za to na mnie nakrzyczała!

Kiedy dorastałeś i otaczała cię ta energia „bezpiecznego działania" ... powiedziałeś, że twoi rodzice przeżyli czasy kryzysu; z tym wszystkim, co rozgrywało się wokół ciebie, czy kiedykolwiek kupiłeś ich punkt widzenia? Czy może zawsze wiedziałeś, że byłeś inny? Czym to było dla ciebie?

Zawsze było to interesujące, kiedy w czasie Świąt szliśmy do dzielnic ludzi bogatych i podziwialiśmy ich piękne choinki; oni dekorowali świątecznie okna, więc zawsze mieli w nich te przepiękne drzewka. A my chodziliśmy i patrzyliśmy na nie. Dzisiaj możesz chodzić i patrzeć na światełka, którymi ludzie ozdabiają domy. Możesz mówić: „Wow. To niesamowite, że oni to robią." A ja mówiłem: „Czy możemy mieć taką choinkę? Czy możemy mieć taki dom?" A oni odpowiadali: „Nie, kochanie. Ci bogaci ludzie i tak nie są szczęśliwi." Myślałem sobie wtedy w swojej głowie: „A czy możemy spróbować?"

Zatem, kiedy dorastałeś, czy panowała zgoda co do tego, że szczęście nie polega na posiadaniu pieniędzy?

Och, pieniądze nie przynosiły ci szczęścia. Wiesz, moja matka mówiła: „Pieniądze nie kupują ci szczęścia." A ja pytałem: „A co kupują?" Chciałem się dowiedzieć, co mogę kupić. A ona odpowiadała: „Nie możesz sobie na to pozwolić. Nie możesz sobie na to pozwolić. Nie możesz sobie na to pozwolić." Wszystko sprowadzało się do tego, na co nie mogliśmy sobie pozwolić, na co nie było nas stać. Nie sprowadzało się do tego, na co mogliśmy sobie pozwolić. I do rozrywki, bo moi rodzice byli tacy biedni, że rozrywką było wychodzenie i przyglądanie się bogatym domom w soboty i w niedziele; otwartym domom. Wchodziłem do takiego domu i mówiłem: „Och, uwielbiam ten dom. Czy możemy go mieć?" „Nie." „Uwielbiam ten dom. Czy możemy mieć ten...?" „Nie." „Uwielbiam ten..." „Nie." Dlaczego oglądamy te rzeczy? Jeśli nie możesz ich mieć, po co na nie patrzeć? I przyswajałem punkt widzenia, po co przyglądać się temu, czego nie możesz mieć, chyba że możesz wykombinować, jak możesz to mieć?

Czy urodziłeś się z własnym punktem widzenia o pieniądzach? Kiedy zacząłeś zmieniać swój punkt widzenia o pieniądzach i wiedzieć, że jesteś inny?

Cóż, po pierwsze, zdałem sobie sprawę, że nie chcę żyć w ten sposób. Miałem bogatą ciotkę, która mieszkała w Santa Barbara, a my jeździliśmy do niej z wizytą. Miała chińską porcelanę i kryształowe kieliszki oraz srebrną zastawę. I to wszystko było dla niej normalne. Zamiast iść do sklepu i kupować ciasto za dolara i siedemdziesiąt dziewięć centów, szła do piekarni i brała sześć ciast za sześć dolarów. A ja mówiłem: „O mój Boże. Ja chcę tak żyć!" Słuchała opery i miała taką elegancję życia. Zażądałem: „Wiesz co? Chcę prowadzić takie życie. Chcę żyć w ten sposób. Chcę mieć tę piękną muzykę. Chcę mieć piękne miejsca do życia. Chcę mieć piękne rzeczy, z których będę jadł. Chcę mieć piękne meble." W mojej rodzinie, jeśli coś nie było użyteczne, nie potrzebowałeś tego.

Zawsze zaskakiwały mnie rzeczy, na które moi rodzice nie byliby gotowi wydać pieniędzy. Kiedy byłem młodszy, mieliśmy te filmy o podwójnej roli. Rodzice wysyłali mnie do kina za 25 centów i to było jak wynajęcie kogoś do opieki nad dzieckiem, aby dobrze się bawić beze mnie. I wysyłali mnie z moją młodszą siostrą, bez opieki, na „podwójny" seans kowbojskiego westernu. I we dwoje mogliśmy kupić sobie jedną porcję popcornu i jedną małą colę, bo tylko na tyle mogliśmy sobie pozwolić. Na specjalne okazje dostawaliśmy dodatkowo dziesięć centów na miętówki, raz w miesiącu.

Kiedy twoja matka wspomniała, że nigdy nie będziesz miał pieniędzy, ponieważ wydawałeś je na swoich przyjaciół, wydaje mi się, że nie chodziło tak bardzo o wydawanie pieniędzy, a bardziej o hojność ducha, z poziomu której funkcjonujesz... zawsze podarujesz coś, co możesz podarować. Nie masz w tym granic. Jak ważna jest hojność

ducha dla kogoś, kto kreuje więcej pieniędzy w swoim życiu? Jaki to ma efekt?

Zauważyłem jedną rzecz, kiedy dawałem moim przyjaciołom ciasto i colę – prawdopodobnie z powodu cukru – stawali się szczęśliwi, po pierwsze, ale po drugie, zawsze wtedy dawali mi rzeczy, które mieli w domu, które myśleli, że mogą mi się spodobać. Wtedy byłem zakochany w komiksach. Zawsze dawali mi komiksy, które już przeczytali. Nie musiałem wydawać na nie pieniędzy. Mógłbym też kupić komiksy, ale dawałem im ciasto, a oni dawali mi komiksy, in na koniec miałem więcej komiksów niż gdybym wydawał na nie wszystkie swoje pieniądze, zamiast wydawać je na ciasto.

Gary, jedną rzeczą, o której mówisz w Access, jest różnica między dawaniem i braniem, a ofiarowywaniem i otrzymywaniem. Czy możesz powiedzieć o tym coś więcej?

Zauważyłem, że jeśli naprawdę podarujesz coś komuś i nie masz związanych z tym żadnych oczekiwań, wówczas rzeczy przychodzą do ciebie z różnych stron w inny sposób. Zauważyłem, że kiedy dawałem moim przyjaciołom ciasto, otrzymywałem od nich rzeczy, ale otrzymywałem również prezenty od innych ludzi - mam na myśli sąsiadów. Załóżmy, że prawdopodobnie byłem bardzo słodki, znaczy – byłem, ale sąsiedzi dawali mi prezenty przez cały czas. Robiłem dla nich różne rzeczy, jak na przykład zanosiłem im listy do nich zaadresowane, które przez przypadek trafiały do nas, takie rzeczy. Ale oni zawsze dawali mi małe prezenty, ponieważ hojnie ich obdarowywałem swoim czasem, energią i uśmiechem. To wszystko, co wtedy miałem, byłem małym dzieckiem, wiesz? Miałem osiem, dziewięć lat. Wtedy nie masz za dużo do rozdania oprócz tego. Jeśli dałeś, co dałeś, bo to właśnie miałeś, ludzie dadzą ci więcej niż wtedy, gdybyś tego nie dał i zacząłem zdawać sobie sprawę z tego, że istnieje coś ponad punkt widzenia moich rodziców.

Jedyny moment, kiedy widziałem, że mój ojciec się martwi, a mój ojciec był zawsze hojny, był wtedy, kiedy widział kogoś, kto nie ma wystarczająco dużo jedzenia. Zawsze dawał im jedzenie, nawet jeśli my funkcjonowaliśmy, jakbyśmy nie mieli jedzenia. Ale, oczywiście, w naszym domu zawsze był deser. Zawsze było mięso, ziemniaki i sałatka i deser, tak wyglądał każdy posiłek. A moja matka dorastała na farmie, więc taka była jej perspektywa na życie.

Mój ojciec dorastał bez ojca, który opuścił matkę, i poszedł z bronią; znalazł sposób, aby kupić 22, wziął tę spluwę i poszedł strzelać do królików, aby nakarmić całą swoją rodzinę. A jego ojciec opuścił żonę i szóstkę dzieci, aby radzili sobie sami, więc nienawidził swojego ojca. I on poszedł i zapracowywał się na śmierć; i robił to po to, abyśmy my nie musieli radzić sobie bez jedzenia albo nie musieli cierpieć. I ja myślałem, że to niesamowite, bo mój wujek poszedł na studia, moja ciotka poszła na studia, ale mój ojciec nigdy tego nie zrobił. On był tak zajęty karmieniem swojej rodziny, że nigdy nie studiował. Na koniec dnia był wykończony. Był wielkim atletą i radził sobie świetnie w tych sprawach, ale nigdy nie nauczył się kreować pieniędzy. Jedyną rzeczą, którą otrzymał od swojego ojca była świadomość, że musisz zadbać o swoją rodzinę i musisz karmić ludzi. I taka była suma jego punktów widzenia na temat pieniędzy.

Ja w pewnym sensie odszedłem z tym punktem widzenia, a kiedy miałem rodzinę, tego właśnie chciałem najbardziej. Ale zdałem sobie sprawę: „Czekaj chwilę, zdołałem wykreować więcej pieniędzy będąc gotowym być hojnym." I przyglądałem się swojemu ojcu, kiedy był hojny wobec ludzi, którzy nie mieli niczego i patrzyłem, jak wracali do niego z prezentem życzliwości i troski i uwielbienia, których nie widziałem w innych miejscach. Moi rodzice byli niezwykli. Jestem naprawdę zadowolony, że miałem ich za rodziców. Moja matka była życzliwa. Mój ojciec był życzliwy. Nie zrobili nam nic strasznego. Nie bili nas; dostałem lanie może ze trzy razy w życiu. Próbowali zatroszczyć się o nas i robili dla nas, co mogli i chcieli, abyśmy mieli dobre życie. A to jedna z rzeczy, jak zdałem sobie sprawę, którą niewiele osób dostrzega w swoich rodzicach. Szukają tego, czego rodzice im nie dali. I nie patrzą na to, co rodzice im dali. I pojąłem, że moi rodzice robili, co tylko mogli z tym, co mieli. Kiedy pojechałem do domu ciotki, powiedziałem: „Chcę żyć w ten sposób. Nie dbam o to, co jest do tego wymagane, będę żył w ten sposób."

Obserwuję, że ludzie ciągle kupują punkt widzenia, jaki mieli ich rodzice/dziadkowie/ludzie, wśród których się wychowywali, zamiast zacząć zadawać pytania o to, jaka może być ich rzeczywistość finansowa. Widzę ile przyjąłeś z tego, co podarowali ci twoi rodzice, a mimo to ciągle kreowałeś swój punkt widzenia; ciągle kreowałeś własną perspektywę na temat pieniędzy.

Wcześnie zacząłem zadawać pytania. „Jak to, nie mogę tego mieć?" „Dlaczego? Dlaczego? Dlaczego?" A moja matka zwykła mi odpowiadać: „Czy mógłbyś, proszę, przestać zadawać pytania?" „Okej. Dlaczego nie możemy…" – mogłem zamilknąć na góra dziesięć i pół sekundy.

Nic się nie zmieniło. Ciągle działam w ten sposób. Zawsze zadaję pytania. I wtedy też ciągle zadawałem pytania, ponieważ patrzyłem na różne rzeczy i ciekawiło mnie: „Dlaczego to jest takie?" Obserwowałem, jak moi przyjaciele mówili mi: „Cóż, nie możesz tego mieć. Nie możesz tego zrobić." A ja pytałem: „Dlaczego?" Oni odpowiadali: „No bo nie." A ja pytałem: „Dlaczego nie? Wszystko, co musisz zrobić – to zrobić to; ja to zrobiłem." A oni odpowiadali: „Tak, ale nie możesz tego zrobić."

„Dlaczego nie?" - pytałem. Wychowywałem się w czasie, kiedy kwestionowanie autorytetów było czymś naprawdę wielkim. Ale dorosłem w jeszcze większym czasie, kiedy kwestionowałem wszystko.

Jakie są pragmatyczne, praktyczne narzędzia, jakie możesz dać ludziom; jakieś pytania, ulubione pytania lub narzędzia, aby zacząć kreować własną perspektywę wokół pieniędzy?

Jednym z pierwszych, które odkryłem dla siebie jako dziecko było: „Okej. Co będę musiał zrobić, aby dostać pieniądze, których potrzebuję?" Zacząłem pytać o to. Jedyną rzeczą, jaka przychodzi mi do głowy jest to, że moi rodzice musieli próbować zaszczepić mi etykę pracy, ponieważ sami bez przerwy pracowali. Musieli próbować to robić, więc kiedy pytałem: „Co mogę zrobić, aby zarobić pieniądze?", słyszałem: „Okej. Możesz skosić trawnik." Ja nie byłem bardzo duży; byłem szczupłym, wręcz chudym, mizernym dzieciakiem; chodziłem do sąsiadów i pytałem: „Czy mogę skosić wasz trawnik?" A oni odpowiadali: „Pewnie. Ile to będzie mnie kosztować?" „Tyle, ile mi zapłacisz." I niektórzy z nich płacili mi dolara, a inni pięćdziesiąt centów. I ja sobie wykombinowałem: „Hurra, mam pięćdziesiąt centów. Hurra, mam dolara." Nigdy nie patrzyłem na to, ile powinienem był dostać. Nie miałem tej rzeczywistości konkluzji, jaką ma większość ludzi - powinienem był zarobić więcej, powinienem był dostać więcej, potrzebuję więcej - mówiłem: „Okej, mam to. Co teraz?"

Czyli – więcej pochodziło z przestrzeni wdzięczności?

Tak. Byłem wdzięczny za fakt, że miałem rzeczy i zauważałem tę wdzięczność, kiedy dawałem przyjaciołom ciasto; była w nich wdzięczność, która była wkładem energetycznym dla mnie i mojego ciała, której nie czułem w innych sytuacjach. I nie czułem tego, kiedy widziałem, jak ludzie pracują i wykonują zadania, a naprawdę za tym tęskniłem.

Mówisz jeszcze o czymś innym, o czym bardzo bym chciała usłyszeć – o używaniu kapitału do poszerzania rzeczywistości ludzi. Kiedy po raz pierwszy przyszła do ciebie ta świadomość?

To stało się znacznie później, bo dosłownie przeszedłem od okresu „Och, jestem hipisem i nie mam żadnych pieniędzy" do „Okej, będę handlował narkotykami i będę miał pieniądze." Siałem zioło, aby mieć mnóstwo pieniędzy, ale to również mnie nie uszczęśliwiło. Zauważyłem, że ludzie, których znałem, którzy bardziej i dłużej zajmowali się narkotykami, kończyli w więzieniu i pomyślałem: „Wiesz co, ja w to nie idę. Myślę, że przestanę to robić." Pracowałem dla różnych ludzi i robiłem wszystko, aby robić to właściwie, aby wszystko robić właściwie i zawsze, kiedy byłem hojny, w jakiś dziwny sposób przytrafiało mi się coś wspaniałego. Pamiętam, że kiedy miałem dwadzieściakilka lat, poszedłem do pracy w szkole jeździeckiej i ujeżdżałem konie. I była tam kobieta, która była tak bogata jak sam Bóg i miała pięknego konia czystej krwi, którego wystawiała i była bardzo elegancka i jeździła naprawdę ładnym samochodem. Zarabiałem tam pięć dolarów dziennie plus pokój i wyżywienie. Pewnego dnia zobaczyłem ją przed boksem jej konia, siedzącą z płaczem na jakiejś skrzyni i zapytałem: „Co się stało?" Odpowiedziała: „Jestem spłukana. Nie mam pieniędzy. Tak bardzo nie mam pieniędzy, że nie wiem, co teraz zrobię." Zaproponowałem: „Czy mogę zabrać cię na kolację?" Zabrałem ją na miasto i siedzieliśmy przy tej kolacji, która kosztowała 25 dolarów, czyli pięć dni mojej pracy. I kiedy wstała, aby pójść do toalety, z torebki wypadła jej książeczka czekowa; otworzyła się i okazało się, że na swoim koncie bankowym ma 47 000 dolarów.

Pomyślałem: „O, cholera! Zaraz, zaraz. Jej koncepcja bankructwa polega na zejściu poniżej 50 000 dolarów." Po chwili rozmawialiśmy dalej i powiedziałem: „Widziałem twoją książeczkę czekową. Dlaczego uważasz, że jesteś spłukana?" „Zawsze, kiedy schodzę poniżej 50 000 dolarów wiem, że jestem spłukana. Muszę mieć 50 000 – albo jestem spłukana." Powiedziałem: „Cóż, to super." I zdałem sobie sprawę, że ja jestem spłukany, kiedy mam dług studolarowy.

Zatem każdy ma inną perspektywę.

Tak.

Ta książka, którą napisałeś z doktorem Dainem Heerem: „Pieniądze nie są problemem, ty nim jesteś" – wszystkie te narzędzia w książce dosłownie wyciągnęły mnie z długów, ponieważ zaczęłam zmieniać swój punkt widzenia na temat pieniędzy. Jedna rzecz, którą widzę jako imperatyw, to zmiana swojego punktu widzenia. Musisz zmienić sposób, w jaki patrzysz na pieniądze, w jaki jesteś z pieniędzmi i w jaki zaczynasz się edukować na temat pieniędzy.

To była najważniejsza rzecz. Była sobie ta kobieta, która miała 47 000 tysięcy dolarów i konia za 20 000 dolarów, która może sobie pozwolić na wszystko - i byłem ja – który mieszkałem w jednym pokoju w budynku klubu, zarabiałem pięć dolarów dziennie, stać mnie było naprawdę na niewiele rzeczy, ale robiłem to, co kochałem. Zdałem sobie sprawę z tego, że ona wydawała mnóstwo pieniędzy, aby robić to, co kocha a ja zarabiałem mało pieniędzy, aby robić to, co kocham. Powiedziałem: „Okej, co jest wymagane, aby mieć inną rzeczywistość?" Zacząłem zadawać to pytanie: „Jak by to było mieć tutaj inną rzeczywistość?" Chciałem być taki, jak ona: kreować swoje pieniądze i móc wydawać całe ich mnóstwo, aby dobrze się bawić. Chcę się bawić, ale chcę mieć również jakieś pieniądze – i wtedy rzeczy zaczęły się zmieniać. Prosiłem: „Okej, wiesz co? To musi się zmienić." I to jest ta jedna rzecz, którą uważam, że musisz zrobić, przyjrzeć się sytuacji i zażądać: „Okej, dosyć! To musi się zmienić." I tu chodzi o zajęcie tego jednego stanowiska, aby postawić na samego siebie, stanąć za sobą, bo to jest właśnie tym, wsparciem siebie. Przyjęcie tego punktu widzenia; to właśnie zrobiłaś, Simone, kiedy powiedziałaś: „Dosyć. Wychodzę z tego długu." Zajmujesz to stanowisko wsparcia dla siebie, a potem świat dostraja się do tego, czego potrzebujesz. To niesamowite.

Słyszałam, jak mówiłeś, że świat zaczyna się do ciebie dostrajać. I to była jedna z pierwszych rzecz, jakie usłyszałam na początku i powiedziałam: „Nie mam pojęcia, o czym mówisz." Dla tych wszystkich osób, które słyszą to po raz pierwszy – czy możesz powiedzieć więcej o „świat zaczyna się dostrajać"?

Doktor Dain Heer i ja kupiliśmy ostatnio ranczo. Poleciałem do Japonii i po raz pierwszy jadłem tam wołowinę Kobe i stwierdziłem: „Och, muszę mieć tego więcej. Jak mogę mieć tego więcej?" I ktoś powiedział, że tę rasę bydła hoduje się tylko w Japonii. A potem dowiedziałem się, że mają ją również w kilku innych krajach, jak Australia, więc zapytałem: „Ciekawe, czy mogę ją dostać gdzieś w Ameryce?" Poprosiłem przyjaciela, aby wszedł do Internetu i on wyszukał miejsce w Ameryce, gdzie można było ją znaleźć i znalazł dla mnie siedem krów. Powiedziałem mu: „Wow, podoba mi się, że mogę mieć te krowy. One są takie ładne." To są piękne, czarne krowy. Są łagodne i delikatne i są po prostu cudownymi stworzeniami, w pewnym sensie nie znoszę ich zjadać.

Zleciłem zakup tych krów. Pięć dni później przyjaciel zadzwonił do mnie i powiedział: „Znalazłem siedem takich krów", więc kupiłem wszystkie siedem. „Siedem krów więcej za jedyne 6 500 dolarów." I ja powiedziałem: „To mniej niż tysiąc dolarów za krowę. Biorę."

Na podstawie takich historii widzę, Gary, że ty ciągle kreujesz. Nie rozglądasz się tak naprawdę za bogactwem czy dobrobytem, jakie to kreuje, tylko patrzysz na to, co by tu wykreować.

Tak. I wykombinowałem, że według najgorszego scenariusza, mam co jeść przez osiem lat. Wiesz, mam wołowiny na kopytach na osiem lat...

Wiele osób uważa, że nie może mieć bogactwa, nie może żyć w dobrobycie. Mam na myśli to, że słyszałam, jak mówisz o tym, kiedy mieszkałeś w bardzo małym pokoiku ze swoim synem i jedliście tylko płatki kukurydziane.

To nie był pokój. To był schowek. Mieszkałem w schowku, dosłownie, w czyimś domu, ze swoim synem śpiącym koło mnie, na macie z pianki. Moje rzeczy wisiały w jednym końcu schowka, a ja mieszkałem w drugim końcu i nie miałem pieniędzy i mogłem sobie pozwolić tylko na płatki i mleko, bo moje dziecko i tak tylko to chciało wtedy jeść. Płaciłem 50 dolarów tygodniowo za to, że mogłem mieszkać w czyimś schowku.

I czego wtedy od siebie zażądałeś?

Powiedziałem: „Wiesz co? Dosyć. Nie będę tak żył, już nigdy więcej. Nie dbam o to, ile to będzie mnie kosztowało. Zarobię pieniądze.

Zdobędę pieniądze." Zaraz potem wszystko się zmieniło. Zawsze kochałem antyki, ale poszedłem do tego sklepu z antykami, aby sprzedać coś, co posiadałem. I powiedziałem: „Wow, w twoim sklepie jest dużo wspaniałych rzeczy, ale wymaga on pewnej reorganizacji." Kobieta spojrzała na mnie i powiedziała: „Czy znasz kogoś, kto mógłby to zrobić?" Powiedziałem: „Tak. Siebie." „Ile za to bierzesz?" Hmmm. „Dwadzieścia pięć dolarów za godzinę." To było znacznie więcej niż to, co wtedy zarabiałem i pomyślałem, dlaczego nie? Powiedziała: „Zapłacę ci trzydzieści pięć, jeśli zrobisz dobrą robotę." „Zrobione." Więc zacząłem zmieniać aranżację jej sklepu, a następnego dnia sprzedała pięć rzeczy, które leżały w jej sklepie od dwóch lat i kupili je ludzie, którzy gościli w nim często w ostatnich dwóch latach. Zapytali: „Och, czy to jest nowe?" Powiedziałem: „Tak!" A oni odpowiedzieli: „Och, myślę, że to będzie pięknie wyglądało w moim domu." Nauczyłem się pewnej rzeczy o reklamie: musisz przestawiać rzeczy, aby ludzie widzieli je inaczej. Ponieważ inne światło wykreuje u nich inny efekt. Spójrz na swoje życie w ten sposób: „Co muszę przestawić w swoim życiu, aby wykreować więcej, sprzedać się lepiej, wykreować więcej pieniędzy, mieć więcej możliwości w życiu?" To wspaniałe obserwować, jak to się dzieje, kiedy w końcu zaczynasz zadawać te pytania: „Jak mogę zaaranżować siebie i swoje życie, aby ukazywać się inaczej dla różnych ludzi, którzy wówczas zechcą kupić to, co mam im do zaoferowania i słuchać tego, co mam do powiedzenia?"

Zatem, jeszcze raz, to ciągle brzmi jak zmiana punktów widzenia wokół pieniędzy. I również – robienie tego, co kochasz. Bo ty kochasz pracę z antykami. Wygląda na to, że mógłbyś wykonywać tę pracę za darmo.

Cóż, robiłem to za darmo, co pozwoliło mi zobaczyć, że mógłbym to robić.

Przez całe twoje życie zmieniały się kwoty, które zarabiałeś. Widzę sporo ludzi, którzy mówią: „Och, mam już dom – ptaszek" i odhaczają to pole. Albo: „Mam samochód" i odhaczają to pole – wygląda na to, że przestają kreować. Co możesz powiedzieć ludziom albo jakie narzędzia możesz im dać, by nie mieli tego ograniczenia?

Po pierwsze, musisz ustalić, czy masz cel czy priorytet. Odkryłem już dosyć dawno temu, że słowo „cel" oznacza celę więzienną. Jeśli postawisz sobie cel i go osiągniesz i tego nie uznasz, wówczas cofasz się, aby być w stanie osiągnąć cel, którego myślisz, że nie osiągnąłeś. Ja powiedziałem: „Czekaj chwilę. Nie będę realizował celów. Będę miał priorytety." Stawiałem sobie priorytet, taką moją tarczę, do której chciałem trafić, i kiedy tylko go zrealizowałem, zawsze mogłem wypuścić kolejną strzałę do tarczy. Mówiłem sobie: „Chcę być w stanie ciągle zmieniać." Zmiana jest dla mnie najważniejszą rzeczą w życiu i bez zmiany nie ma kreacji. Jeśli naprawdę chcesz kreować swoje życie, zacznij zmieniać.

A wraz z tą zmianą, kiedy jesteś w kontinuum zmiany, zaczynają pojawiać się pieniądze. Zaczyna pojawiać się dobrobyt.

Wiem. To jest dziwne.

Czy możesz wyjaśnić nam jak widzisz różnicę między dobrobytem a bogactwem?

Dobrobyt jest gromadzeniem tych rzeczy, które inni ludzie od ciebie kupią za określoną kwotę pieniędzy. Bogactwo jest wtedy, kiedy masz wystarczająco dużo, aby kupić wszystko, co chcesz.

Jeśli naprawdę chcesz mieć dobrobyt, musisz chcieć otaczać się rzeczami, które będą warte coraz więcej, bez względu na wszystko. Jeśli chcesz bogactwa, musisz być w stanie wydać i kupić wszystko, o czym zdecydowałeś, że tego chcesz. Każdy, kogo znam, kto wyruszył po bogactwo, kupuje te wszystkie rzeczy, a potem nagle nie ma pragnienia posiadania więcej, bo oni tak naprawdę nie próbują kreować dobrobytu, oni próbują kreować bogactwo. Kiedy rozpoznasz: „Czekaj chwilę, dobrobyt obejmuje rzeczy, które są cenne dla innych. Co jest tak cenne dla innych, że będą gotowi za to zapłacić?" i kiedy masz to w swoim życiu, wówczas wszędzie, gdzie idziesz, wszystko, co robisz, ma coś wspólnego z dobrobytem życia, a nie z bogactwem i tym, ile możesz wydać.

To sprawia, że życie nie sprowadza się do pieniędzy, właściwie sprowadza się do tego, o czym rozmawialiśmy: hojności ducha, kreatywności, gotowości na otrzymywanie, gotowości na obdarowywanie.

I do pozwolenia sobie na bycie hojnym dla siebie. Bo większość z nas nie jest dla siebie hojna. Wszędzie, gdzie osądzasz siebie, nie jesteś dla siebie hojny. Wszędzie, gdzie widzisz się jako niepoprawnego w jakimś aspekcie, nie jesteś hojny dla siebie. Bądź dla siebie hojny. I tu nie chodzi o to, ile pieniędzy wydasz na siebie, tu chodzi o to, jak dobrze o siebie zadbasz.

Większość z nas uważa, że ma z czymś problem, ale to nieprawda. My to wymyślamy, by ciągle robić tę rzecz, która nas ogranicza i utrzymuje nas w tym miejscu, do którego przynależymy. I to jest jedna z tych rzeczy o mojej rodzinie, z których zdałem sobie sprawę: oni chcieli się zatrzymać w tym samym miejscu. Mieli mały dom i wszystko było pod kontrolą. To wszystko sprowadzało się do kontroli. A ja chciałem wyjść nieco poza kontrolę. Chciałem robić coś innego. I dlatego wcześnie zacząłem kreować różnicę i to była wspaniała odmiana w życiu, zdanie sobie sprawy z tego, że mogę mieć coś innego i że mogę wybrać coś innego. I ja to zrobiłem.

Pojąłem, że musisz spojrzeć na rzeczy inaczej, a jedną z tych rzeczy, którym musisz się przyjrzeć jest „Co jest w tym dobrego i co jest we mnie poprawnego, czego nie uznaję?"

Na przykład, któregoś dnia, kiedy jeździliśmy konno i ktoś przebiegł za twoim koniem, a twój koń się wystraszył i ja zapytałem cię dzisiaj, czy mogę dać ci pewne informacje o tym, co się wtedy stało? Powiedziałem: „Popatrz, musisz pojąć, że koń ma taki punkt widzenia, że kiedy inny koń biegnie za nim, on również musi biec. One zaczynają się do tego przygotowywać. A ty siedziałaś na swoim koniu i kontrolowałaś go, a on nie odbiegł. Czy wiesz, że to nie jest niewłaściwe? Że to błyskotliwa umiejętność? Ponieważ większość koni próbuje biec, dlatego że inne konie biegną, a ty mu na to nie pozwoliłaś. Wzięłaś go pod kontrolę." Wykonałaś wspaniałą robotę, a potem poczułaś się wstrząśnięta i poczułaś, że nie jesteś dobra i spadłaś.

Kiedy dzisiaj z tobą rozmawiałem i obserwowałem, jak jeździsz, poczułem twoją obawę związaną z jazdą na nim, jak gdyby mogło się to zdarzyć ponownie. Ale chcę, żebyś załapała to, że wykonałaś piękną pracę z tym zwierzęciem. Rzecz z koniarzami jest taka, że rzadko ci powiedzą, że zrobiłaś dobrą robotę. I wiesz, ja kocham konie, ale niezbyt lubię koniarzy, ponieważ większość z nich nigdy nie powie ci nic dobrego o tym, co zrobiłeś, za to powie ci wszystko, co zrobiłeś źle. A ja powiedziałem: „To, co zrobiłaś, było niesamowicie błyskotliwe." Siedziałaś tam, siedziałaś na nim pewnie. Nie zamierzałaś spaść. Nic się nie miało stać. A ten ogier tak cię kocha, on o ciebie zadba. Poproś go, kiedy na niego wsiadasz, by o ciebie zadbał, on zawsze to zrobi.

Jestem taka wdzięczna, że mi to mówisz. I zdałam sobie sprawę, jak często sami nie przemy naprzód; nie żądamy od siebie więcej w naszym życiu. Zamiast tego zsiadamy z konia i mówimy: „To w porządku."

Opuszczasz swój biznes.

Opuszczasz swój biznes. Przestajesz kreować pieniądze. Z jakiego powodu? Straciłeś pieniądze? Coś się wydarzyło i jesteś pod kreską, jesteś na minusie? Więc, co z tego? A gdyby to był właśnie ten czas, by wreszcie to zmienić?

Ogłaszałem upadłość cztery razy i wiesz co? Nienawidziłem tego. Ale zdecydowałem: „Dosyć." Prawdziwy punkt zwrotny w moim życiu dla mojej sytuacji finansowej nastąpił, kiedy skończyłem 55 lat i musiałem pożyczać pieniądze od swojej matki, aby zapobiec utracie swojego domu. Wcześniej pozwalałem swoim żonom zarządzać pieniędzmi i wtedy powiedziałem: „Dosyć. Nigdy więcej nie będę pożyczał pieniędzy od swojej matki. To żałosne. Jestem za stary, żeby to miała być moja rzeczywistość." I wziąłem się do pracy i zacząłem kreować pieniądze i od tego czasu ciągle je kreuję. I to jest zjawiskowe. Nie będę czekać. Zawszę będę kreować. Czekałem na swoje żony i czekałem na swoich partnerów i czekałem na wszystkich innych, by mi coś dostarczyli. Teraz już na nikogo nie czekam. Wychodzę i wykonuję pracę, teraz, dla siebie. Bo honoruję siebie. Wiesz, dlaczego potrzebujesz honorować siebie? Jeśli robisz to dobrze, nie patrzysz na to, co zrobiłeś źle, ale na to co zrobiłeś dobrze. Zawsze pytaj: „Co jest we mnie poprawnego i co jest w tym dobrego, czego jeszcze nie widzę?" I zmienisz tym swoje życie, to nie jest takie trudne.

Nawet wtedy, kiedy ja [Simone] byłam w długach, ciągle kreowałam i nigdy nie byłbyś w stanie powiedzieć, że nie miałam pieniędzy. A teraz, kiedy mam pieniądze, to jest całkiem, całkiem inna energia. Czy możesz coś powiedzieć o energii, która się zmieniła dla ciebie, kiedy naprawdę zacząłeś mieć pieniądze i masz pieniądze, co to kreuje dla ciebie? I dla planety?

Tak. Uwielbiam przebywać na Kostaryce. Trzymam tutaj konie i również kupiłem ich kilka tutaj. Doszedłem do punktu, w którym zdałem sobie sprawę, że zawsze, kiedy interesował mnie jakiś koń, podwajała się jego cena. Kiedy mi się spodobał, kosztował już zwykle dwa razy więcej. Próbowałem kupować przez innych ludzi, ale to nigdy nie działało. Jedna z tych osób, Claudia, która załatwia dla nas sporo spraw po hiszpańsku, powiedziała do mnie: „Czy zdajesz sobie sprawę, że jesteś bogaty?" Powiedziałem: „Nie jestem bogaty." Ona odpowiedziała: „Jesteś bogaty." Powiedziałem: „Nie jestem bogaty! Nie mam na koncie w banku milionów dolarów." „Jesteś bogaty." I ja się temu przyjrzałem i powiedziałem: „Och, zarabiam dużo pieniędzy, co sprawia, że w oczach innych wyglądam na bogatego." To jak ta kobieta, która miała 47 000 dolarów, a ja zarabiałem 5 dolarów dziennie. Jej koncepcja bogactwa i moja koncepcja bogactwa były odmienne. Nie – nieprawidłowe. Po prostu odmienne. Musisz zatem zapytać: „Co mogę tutaj zmienić? I jeśli mogę to zmienić, jak mogę inaczej kreować swoje życie?"

Dziękuję za to pytanie. Mamy jeszcze minutę, czy jest jeszcze coś, co chciałbyś powiedzieć ludziom na świecie?

Idźcie i kreujcie: Nie czekajcie.

Jeśli kurczowo trzymasz się pieniędzy, stracisz je. To gwarancja ich utraty. Nie możesz kurczowo trzymać się pieniędzy, możesz tylko z nimi kreować. Pieniądze w świecie są siłą kreatywną, a nie ciągłą siłą.

WYWIAD Z DOKTOREM DAINEM HEEREM

Zaczerpnięty z audycji w radiu internetowym Joy of Business: „Getting Out of Debt Joyfully with Dr. Dain Heer" (Radosne wychodzenie z długów z dr Dainem Heerem) wyemitowanej 12 września 2016.

Chciałabym pokazać ludziom, że to nie tylko ja, Simone, byłam w długach i zmieniłam to przy pomocy narzędzi Access Consciousness. Jest bardzo wiele osób, które zmieniły swój punkt widzenia wokół pieniędzy i zmieniły swoją sytuację z pieniędzmi, łącznie z tobą, Dain.

Muszę ci powiedzieć – od momentu, kiedy pierwszy raz cię spotkałem – koordynatora Access Consciousness na świat – kiedy ja zaczynałem współkreować Access – to było dla mnie bardzo interesujące widzieć, że ty naprawdę cieszyłaś się tym, co robisz. Dorastałem w rodzinie, która prowadziła interesy – i nienawidziła ich, nienawidziła biznesu. Tak naprawdę nienawidziła pieniędzy, z wyjątkiem dziadka, który wykreował ten biznes. To doświadczenie pozostawiło we mnie kilka naprawdę dziwnych, stałych punktów widzenia.

Chciałam rozpocząć dokładnie od tego, o czym teraz mówisz. Jaki miałeś stosunek do pieniędzy, kiedy dorastałeś? Byłeś bogaty, biedny? Jaka była twoja sytuacja finansowa, kiedy dorastałeś?

Kiedy byłem dzieckiem – te lata, które cię formują, do około dziesięciu lat – mieszkałem z mamą w getcie. Kiedy mówię getto, ujmijmy to w ten sposób – mieliśmy taki stan finansów: pewnego dnia mieliśmy awarię toalety i musieliśmy czekać prawie miesiąc na hydraulika, ponieważ nie mogliśmy sobie na niego pozwolić i nie będę ci opowiadał, jak sobie z tym radziliśmy w międzyczasie. Powiedzmy, że co rano na podwórku opróżnialiśmy to, co powinniśmy umieszczać w toalecie. Hej, stare czasy. Może to było tak, jak w zamku, nie wiem! Tak to było, a z drugiej strony miałem rodzinę, która miała pieniądze, była bogata, ale nigdy nie była dla nas wkładem. Nigdy nie daliby nam z mamą niczego, aby uczynić nasze życie łatwiejszym. W ten sposób powstawały naprawdę dziwne punkty widzenia na temat pieniędzy.

Czy uczyłeś się o pieniądzach? Czy miałeś własne? Czy wolno było ci o tym rozmawiać?

Zacząłem pracować, kiedy miałem 11 lat. Pracowałem w biznesie mojego dziadka, zajmowałem się magazynem, to było takie... wiesz, co może robić jedenastoletnie dziecko? Wszystko! Mam na myśli, że organizowałem to miejsce. Pomagałem sprzątać. Robiłem wszystko, co było wymagane. To było wspaniałe i niesamowite doświadczenie; pracowałem całe lato i wykreowałem kilkaset dolarów. I byłem tym tak podekscytowany, że nosiłem je ze sobą wszędzie. Nosiłem je w torbie. Pojechaliśmy nad rzekę, gdzie moja rodzina – mój ojciec i moja macocha – jeździli na wakacje, i moja macocha je tam zobaczyła. Zobaczyła te tysiące dolarów, bo spieniężyłem swoje czeki, trzymałem gotówkę i cieszyłem się nią: „To wspaniałe!" Nie wydawałem wtedy pieniędzy, ponieważ kochałem je mieć. I ona przejrzała moją torbę i zabrała je mówiąc: „Takie małe dziecko nie powinno mieć pieniędzy." Miałem wtedy jedenaście czy dwanaście lat i od tego czasu moja gotowość na posiadanie pieniędzy – wyhamowała. Mam na myśli, że oczywiście od tego czasu już to zmieniłem, dzięki Bogu.

Ale naprawdę wykreowałem to miejsce w swoim świecie, gdzie przeżywałem konflikt i zmieszanie w kwestii pieniędzy, tak jakbym nie powinien ich mieć. Jak gdyby to było złe. I był to jeden z tych decydujących momentów w moim życiu, w którym pieniądze stały się dla mnie czymś dziwnym. Podczas gdy wcześniej – były łatwe. Mówiłem: „Tak, pójdę do pracy." I, dosłownie, pracowałem, nie mów nikomu, ale pracowałem prawdopodobnie trzydzieści godzin tygodniowo w wieku jedenastu lat. To było u mojego dziadka, więc to było akceptowalne. Ale w moim świecie istniało wiele zamieszania wokół pieniędzy. A potem, kiedy stałem się nastolatkiem, moja rodzina, która miała pieniądze i miała biznes rodzinny doprowadziła ten biznes do bankructwa, bo nie byli gotowi przyjrzeć się przyszłości i wybrać tego, co kreuje przyszłość.

Mój dziadek, który wykreował ten biznes, zaczynał być tym zmęczony. Męczyło go wspieranie mojego wujka i ojca, którzy uważali, że mają prawo do wszystkich jego pieniędzy. Biznes, dosłownie, upadł. I to jest interesujące, bo obie strony mojej rodziny, tak biedna strona, która w większości dorastała w przyczepach w różnych częściach świata, jak i ta „bogata" strona – były zdefiniowane przez pieniądze. A kiedy biznes mojego dziadka upadł i stracili pieniądze, o, Boże! To była największa trauma i dramat jaki możesz sobie wyobrazić. I to ciągnęło się latami! Fakt, że stracili całe swoje pieniądze i nie mogli kreować więcej pieniędzy i nie mogli kreować biznesu, jakiego pragnęli... Mówimy tu o totalnym zamęcie.

Czy możesz opowiedzieć o tym zamieszaniu? Ciągle widzę, że bez względu na to, jak bardzo byłeś zmieszany, zdołałeś wykreować własną rzeczywistość wokół pieniędzy.

Myślę, że wielu z nas, ma tak naprawdę własną rzeczywistość wokół pieniędzy, która różni się od tej, którą ma nasza rodzina, od tej, w której dorastaliśmy, od tej, którą mają nasze dziewczyny i nasi chłopcy, nasze żony i nasi mężowie, i ludzie, wśród których wyrośliśmy, i nasi przyjaciele. Ale nigdy się nie zatrzymaliśmy, aby to uznać. Aby uznać tę różnicę, a także jej wspaniałość. I dla mnie – ona jest wielka. Zawsze byłem skłonny robić wszystko, co jest wymagane, aby wykreować to, co chciałem. Byłem gotów pracować tak ciężko i tak dużo, jak to było potrzebne. I w końcu to znalazłem… ty i ja jesteśmy w tej podróży razem, ja wiem, że widziałaś wiele miejsc, w których moje ścieżki się plątały, aby wykreować ograniczenie… ale to interesujące widzieć teraz te miejsca, w których wkraczam we własną rzeczywistość z pieniędzmi i finansami, co zaczyna popychać rzeczy naprzód w bardzo dynamicznym tempie.

Czy możesz podać przykład kreowania ograniczenia i tego, jak to zmieniłeś, aby wykreować własną rzeczywistość wokół pieniędzy?

Ta część mojej rodziny, która nigdy nie miała żadnych pieniędzy, zawsze, kiedy jakieś zarobiła, zaraz je traciła, wydawała je, trwoniła. To tak jakby inwestować w przedsięwzięcie jakiegoś człowieka, który mówi: „Mam maszynę, która będzie kreowała wolną energię. Daj mi 10 000 dolarów", a oni mówili: „Cóż, mam 5 dolarów. Złożymy się całą rodziną, oni dadzą mi swoje oszczędności" i jakoś zawsze znajdowali sposób, aby pozbyć się tych niewielkich ilości pieniędzy, jakie posiadali.

Ja funkcjonowałem w inny sposób. Lubiłem mieć pieniądze i oszczędzałem je. Odkładałbym 10% i zawsze bym się starał zagwarantować sobie, że mam pieniądze. Ale wszystko, co wybierała moja rodzina, bardzo dynamicznie ograniczało moją kreatywność. To ograniczało moją gotowość, aby rzucić się z urwiska, kiedy pojawiała się taka możliwość.

Do niedawna funkcjonowałem w ten sposób również w Access. I chciałbym powiedzieć jedno: chaos i porządek istnieją. Żadne z nich nie jest złe. Bądź gotów przyjąć potencjał chaosu i chaotyczne możliwości, które można posiąść wraz z pieniędzmi i przestań próbować tyle robić, aby wszystko kontrolować.

Zauważyłam, że jesteś skłonny zrobić właściwie cokolwiek, aby zarobić pieniądze.

Tak. Może też spróbujesz, co? Najgorsze, co może się zdarzyć, to to że stracisz wszystkie swoje pieniądze lub że coś nie wystartuje. A my spróbowaliśmy tysięcy rzeczy w ciągu ostatnich szesnastu lat. Zwłaszcza w Access, bo on się tak bardzo różni od wszystkiego, co jest w głównym nurcie, że musisz próbować tylu różnych rzeczy, ilu tylko możesz, bo rzeczy z głównego nurtu dla nas nie pracują. Co jest wspaniałym darem.

Przypomina mi się Richard Branson. On popatrzył i powiedział: „Cóż, istnieje główny nurt, a to inne miejsce tutaj, to miejsce, do którego ja zmierzam." Przyjrzyj się temu, co on wykreował. Wykreował fale na świecie w każdej branży, w którą wszedł; albo przynajmniej w tych, o których wiemy. Prawdopodobnie istnieją setki takich, w które próbował wejść, coś nie zadziałało, a on powiedział: „Okej. Przejdźmy do kolejnej rzeczy." I ja myślę, że to jedna z wielkich rzeczy, które musisz pojąć: „Okej, jeśli to nie działa, coś innego zadziała." Nie poddawaj się. Nigdy się nie zatrzymuj. Nigdy nie odpuszczaj. Nigdy nie rezygnuj. I nie pozwalaj na to, aby ktokolwiek cię zatrzymał. I kluczowe w tym wszystkim jest to, że zaczynasz mieć *swoją* rzeczywistość wokół pieniędzy. Zdałem sobie sprawę, że kiedy zamieniłem słowo „pieniądze" na „gotówka", gdzieś w moim świecie to zaczęło mieć większy sens. Wiele osób mówi o pieniądzach, ale nie mają pojęcia, czym one, do cholery, są. Ja zacząłem mówić: „Okej, zamiast o pieniądze, zaczynam prosić o gotówkę. Zaczynam prosić o to, by kreować gotówkę." Czy to się pojawia w banknotach dolarowych i tym podobnych rzeczach? Nie. Niekoniecznie. Ale kiedy używam słowa „gotówka", dla mnie to jest coś bardziej namacalnego; to nie tylko zapis na ekranie komputera ani jakaś dziwna, niegodziwa koncepcja, którą kupowałem od dzieciństwa; przez to mam teraz inną możliwość. I ja to odczuwam bardziej kreatywnie.

Jednym z moich ulubionych powiedzeń, które nieustannie powtarzam od kiedy ty to powiedziałeś Dain, jest: „Pieniądze podążają za radością,

radość nie podąża za pieniędzmi." Czy możemy porozmawiać o tym chwilę i o tym, jak to zauważyłeś?

Nawet nie pamiętam, kiedy to po raz pierwszy do mnie przyszło. Pamiętam, jak siedziałem w samochodzie z czterema członkami mojej biednej rodziny, i jechaliśmy tym samochodem, który naprawdę wymagał pewnych nakładów pracy, ale nikogo nie było na to stać; jechaliśmy za jakimś mercedesem, mercedesem cabrio. Spojrzałem na ten samochód i to było takie zabawne, bo w tym momencie pomyślałem: „To cholernie odlotowe. Nie mogę się doczekać, kiedy będę taki miał." Byłem nastolatkiem, obróciłem się do członków mojej rodziny i powiedziałem: „Ten samochód jest świetny." Jedna z moich ciotek szybko odpowiedziała: „Dain. Ci bogaci ludzie nie są szczęśliwi." Spojrzałem na rodzinę, z którą mieszkałem i zobaczyłem, jacy byli nieszczęśliwi i pomyślałem sobie: „Ugh... Nie może być gorzej niż tutaj..."

Zacząłem zdawać sobie sprawę, że w moim życiu – kiedy pojawiały się dni, że leżałem w depresji, byłem nieszczęśliwy i nie chciało mi się wstać – żadne pieniądze nie przychodziły. Zobaczyłem to również już jako chiropraktyk. Kiedy byłem przygnębiony i nieszczęśliwy, kiedy nie miałem energii życia i nie czułem entuzjazmu z powodu tego, że żyję, co, przy okazji, było najważniejszym powodem, dla którego zdecydowałem się zostać chiropraktykiem, bo chciałem przekazywać ludziom tę energię... i kiedy *ja* jej nie miałem, zauważyłem, że nikt nie chciał się zapisać do mnie na wizytę. Ludzie mówili: „Dlaczego miałbym chcieć mieć to, co ty masz?" Prawda? Wtedy zacząłem zdawać sobie sprawę, że pieniądze podążają za radością. Im jesteś bardziej szczęśliwy, tym więcej pieniędzy zarobisz.

To interesujące, ponieważ wszyscy znamy ludzi, którzy mają mnóstwo pieniędzy, a mimo to są tacy nieszczęśliwi. Patrzę na to dzisiaj i uważam, że miałem wielkie szczęście. Podróżuję zwykle klasą biznes, a kiedy mam więcej szczęścia, podróżuję wszędzie, gdzie jadę pierwszą klasą, bo to sprawia mi radość. I zauważyłem, że nawet kiedy nie miałem na to pieniędzy, kiedy nie miałem lekkości, aby za to zapłacić, ciągle to robiłem, bo to przynosiło mi tyle radości. *Wiedziałem*, że to przynosiło mi również pieniądze, czułem to. I myślę, że wszyscy tak możemy i myślę, że sami to sobie odcięliśmy jeszcze jako małe dzieci. Zauważyłem jedną rzecz... jeśli zmagasz się z pieniędzmi lub po prostu nie masz tyle, ile pragniesz, może brakującym elementem jest radość w twoim życiu; a może brakującym elementem jest radość, którą masz z pieniędzmi i gotówką, o której mówiliśmy wcześniej?

W moich podróżach klasą biznes widziałem wielu ludzi, którzy byli wkurzeni, wściekli, totalnie się wywyższali lub byli totalnymi dupkami i uznawali, że wszyscy powinni całować ich w tyłek, bo mają pieniądze. Oni nie byli szczęśliwi. Nie byli mili dla obsługi lotu. Nie byli wdzięczni za to, że dostawali darmowe drinki. I ja na to patrzyłem i dziwiłem się: jak takie coś może istnieć? Ci ludzie prawdopodobnie mają wszystko, czego inni pragną. Oni myślą, że mają wszystko, czego pragną inni, czyli pieniądze, ale nie mają z tego żadnej radości. I to jest interesujące, bo widziałem wielu takich ludzi i nie pojmuję... to znaczy pojmuję, bo widziałem tego bardzo dużo i pojmuję, że świat w ten sposób działa. Ale w rzeczywistości, dla mnie, w pieniądzach nie chodzi o pieniądze. Podoba mi się, co Gary Douglas powiedział na jednej z pierwszych klas, które u niego odbyłem. Powiedział: „Zobacz, celem pieniędzy jest poprawa rzeczywistości innych ludzi." A ja na to: „To super. Wreszcie ktoś, kto ma podobny punkt widzenia."

Czy możesz powiedzieć coś więcej o zmianie rzeczywistości ludzi przy pomocy pieniędzy? Jak to wygląda?

Zawsze próbowałem to robić, nawet jako dziecko, wiesz? Kiedy byłem dzieckiem i miałem pieniądze w kieszeni i spotykałem żebraków na ulicy i jeśli nie wyglądało to tak, że robią to tylko po to, aby napełnić sobie kieszenie, jeśli naprawdę mieli potrzebę w swoim świecie, to ja robiłem to: „Oto, proszę, dziesięć dolców", a to były czasy, kiedy dziesięć dolców to był majątek. Wiesz, wtedy, jakby cofnąć się w czasie! Kiedy dziesięć dolców naprawdę coś znaczyło. I ja bym im to dał, bo miałem poczucie:

„Proszę, to może zmienić twój świat. Ja tam nie wiem." I zabawne jest to, że za każdym razem, kiedy zrobiłem coś takiego i dałem te dziesięć dolarów, dostawałem przynajmniej tyle samo z powrotem.

Pamiętam pewną sytuacje, kiedy szedłem ulicą. Oszczędzałem wtedy pieniądze i miałem jakieś dwadzieścia dolców, zamierzałem kupić sobie takie słodycze, których bardzo pragnąłem, była też pewna zabawka, którą chciałem mieć i jeszcze pewnie jakieś dwadzieścia pięć innych rzeczy, które miałem kupić za te dwadzieścia dolców. Boże! Pamiętasz te dni? W każdym razie – jestem tam teraz i podchodzi ten człowiek i mogłeś poczuć potrzebę w jego świecie, kiedy mówi: „Hej, chłopcze. Masz jakieś pieniądze?" A ja nawet nie jestem jeszcze nastolatkiem. I odpowiedziałem mu: „Ta." I na mojej twarzy pojawia się banan i mówię: „Pewnie. Proszę." I myślę sobie, okej, chyba nie kupię sobie teraz tych cukierków i zabawek. I zacząłem iść z powrotem w kierunku domu. Dosłownie tuż za rogiem na ulicy leżał banknot dwudziestodolarowy. Myślę sobie: „Wow. To jest wspaniałe." Tak to jest, to coś, co daje ci radość – jest tym poczuciem magii życia. Ona naprawdę może się w ten sposób pokazać i **większość z nas już zapomniała, że** miała ją w dzieciństwie. Ale jeśli możesz do tego wrócić, pieniądze zaczną pokazywać się z najdziwniejszych miejsc.

I to jest ta rzecz, którą uważam za kluczową, byśmy ją pojęli: tu nie chodzi o ilość pieniędzy, które masz. Chodzi o tę radość, która przychodzi z tego, cokolwiek z nimi robisz. I ze mną jest tak samo. Miałem dwadzieścia dolców. Oddałem te swoje dwadzieścia dolców, wiesz?

W tym jest taka hojność ducha. Czy możesz powiedzieć więcej o hojności ducha i o tym, co ona generuje?

To bardzo interesujące, ponieważ kiedy po raz pierwszy spotkałem Gary'ego Douglasa, nie miał za dużo pieniędzy. Szliśmy gdzieś i robiliśmy coś, a ty mógłbyś pomyśleć, że jest miliarderem z uwagi na jego hojność ducha. I w tym rzecz... ta hojność ducha, którą możesz mieć z pieniędzmi, z gotówką i z obdarowywaniem. Również sposób, w jaki istniejesz na świecie jest sposobem, w jaki możesz przyciągnąć do siebie pieniądze i gotówkę, bo kiedy masz tę hojność ducha – jesteś otwarty na obdarowywanie, a nie zdajemy sobie sprawy z tego, że obdarowywanie jest jednocześnie otrzymywaniem. Większość z nas próbowała je rozłączyć. Próbowaliśmy to wtłoczyć w „obdarowywanie" i „otrzymywanie" lub „dawanie" i „otrzymywanie". Albo w to, co większość z nas ma jako swój punkt widzenia: „daj i weź". I ja pojmuję, że świat tak funkcjonuje, ale my nie musimy tak funkcjonować.

I tak ty, ja i większość całego zespołu Access mamy tę rzecz, która się nazywa hojnością ducha, która daje nam radość z tego, że kogoś obdarowujemy. To nam daje radość, kiedy widzimy, że ktoś włożył na siebie piękne ubranie, w którym pięknie wygląda i mówimy: „O cholera, skarbie. Wyglądasz dzisiaj bardzo sexy!" Chłopakowi czy dziewczynie, nie ma znaczenia. Ale to kreuje energię otrzymywania od samego wszechświata. I kiedy mówię wszechświat, nie mam na myśli jakiegoś baśniowego „wszechświata". Mam na myśli, że wszyscy jesteśmy częścią tego pieprzonego wszechświata, wiesz? I w związku z tym – nie sam wszechświat daje ci gotówkę. Ona przychodzi przez innych ludzi i przez inne miejsca, a to kreuje energię, w której ten przypływ może trwać, ze względu na jednoczesność obdarowywania i otrzymywania. To nie jest świat dawania i brania, my tylko go takim uczyniliśmy.

Mówisz o tym, jak miałeś dwie rodziny; jedną, która nie miała pieniędzy i drugą, która je miała. Ich energie wydają się być bardzo różne. Jaką różnicę zauważyłeś?

Po pierwsze, dla mnie, rodzina, która nie miała pieniędzy była dumna z ubóstwa i widzę wielu ludzi, którzy mają tak samo.

Duma z ubóstwa jest jednym z największych problemów ludzi, którzy ciągle odrzucają możliwość posiadania pieniędzy. To jak: „Nie wiesz, przez co przeszedłem. Nie wiesz, jak muszę cierpieć." A tak naprawdę nie musisz więcej trzymać się tego gówna. Jaka jest w tym wartość? Tylko dlatego, że twoja rodzina to miała, nie oznacza, że ty też musisz.

A jeżeli chodzi o bogatą stronę rodziny, również byli niedorzeczni, mieli tylko przyjemniejszy styl życia. Z wyjątkiem dziadka. On był osobą, która wykreowała ten biznes i te wielkie ilości pieniędzy i gotówki, które mój tato, mój wujek, moja babcia i reszta rodziny wydali i roztrwonili co do grosza. Rozpoznanie tego faktu zmieniło mój świat, bo on miał tę hojność ducha i był gotów ciągle obdarowywać i zawsze otrzymywał więcej.

Czy możesz opowiedzieć więcej o swoim dziadku? Jaki był jego biznes i jak on się w tym odnajdywał?

Mój dziadek miał wrodzoną hojność ducha. Kiedy dorastałem, wręczyłem mu kiedyś moje świadectwo, a on powiedział „Okej" i wręczył mi 600 dolarów. Byłem wtedy w liceum. I zrobiłem wielkie oczy, bo lubię gotówkę, prawda? Uwielbiam pieniądze. Uważam, że są wspaniałe. To takie fajne. Moje oczy zrobiły się okrągłe i zapytałem: „A za co to?", a on odpowiedział: „Za wszystkie piątki, które dostałeś." Dostałem sześć piątek na sześć możliwych. Zapytałem: „Naprawdę?" Odpowiedział: „Tak. I za każdym razem, kiedy dostaniesz piątkę, dam ci sto dolców, a za każdą czwórkę dam ci pięćdziesiąt." Zgadnij, kto dostawał same piątki przez całe liceum?

I wiesz, to takie interesujące. Czasem nie zdajesz sobie sprawy z tego, co wpłynęło na ciebie i zmieniło coś w twoim życiu, dopóki ktoś nie poprosi cię o historię na ten temat. To się dzieje teraz. Przechodzę przez wiele rzeczy, podczas których zdaję sobie sprawę, że duża część tej rzeczywistości finansowej, którą jestem w stanie dzisiaj mieć, wynika z tego, jakim człowiekiem był w moich oczach, czego nikt w naszej rodzinie nie widział i nie uznawał za wspaniałość. Naprawdę, miał wspaniałość w tym obszarze. Ta hojność ducha była dla mnie wspaniała, tak samo, jak gotowość dawania gotówki, dawania pieniędzy i to nie polegało na dawaniu ich za zrobienie czegoś bezużytecznego. Wiedział, kiedy to mogło zmienić cudzą rzeczywistość. Miał ten sam punkt widzenia, który ma Gary.

Przy tym moim pierwszym świadectwie z liceum, dziadek pokazał mi coś, na co chciałem pracować i co wybierać; i ja dosłownie miałem piątki, od góry do dołu. Prawdopodobnie dostałem ze wszystkiego tylko dwie czwórki z plusem. Cała reszta to były bardzo dobre stopnie. I to była część mojej motywacji, ale nie robiłem tego dla pieniędzy. Robiłem to, bo ktoś mnie uznawał tym podarunkiem i widział mnie i widział w tym wartość. Gdybym przyniósł świadectwo mojemu tacie i jego żonie, popatrzyliby na nie i powiedzieli: „Och, super. Podpiszę, żeby udowodnić, że je widziałem" – i w tym nie było energii. Żadnego: „Wow, Dain, super robota. My byśmy nigdy tyle nie osiągnęli." Mój dziadek sprawił, że sięgnąłem po więcej i jeszcze raz, to jedna z tych rzeczy, które możemy robić z naszymi pieniędzmi – być wkładem dla ludzi, co pozwoli im sięgać po więcej.

Czy zdarzały ci się takie decydujące momenty, w których miałeś świadomość, co kreuje energia zgromadzona wokół pieniędzy albo czego nie kreuje?

To interesujące, bo biznes mojego dziadka nazywał się Robotronics, a ludzie zawsze dzwonili i pytali: „Czy macie roboty?" A on odpowiadał: „Nie, nie robimy tego." Sprzedawali i serwisowali maszyny biurowe. Zauważył on niszę, którą mógł wypełnić w młodym wieku, wykreował ten biznes, podczas gdy nikt inny nie miał takiego biznesu, miał bardzo wielu dużych klientów, duże banki, wielkie instytucje – i to wszystko w czasach, kiedy używano maszyn do pisania i tego rodzaju sprzętu. Cóż, kiedy świat zaczął ewoluować w kierunku ery komputerów, chciał w to wejść, ale mój wujek i mój ojciec, którzy w pewnym sensie mieli udziały w tym biznesie, zaprotestowali: „Nie. Nie możemy tego zrobić." i bla, bla, bla. Nie byli gotowi zobaczyć przyszłości. To jest kolejna rzecz, którą miał mój dziadek. On był gotów zobaczyć przyszłość i spojrzeć na to, co w biznesie i w życiu osobistym wykreują jego wybory i był gotów zrobić wszystko, co mógł, aby wykreować najwspanialszy rezultat.

Widzę wielu ludzi, którzy, po pierwsze, nie zdają sobie sprawy, że mają tę umiejętność i myślę, że w dużym stopniu dlatego, że utknęli w rzeczywistości finansowej swojej rodziny. Ale drugi aspekt jest taki, że w pewnym momencie mój wujek wykreował biznes przypominający Kinkos, który funkcjonuje przynajmniej w Stanach Zjednoczonych, ale wiem, że znajduje się on w różnych miejscach na świecie. Kinkos jest właściwie jednoetapowym biurem, kiedy potrzebujesz wynająć przestrzeń, kiedy potrzebujesz kopiarki, jeśli potrzebujesz wykonać kopie, jeśli potrzebujesz wydrukowanych bannery, bla, bla, bla... i mój wujek właściwie to wykreował około piętnastu lat przed tym, zanim pojawił się Kinkos, ale był tak zaangażowany w unikanie pieniędzy i niszczenie siebie, udowadnianie, że ma rację trzymając się swoich stałych punktów widzenia, że biznes upadł. Teraz można powiedzieć, że wujek wyprzedzał swój czas. Wyprzedzał. Ale również, gdyby miał tę siłę napędową, którą miał mój dziadek, dzisiaj rozmawiałabyś z multimiliarderem, bo wykreował tę koncepcję zanim zrobił to ktoś inny na świecie.

Wielu ludzi utyka w punktach widzenia swojej rodziny. Czy ty również je kupiłeś? Czy wykreowałeś własną rzeczywistość? Jak ludzie mogą wyjść z tego, w czym utknęli z punktami widzenia swoich rodzin?

Przyglądając się temu pod względem finansowym, widzę skąd pochodzi wiele z tych punktów widzenia, tych dobrych i tych złych, czy raczej poszerzających i ograniczających, ale z drugiej strony – koniecznie musimy wyjść poza nie wszystkie, poza całą przeszłość. To jak powiedzieć: „Dobra. Miałem to od rodziny ze strony mamy. Miałem to od rodziny ze strony taty. Miałem tu ten obłęd na temat biedy. Miałem tam ten obłęd niechęci do posiadania pieniędzy, kiedy oni je mieli i tracili i niszczyli... ale wiesz co? Co ja chciałbym dzisiaj wykreować?" Tak, miałem to wszystko i sugeruję ludziom, aby spisali całą wspaniałość, której nauczyli się o pieniądzach od osób, wśród których dorastali. Jaką miałeś świadomość, której tak naprawdę nigdy nie użyłeś i nigdy nie uznałeś, a która tam była? I również – jakie są ograniczenia? I przeczytaj tę listę dziesięć, dwadzieścia, trzydzieści razy, dopóki nie zniknie całe naładowanie. Bo tak naprawdę nie jest wymagane, aby patrzeć wstecz, przeżywać to na nowo i mówić: „O, to dlatego mam taki punkt widzenia. Okej, dobrze. Będę sobie jeszcze miał ten punkt widzenia." Tu chodzi o rozpoznanie, że punkt widzenia jest ograniczeniem" "Wow! To super. Teraz przynajmniej w jakiejś części wiem, dlaczego mam taki punkt widzenia. I teraz zamierzam iść i kreować ponad nim."

I nie podoba mi się, że muszę to powiedzieć, ale mój punkt widzenia na te punkty widzenia i nasze ograniczenia z przeszłości jest taki: „Wiesz co, pieprzyć to!" Tak, przeżyłem to. Doświadczyłem ogromnej przemocy, kiedy dorastałem: fizycznej, emocjonalnej, mentalnej i wszyscy wokół w pewnym sensie mnie nienawidzili przez całe moje życie. Wiesz, moja macocha i ta rodzina, z którą mieszkałem w getcie z mamą, okej, dobrze. Wspaniale. Przeżyłem to. Co teraz? Co chcę wykreować w moim życiu dzisiaj? Mam te dziesięć sekund, aby przeżyć resztę swojego życia, co wybieram w tym momencie? Tu nie chodzi o to: „Ja to mam, więc muszę nieść to dalej." Tu chodzi o: „To jest tym. Co teraz mogę zrobić, aby wyjść ponad to, aby być ponad tym?"

Czy są jakieś pragmatyczne narzędzia, które mógłbyś dać tym, którzy mówią: „Tak, tak, tak. On to zrobił. Ona to zrobiła. Ale co ze mną?" Czy jest jeszcze coś, co możesz dodać do tego, aby oświecić ludzi, pokazać im, że mogą dokonać innego wyboru wokół pieniędzy i wokół całego swojego życia?

Oczywiście. I mówię najzupełniej poważnie: Kupcie nową książkę Simone! I sugeruję, abyście zapisali sobie pytanie: „Czym jest ta rzecz z przeszłości, która uwiera mnie i blokuje najbardziej, jeśli chodzi o pieniądze i gotówkę?" I nawet napiszcie o tym powieść, jeśli musicie. A potem ją spalcie. Okej? To była twoja przeszłość. A teraz kilka innych rzeczy, na które chcę, abyście spojrzeli, może nawet je zapisali, jeśli chcecie, ale naprawdę warto przyjrzeć się temu: „Czym jest ten dar, jaki dało mi życie?" Widzisz, patrzymy na życie, jakby było przekleństwem. A nie jest.

Mam wrodzoną świadomość tego, jak funkcjonują ludzie, którzy mają mało pieniędzy. Mam nieodłączną świadomość ich niepewności i pragnień i ich poczucia, że nie dadzą rady. Jakie jest moje zadanie na świecie? Ułatwianie ludziom wyjście z tego gówna. Ta moja nieodłączna świadomość – nie wiem, czy mógłbym robić to, co robię, bez przemocy, której doświadczyłem. Najprawdopodobniej mógłbym, ale nie w sposób, w jaki to robię. Nie w sposób, który naprawdę dla mnie pracuje, czasami w bardzo intensywny sposób. I również jeśli chodzi o sprawy finansowe, zważywszy na to, czego doświadczyłem, doszedłem do miejsca, w którym mogę robić to, po co przyszedłem na ten świat. I przez te wszystkie lata, kiedy oboje tutaj jesteśmy u setek tysięcy ludzi, którzy przeszli przez Access widziałem, że każdy ma coś, co tutaj robi. Każdy ma coś, co podarowało mu życie, aby tym tutaj był i to robił. Kiedy już namierzysz ten dar, rzeczy zaczną się dynamicznie zmieniać, ponieważ wyjdziesz z osądu tego, czego doświadczyłeś i zaczniesz patrzeć na dar tego, czego doświadczyłeś, a wtedy kolejnym pytaniem do zadania będzie: „Jak mogę tego użyć, aby kreować pieniądze i gotówkę?"

Czyli używasz swojego dzieciństwa, tego, w czym dorastałeś, kultury, rodziny i wszystkiego – na swoją korzyść.

Dokładnie. I używam wszystkich innych narzędzi, jakie posiadam. Jeśli chcesz zapisać sobie coś jeszcze, możesz zapisać to: „Jakie inne mam jeszcze narzędzia i dary, które pozwolą mi kreować dużo pieniędzy, jeszcze więcej pieniędzy i więcej gotówki, niż kiedykolwiek pomyślałem, że mogę?" I zapisz, co jeszcze masz.

Jest w tym jeszcze jedna rzecz, żeby nie brać siebie tak piekielnie poważnie. Wiesz, często to robimy... Mówiliśmy o tym na samym początku audycji, o lekkości i radości z robienia czegoś, a ty masz firmę o nazwie Radość z Biznesu, napisałaś też taką książkę i kiedy o tym usłyszałem, kiedy zobaczyłem, jak robisz interesy z poziomu radości... to jest dokładnie to. Żeby nie brać siebie zbyt poważnie. Mieć o wiele więcej zabawy. Robić zabawne rzeczy i nie traktować siebie tak śmiertelnie poważnie – wtedy zaczniesz kreować więcej pieniędzy niż kiedykolwiek uznałeś za możliwe.

Ludzie cię teraz zauważają, odnosisz sukcesy, masz pieniądze, jesteś znany na całym świecie. Ale nie z tego miejsca zaczynałeś. Jak widziałeś kreowanie swojej przyszłości i jaka była energia, którą byłeś, którą musiałeś się stać? Co wybrałeś, gdy zdecydowałeś, żeby zmienić dla siebie jeszcze więcej, zacząć otrzymywać więcej pieniędzy w swoim życiu za to, co robisz i kim jesteś?

Kiedy zaczynałem, brałem 25 dolarów za sesję chiropraktyczną, większość ludzi otrzymywała to, za co zapłaciła 25 dolców, co było jak, powiedzmy, film. I oni mówili: „Och, to bardzo przyjemna rozrywka. Dziękuję bardzo" – i wychodzili. I wtedy przyszedł Gary Douglas, który wszedł do mojego gabinetu i powiedział: „Kasujesz o wiele za mało za to, co robisz." Ale zrobiłem mu sesję, a on powiedział: „Dosłownie ocaliłeś mi życie." Zapytałem: „Naprawdę? Ja?" Bo mojego poziomu niepewności nie było nawet na mapach. Ten proces trwał ponad szesnaście lat! A ludzie nie zdają sobie sprawy, że kiedy widzą kogoś, kto odnosi takie sukcesy, jest bogaty albo ma tyle tego czegoś, czego oni pragną – ludzie nie zdają sobie sprawy, ile czasu zajęło mu, aby tam dotrzeć. Nie zdają sobie sprawy z tego, ile po drodze popełnił błędów. Nie zdają sobie sprawy z tego, ile obaw pokonał.

I chcę ludziom powiedzieć jedno: gdziekolwiek teraz jesteś, zacznij. I odczuj to, jak gdybyś umieścił przed sobą energię tego, jak by to było - zarabiać trzy, cztery razy tyle co dzisiaj – złap tę energię. I złap energię tego, jak by to było podróżować po świecie, jeśli masz na to ochotę. Albo przynajmniej mieć czas i pieniądze na podróże. Złap energię tego, jak by to było – nie tylko płacić swoje rachunki, ale mieć poziom dobrobytu i obfitości finansowej, który ci się podoba i ekstra gotówkę w banku lub w materacu, albo gdziekolwiek w domu ją trzymasz.

Odczuj, jak by to było – robić coś, co jest wkładem dla innych ludzi i co może ciągle się zmieniać, gdzie chodzisz do pracy z zabawnymi ludźmi, ciesząc się swoim życiem i doświadczeniami. Odczuj tę energię i przyciągnij ją do siebie z całego wszechświata, tak jakbyś trzymał przed sobą ogromną kulę energii, a potem wypuść strużki tej energii do wszystkich i wszystkiego, co może ci pomóc to urzeczywistnić, nawet do tych, których jeszcze nie znasz. Wiesz, w mojej książce, *Będąc sobą, zmieniając świat*, jest takie ćwiczenie. I ono polega na byciu sobą. Co to jest, takiego unikalnego dla ciebie, co byłoby energią tego, gdyby te wszystkie rzeczy miały się ukazać. A potem – wszystko, co przypomina tę energię – idź w tym kierunku. Ludzie nie zdają sobie sprawy, że istnieje coś, co będzie ich prowadzić, co jest ich świadomością, ich połączeniem ze wszystkim, co istnieje – jeśli tylko tego zechcą. Zabawne w tym jest to, że ludzie odnoszący sukcesy w biznesie wydają się mieć to w sposób naturalny. I wielu z nich odrzuca te energetyczne koncepcje. A ja wtedy mówię: „Tak, ale ty to robisz energetycznie." A oni na to: „Taa, jasne. Nie. Nie. Nie wypowiadaj nawet słowa 'energia'. Dziękuję bardzo."

Ale jeśli możesz uchwycić sens tego wszystkiego, zaczyna to kreować twoją gotowość na zmierzanie w kierunku przyszłości. Przyciągnij do tego energię, z całego wszechświata, dopóki to nie stanie się naprawdę wielkie i proś, aby wszechświat był wkładem. I słyszę, jak ludzie mówią „wszechświat", jak gdyby to było coś poza nimi. Jesteś częścią wszechświata! Zauważ, że prosisz o coś na podstawie swojego połączenia z nim, a potem wypuść strużki energii do każdego i wszystkiego, co pomoże ci to urzeczywistnić. I kiedy to robisz, zaczynasz kreować energetyczną przyszłość, którą chciałbyś mieć, i dziwne i wspaniałe w tym jest to, że wszystkie części i kawałki tego, jak to by było kreować tę energię – zaczynają do ciebie przychodzić. Ale musisz być gotów je otrzymać, kiedy się pojawią.

I to jest to miejsce, o którym mówiłem wcześniej, jak próbowałem uporządkować swoją rodzinę, więc kiedy coś by się wtedy pojawiło i było za „duże", powiedziałbym: „O nie. Nie mogę tego zrobić" – zamiast zadać pytanie. I oto kolejna rzecz, którą możesz chcieć zrobić, kiedy coś się pojawi – *nie* mówić: „Nie mogę tego zrobić", tylko zapytać: „Co jest wymagane, abym mógł to zrobić?" I to jest tak naprawdę funkcjonalny punkt widzenia: „Co jest wymagane, abym to wykreował?" zamiast wchodzić w tryb niepewności, że czegoś nie możesz zrobić lub nie umiesz wykreować.

Czyli istnieją miejsca, w których masz tę niepewność lub powody, które wykreowałeś jako rzeczywiste lub te rzeczy, które wykreowałeś, na które patrzysz jak na błąd, ale one nim nie są. Widzę u ciebie jedną rzecz, Dain: ty ciągle wybierasz coś wspanialszego, bez względu na okoliczności.

Tak, dokładnie. Widzę ludzi, którzy, kiedy tylko pojawi się nowa możliwość, automatycznie decydują, że nie mogą tego zrobić, zanim nawet zaczną. To jest jedno z tych miejsc, w których sami siebie dynamicznie zatrzymujemy. A kiedy przyjrzysz się mojemu życiu – ja miałem wiele powodów, aby powiedzieć „nie". Miałem wiele powodów, aby się zatrzymać. Miałem wiele powodów, dla których nie powinienem był być w stanie tego zrobić. Ale muszę powiedzieć, że dzięki Access i narzędziom Access Consciousness, ponieważ to jest wspaniały skarbiec narzędzi do zmiany różnych rzeczy, dzięki nim i dzięki bliskości z tobą, dzięki bliskości z Garym i z moimi przyjaciółmi, którzy mnie wspierają i którzy będą ze mną obecni, kiedy zdam sobie sprawę, że mam jakieś ograniczenie i zechcę je zmienić, dzięki temu wszystkiemu moja przeszłość nie wyznacza już mojej przyszłości. I uważam, że to jest największa trudność: kiedy przeszłość dyktuje przyszłość. Pojawia się wspaniała możliwość, a oni mówią: „Nie. To zbyt chaotyczne. To za dużo." Ale wiecie co? Chaos jest kreacją. Jeśli chodzi o chaos – ciągle uważamy, że uporządkowanie jest czymś dobrym, a chaos złym. Świadomość włącza wszystko i niczego nie osądza; dlatego właśnie robimy Access Consciousness. On włącza wszystko i niczego nie osądza.

Jeśli przyjrzysz się temu przez chwilę, takiemu silnikowi spalinowemu, tej rzeczy, która napędza twój samochód – jego działanie polega na chaosie. Twój samochód napędzają eksplozje w silniku. Gdybyś chciał całkiem wyeliminować chaos, nie mógłbyś nigdzie pojechać. To samo dzieje się z samochodem twojego życia. Możesz chcieć wziąć ten chaos i go uporządkować albo możesz wykreować spójność między chaosem a porządkiem, co pozwoli ci iść naprzód. Kiedy to mówię, ludzie się dziwią: „Ugh, co? Nie pojmuję tego..."

Ale na tym polega piękno tego wszystkiego: nie musisz wiedzieć, jak to działa. Ale musisz być gotów przestać próbować unikać chaosu, który się pojawia i rzeczy, o których myślisz, że są dla ciebie zbyt wielkie, i rzeczy, o których myślisz, że są poza twoją kontrolą, ponieważ może „poza kontrolą" jest dokładnie tym, co jest wymagane, abyś zrobił kolejny krok.

Jakie pytania można zadawać, kiedy ludzie mówią: „Och, tak, tak, tak. Ten facet to zrobił, ale jak ja mogę to zrobić?"

Ach, tylko zauważ, ja nie wiedziałem, że mogę to zrobić, też nie myślałem, że mogę to zrobić, ale byłem gotów spróbować. I to jest to, co naprawdę musisz być gotowy zrobić: zacząć. Najgorsze, co się może stać to, że nie wypali. Ale wiecie co? Jak wiele innych rzeczy, które zrobiłeś w życiu – nie wypaliło? A inną rzeczą jest to, że każda z tych rzeczy, które są naszą niepewnością i każde z tych miejsc, w którym mówimy „nie" – są miejscami, w których próbujemy uporządkować coś z naszej przeszłości. Każde jedno z nich. A gdybyś się im przyjrzał i zapytał: „Czy ja tu próbuję coś porządkować?"

Zauważ, że próby porządkowania twojej przeszłości powstrzymują cię przed kreowaniem twojej przyszłości.

Co jeszcze chciałbyś powiedzieć, zanim skończymy rozmawiać?

Twój punkt widzenia kreuje twoją rzeczywistość, twoja rzeczywistość nie kreuje twojego punktu widzenia. Te narzędzia zmieniają twój punkt widzenia, więc twoja rzeczywistość zaczyna się ukazywać w inny sposób. Nie musisz cierpieć z powodu pieniędzy. Jestem z tobą. Każdy może zmienić swoją sytuację finansową. Ty to zrobiłaś. Ja to zrobiłem. I widziałem wielu ludzi, którzy przyszli do Access, którzy to zrobili – ale musisz być gotów to zrobić. Musisz być gotów wykonać tę pracę; to nie jest magiczna pigułka, ale na pewno czasem działa jak cholerna magiczna różdżka!

Możesz zmienić swoje gwiazdy, naprawdę. Możesz zmienić wszystko. A jeśli ty, będąc sobą, jesteś darem, zmianą i możliwością, której wymaga ten świat? Czy wybierasz, aby to wiedzieć? Bo tym właśnie jesteś.